JN418387

개정판

Int'l Trade Law & Regulation

국제무역법규

이 대 우 · 이 주 섭 공저

CISG
Incoterms® 2020
UCP 600

도서출판 두남

머리말

지난 2년간은 전례에 없었던 코로나19 전염병의 전 세계적인 확산으로 인하여 이를 예방하고자 각국이 사회적인 거리두기(Social Distance Policy) 정책으로 인하여 대외적인 사회활동을 제한하여 많은 국민들에게 엄청난 재앙을 가져왔습니다. 특히 우리나라는 무역 및 산업발전에 지대한 영향을 주었고 사적모임 제한으로 인하여 많은 자영업자들이 경제적으로 도산위기에 내 몰리고 해외출입국 제한으로 대외무역 및 통상활동에 엄청난 제약을 가져왔다. 대학 및 교육기관들의 비대면 교육으로 인하여 정상적인 교육활동을 할 수 없게 되었다. 앞으로는 하루 빨리 이러한 코로나 펜데믹으로 인한 각종 제약으로부터 벗어나 정상적인 일상으로 돌아갈 수 있기를 기대해 본다.

본서에서는 국제무역거래에서 가장 많이 사용되고 있는 "국제무역매매에 관한 유엔협약"(일명 CISG), "국제무역거래조건의 해석에 관한 통일규칙"(일명 Incoterms® 2020), 그리고 "화환신용장에 관한 통일규칙"(일명 UCP600)에 대해서 그 원문의 정확한 한글번역과 각 조문의 해석에 관하여 중요사항을 설명하였다.

CISG는 우리나라도 체약국으로 가입하였으므로 앞으로 무역계약에 관한 분쟁은 이 CISG에 의해야 하므로 이 CISG에 관한 정확한 해석은 물론이고 국내매매계약법 및 영미법과의 차이점도 이해할 수 있도록 이에 관하여 충분히 설명하였다.

Incoterms는 각종 무역계약, 보험계약, 운송계약 및 국제대금결제 등에 사용되어 그 기준을 제시하고 있다. 그리고 영국식 및 미국식 무역거래조건과 많은 차이점이 있으므로 이에 대한 국제적인 통일법이 필요하여 Incoterms가 제정되었다. 특히 이번 2020년에 제8차로 개정된 Incoterms® 2020은 많은 부분이 개정되어 시행되고 있으므로 이 개정된 부분에 대해서 정확한 이해가 될 수 있도록 설명을 아끼지 않았다.

이번 출간에 있어서는 Incoterms® 2020은 본문내용이 방대하여 전문을 번역하지 못하고 중요 개정분야에 대해서만 설명하고 영문본문은 부록으로 첨부하였으므로 양해해 주기 바란다.

UCP600은 2007년도에 제6차 개정이 되어 2007년 7월1일부터 시행되고 있으므로 새로 개정된 UCP600을 중심으로 설명하였다. 각 조문별로 한글로 번역하였으며 KCC의 번역본에 일치하도록 용어를 정리하였다. 특히 UCP500과의 차이점을 충분히 설명하여 실무에 도움이 되도록 하였다.

특히 이번에 Incoterms® 2020의 개정에 즈음하여 여러 가지 어려움에도 불구하고 본서의 출간을 흔쾌히 승낙해 준 도서출판 두남의 전두표 사장님에게 감사드린다.

모쪼록 본서가 어려운 여건 속에서도 무역실무 전선에 종사하고 계시는 많은 분들과 무역 및 국제통상 분야에 관한 강의 및 연구에 종사하고 계시는 교수님들 및 무역 통상전공 학도들에게 많은 도움이 되기를 바라며, 아울러 향후 강호제현들의 많은 질책을 겸허히 수용하여 계속하여 수정 보완할 것을 약속드립니다.

임인년 새해를 맞이하여 구독자 여러분들께서 건강과 하시는 일에 소원 성취하시기를 간절히 기도드립니다.

2022년 1월
임인년 새해를 맞이하여
저자 일동 드림

차 례

제1편 국제물품매매계약에 관한 유엔협약

제2편 무역거래조건의 해석에 관한 국제규칙 (Incoterms 2000)

제3편 화환신용장에 관한 통일규칙(UCP 600)

제 1 편

국제물품매매계약에 관한 유엔협약

제1장 협약의 개요

국제물품매매계약에 관한 유엔협약(United Nations Convention on Contracts for the International Sale of Goods ; UNCCISG)은 1980년 오스트리아의 비엔나에서 개최된 유엔 외교회의에서 체결된 국제물품매매계약에 관한 국제거래의 기본법이다. 이 유엔협약을 비엔나(Vienna)협약이라고도 한다.

이 협약은 국제물품매매에 있어서 각국의 서로 다른 법규로 인하여 발생하는 법적 불확실성을 제거하기 위하여 제정된 국제통일법이다. 1980년에 제정된 이 협약은 1988년 1월 1일부터 효력을 발생하여 현재 시행되고 있는데 50여개 국가들이 이 협약에 가입되어 있다. 우리나라는 아직 이 협약에 가입하고 있지는 않지만 가까운 장래에 가입할 것으로 예상된다. 앞으로 이 협약에 가입하게 되면 국제무역거래는 이 협약의 적용을 받게 되기 때문에 이 협약에 대한 정확한 이해가 필요하다고 본다.

1966년 유엔총회의 결의로 국제무역법위원회(United Nations Commission on International Trade Law ; UNCITRAL)가 설립되었다. 국제무역법위원회는 유엔의 회원국 가운데서 선출된 위원국(member country)으로 구성된 정부간위원회이다. 국제무역법의 조화와 통일을 촉진시키기 위하여 설립된 국제무역법위원회는 1968년 최초로 개최된 UNCITRAL회의에서 국제물품매매에 관한 통일법 작성에 관한 의견을 모으고 각 지역 회원국 14개 국가로 구성된 작업부(working group)을 만들어 헤이그 통일매매법의 개정작업에 착수하였다.

국제물품매매 작업부(Working group on the International Sale of Goods)는 1970년부터 1976년까지 개정작업을 거쳐 1977년 국제물품매매협약초안(Draft Convention on the International Sale of Goods)을 채택하였고, 이어 1978년 국제물품매매계약의 성립에 관한 협약초안(Draft Convention on the Formation of Contracts for the

International Sale of Goods)을 성립시켰다.

1978년 UNCITRAL은 두 개의 협약을 국제물품매매계약에 관한 유엔협약(United Nations Convention on Contracts for the International Sale of Goods)으로 통합하기로 결정하고 최종 수정작업에 들어갔다. 상당한 수정과 보완작업을 거쳐 마침내 외교회의(Diplomatic Conference)에서 국제물품매매계약에 관한 유엔협약을 정식으로 채택하였다.

국제물품매매계약에 관한 유엔협약인 1980년 비엔나협약은 전문(前文)과 4개의 부, 그리고 모두 101개의 조항으로 구성되어 있는데 이를 간단히 기술하면 다음과 같다.

제1부 적용범위와 총칙
- 제1장 적용범위
- 제2장 총칙

제2부 계약의 성립

제3부 물품의 매매
- 제1장 총칙
- 제2장 매도인의 의무
- 제3장 매수인의 의무
- 제4장 위험의 이전
- 제5장 매도인과 매수인의 공통의무 규정

제4부 최종규정

협약의 내용을 개괄해보면, 전문은 협약의 제정목적을 나타내고 있고, 제1부는 적용범위와 총칙을 규정하고 있다. 제2부는 계약의 성립, 제3부에서는 물품의 매매에 관한 규정을, 그리고 마지막 제4부에서는 협약의 시행에 관한 최종규정으로 협약의 가입과 관련된 사항을 규정하고 있다.

1980년 비엔나 협약은 여러 국가의 다양한 의견을 골고루 반영시켜 제정한 국제물품매매에 관한 통일법이다.

(1) 이 협약의 적용은 국제간의 물품매매계약에만 한정시키고 있다. 계약의 당해 국가가 모두 협약국이거나 또는 국제사법의 규정에 따라 1개국 이상 협약국의 법률을 적용하게 되어 있는 경우에만 협약이 적용된다. 또한 계약 당사자가 서로 다른 국가에 영업소를 가지고 있어야 한다.

(2) 계약의 위반을 매도인에 의한 위반과 매수인에 의한 위반으로 구분하고, 이에 따른 상대방의 구제방법을 규정하고 있다. 그리고 계약위반에 대한 자동적인 해제를 인정하지 않고, 다만 그것이 계약의 기초적인 위반(fundamental breach)에 해당하는 경우에만 한정하고 있다.

(3) 협약의 해석에 있어서 국제적인 성격과 적용의 통일성을 규정하고 있고, 국제무역거래에 있어서 신의성실의 준수를 포함시키고 있다.

(4) 전체적으로 볼 때 이 협약은 합리적이고 실용적이며, 또한 유연성을 지니고 있다. 국제물품매매에 관한 통일된 관습을 성문화한 국제거래에만 적용되는 조약(treaty)으로서 국제무역거래관계자나 무역학도들이 숙지해야 될 국제거래법의 하나라고 볼 수 있다.

1.1 전문(前文)

THE STATES PARTIES TO THIS CONVENTION, BEARING IN MIND the broad objectives in the resolutions adopted by the sixth special session of the General Assembly of the United Nations on the establishment of a New International Economic Order,

CONSIDERING that the development of international trade on the basis of equality and mutual benefit is an important element in promoting friendly relations among States,

BEING OF THE OPINION that the adoption of uniform rules which govern contracts for the international sale of goods and take into account the different social, economic and legal systems would contribute to the removal of legal barriers in international trade and promote the development of international trade,

HAVE AGREED as follows :

이 협약의 당사국은, 유엔총회 제6차 특별회기에서 채택된 신국제경제질서의 확립에 관한 결의안의 광범위한 목적을 유념하고, 평등과 상호의 이익을 기초로 한 국제무역의 발전이 국가 간의 우호관계를 증진시키는 데 있어서 중요한 요소가 된다는 것을 고려하여,

국제물품매매계약을 규율하고, 서로 다른 사회적, 경제적 및 법적제도를 고려하는 통일규칙의 채택이 국제무역상의 법률적 장애를 제거하는 데 공헌하며, 또한 국제무역의 발전을 증진할 것이라는 관점에서 다음과 같이 합의하였다.

해설 국제물품매매계약에 관한 유엔협약(UN Convention on Contracts for the International Sale of Goods)은 1980년 4월 10일에 오스트리아의 비엔나에서 개최된 유엔외교회의에서 합의되었다. 이때 62개국과 8개의 국제기구가 참석에 만장일치로 협약을 채택하였다. 이 협약은 1988년 1월 1일부터 효력을 발생하여 시행되고 있는 국제무역거래에 관한 기본법이다.

제2장 적용범위와 총칙

1.1 적용범위와 총칙 (Sphere of Application and General Provisions)

1. 적용범위(Sphere of Application)

Article 1.

(1) This Convention applies to contracts of sale of goods between parties whose places of business are in different States ;

(a) when the States are Contracting States ; or

(b) when the rules of private international law lead to the application of the law of a Contracting State.

(2) The fact that the parties have their places of business in different States is to be disregarded whenever this fact does not appear either from the contract or from any dealings between, or from information disclosed by, the parties at any time before or at the conclusion of the contract.

(3) Neither the nationality of the parties nor the civil or commercial character of the parties or of the contract is to be taken into consideration in determining the application of this Convention.

제1조(적용 가능성에 관한 기본원칙)

(1) 이 협약은 서로 다른 국가 내에 영업소가 있는 당사자 간의 물품매매계약에 관하여 다음에 해당하는 경우에 적용한다.

(a) 당사자의 영업소가 있는 국가가 모두 협약국인 경우, 또는

(b) 국제사법의 원칙에 따르면 어느 일방 협약국의 법률을 적용하게 되는 경우

(2) 당사자가 서로 다른 국가에 영업소를 두고 있다는 사실은 그 사실이 계약 중에서나 계약체결 시에 또는 그 이전에 당사자 간에 이루어진 거래 중에서나, 또는 당사자에 의해서 밝혀진 정보 중에서 나타나지 아니한 경우에는 이를 무시할 수 있다.

(3) 당사자의 국적이나, 당사자 또는 계약의 민사적 또는 상사적 성격은 이 협약의 적용을 결정하는 데 있어서 고려되지 않는다.

해설 이 협약의 적용대상은 물품의 국제매매에 관한 계약임을 명시하고 있다. 협약의 적용에 관한 원칙은 당사자의 국적이나 이들의 민사적 또는 상사적 성격에 대해서는 관계없이 적용된다. 비엔나협약은 계약의 당해국가가 모두 협약국이거나 국제사법의 규정에 따라 1개국 이상의 협약국의 법률을 적용하게 되어 있는 국제간의 물품매매계약에만 적용된다. 그 전제로서 당사자가 서로 다른 국가에 영업소가 있어야 하는데 이 사실은 계약서 중이나 계약 체결 시 또는 그 이전 거래에서 밝혀져야 한다.

Article 2.

This Convention does not apply to sales :

(a) of goods bought for personal, family or household use, unless the seller, at any time before or at the conclusion of the contract, neither knew nor ought to have known that the goods were bought for any such use ;

(b) by auction ;

(c) on execution or otherwise by authority of law ;

(d) of stocks, shares, investment securities, negotiable instruments or money ;
(e) of ships, vessels, hovercraft or aircraft ;
(f) of electricity.

제2조(제외되는 매매)

이 협약은 다음에 해당하는 매매에는 적용하지 아니한다.

(a) 개인용, 가족용 또는 가사용으로 구입되는 물품의 매매. 다만, 매도인이 계약체결 시에 또는 그 이전에 그러한 사용목적으로 구입되었다는 사실을 알지 못하였거나, 또는 알 수가 없었던 경우에는 제외한다.
(b) 경매에 의한 매매
(c) 강제집행 또는 기타 법률상의 권한에 의한 매매
(d) 주식, 지분, 투자증권, 유통증권 또는 통화의 매매
(e) 선박, 비행선 또는 항공기의 매매
(f) 전력의 매매

이 협약은 국제가 상거래를 목적으로 하는 물품의 매매계약에 적용되므로, 개인용, 가족용, 도는 가사용으로 구입되는 거래에는 적용되지 않는다.

해설 물품 중에서 일반적인 국제무역거래의 대상과는 성질이 다른 특수매매의 대상은 협약의 적용이 배제된다. 또한, 경매, 증권거래, 선박 또는 항공기 매매의 경우는 각 국가의 입법에 따라 경매법, 증권거래, 선박법, 항공법 또는 전기사업법 등 규정이 마련되어 있으므로 적용대상에서 제외된다. 따라서 이러한 거래는 준거법에 의한 적용국가의 법률에 의하여 해결된다. 이는 각국의 법률이 많은 차이가 있는 통일법에 의하여 일률적으로 규율하는 것이 타당하지 않기 때문이다.

Article 3.

(1) Contracts for the supply of goods to be manufactured or produced are to be considered sales unless the party who orders the goods undertakes to supply a substantial part of the materials necessary for such manufacture or production.
(2) This Convention does not apply to contracts in which the preponderant part of the obligations of the party who furnishes the goods consists in the supply of labour or other services.

제3조(제조될 물품 및 서비스)

(1) 물품을 제조 또는 생산하여 공급하기 위한 계약은 이를 매매계약으로 본다. 다만, 그 물품을 주문한 당사자가 그러한 제조 또는 생산하는 데 필요한 재료의 상당한 부분을 공급하기로 약정되어 있는 경우에는 적용되지 않는다.
(2) 이 협약은 물품을 공급하는 당사자의 의무의 대부분이 노동 또는 기타 용역의 공급으로 구성되어 있는 계약에는 적용되지 않는다.

해설 제3조 제1항은 제조 혹은 생산될 물품의 공급계약에 협약은 매매계약으로서 본 협약이 적용된다. 그러나 제2항은 노동이나 기타 용역의 공급을 포함하는 매매계약에는 협약의 적용이 제외된다. 물품을 제조 또는 생산하여 공급하기로 되어 있는 계약은 매매계약으로 규정하고 있으나, 이 경우에도 물품을 주문하는 당사자 측에서 그 생산이나 제조에 필요한 원료의 실질적인 부분을 공급해야 할 의무가 있는 계약은 물품의 매매계약으로 인정하지 않기 때문에 적용대상에서 제외된다.

제품의 가공계약이나 공장건설 계약에는 적용이 없다. 산업설비 수출계약은 공장건설과 기계설비 등이 포함된 계약으로서 본 협약의 적용이 되는지는 불분명하므로 계약서에서 분명히 하여야 한다.

Article 4.

This Convention governs only the formation of the contract of sale and the rights and obligations of the seller and the buyer arising from such a contract. In particular, except as otherwise expressly provided in this Convention, it is not concerned with :

(a) the validity of the contract or of any of its provisions or of any usage :

(b) the effect which the contract may have on the property in the goods sold.

제4조(적용사항과 비적용사항)

이 협약은 단지 매매계약의 성립과 그러한 매매계약으로부터 야기되는 매도인과 매수인의 권리와 의무에 관하여만 규율한다. 특히 이 협약에서 별도로 명백히 규정된 경우를 제외하고, 이 협약은 다음에 해당하는 사항에는 적용되지 않는다.

(a) 계약, 그 조항 또는 관습의 효력

(b) 계약이 매매된 물품의 소유권에 대하여 미칠 수 있는 효력

해설 이 협약은 계약으로 야기되는 권리의무관계 만을 규율의 대상으로 한다. 기타 계약의 효력에 관한 사항에 대하여서는 당사자 자치의 원칙, 또는 국제사법의 준거법 결정원칙에 따르도록 하고 있다. 계약의 유효성은 그 기준이 다양하므로 본 협약에 규정하고 있지 않으며 기타 사기거래, 당사자의 행위능력, 대리권의 문제, 물품의 소유권 이전과 제조물 책임에 대해서는 본 협약이 적용되지 않는다.

Article 5.

This Convention does not apply to the liability of the seller for death or personal injury caused by the goods to any person.

제5조(사망 등에 대한 책임의 배제)

이 협약은 물품으로 인하여 야기된 자연인의 사망 또는 신체적인 상해에 대한 매도인의 책임에 대하여는 적용되지 않는다.

해설 물품으로 야기된 자연인의 사망이나 신체적인 상해에 대한 책임에는 협약이 적용되지 않고 제품에 대한 책임에만 적용됨을 규정하고 있다. 그리고 제조물 책임에 대해서는 본 협약의 적용이 없다. 제조물 책임은 물품을 구입함으로서 그 물품에 의하여 야기되는 사람의 사망이나 상해로 인한 매수인 또는 제3자의 손해배상 책임으로 이는 각국의 법률에 따라서 해결되어야 한다.

Article 6.

The parties may exclude the application of this Convention or, subject to article 12, derogate from or vary the effect of any of its Provisions.

제6조(계약에 의한 배제 또는 변경)

당사자는 이 협약의 적용을 배제하거나, 또는 제12조의 규정에 따라 이 협약의 어떤 규정에 대하여서도 그 효력을 감쇄시키거나 변경시킬 수 있다.

해설 당사자 자치의 원칙을 명시하고 있는 이 규정은 협의의 지배적인 논제는 계약제일주의이다. 당사자자치의 원칙은 당사자 간의 협의에 의하여 이 협약의 적용을 배제하거나 어느 조항의 효력을 정지시키거나 변경시킬 수 있는 것이다. 따라서 거래 당사자의 의사가 본 협약보다 우선함을 규정한 것이다.

2. 총칙(GENERAL PROVISIONS)

Article 7.

(1) In the interpretation of this Convention, regard is to be had to its international character and to the need to promote uniformity in its application and the observance of good faith in international trade.

(2) Questions concerning matters governed by this Convention which are not expressly settled in it are to be settled in conformity with the general principles on which it is based or, in the absence of such principles, in conformity with the law applicable by virtue of the rules of private international law.

제7조(협약의 해석원칙)

(1) 이 협약의 해석에 있어서, 국제적인 성격과 적용의 통일성을 촉진시키기 위한 필요성 및 국제무역에 있어서 신의성실원칙의 준수에 유의하여야 한다.

(2) 이 협약에 의하여 규율되는 사항으로서 이 협약 중에 명백히 해결되어 있지 않은 문제는 이 협약의 기초가 되어 있는 일반원칙에 따라 해결하여야 한다. 그러한 원칙이 없는 경우에는 국제사법의 원칙에 의하여 적용되는 법률에 따라 해결되어야 한다.

해설 협약의 해석기준을 제시하고 있다. 협약의 국제성과 통일성을 고려하여 선의성실의 원칙에 따라 해석하도록 규정하고 있다. 본 협약의 해석 기준은 국제성, 통일성, 신의 성실의 원칙, 거래의 일반원칙 및 국제사법의 원칙이다.

Article 8.

(1) For the purposes of this Convention statements made by and other conduct of a party are to be interpreted according to his intent where the other party knew or could not have been unaware what that intent was.

(2) If the preceding paragraph is not applicable, statements made by and other conduct of a party are to be interpreted according to the understanding that a reasonable person of the same kind as the other party would have had in the same circumstances.

(3) In determining the intent of a party or the understanding a reasonable person would have had, due consideration is to be given to all relevant circumstances of the case including the negotiations, any practices which the parties have established between themselves, usages and any subsequent conduct of the Parties.

제8조(당사자 진술 또는 기타 행위의 해석)

(1) 이 협약을 적용하는 데 있어 당사자의 진술 또는 기타의 행위는 상대방이 그 의도를 알았거나, 알 수 있었을 경우에는 당사자의 의도에 따라 해석하여야 한다.

(2) 전항의 규정이 적용될 수 없는 경우에는 당사자의 진술이나 기타의 행위는 상대방과 동일한 부류의 합리적인 자가 동일한 상황 하에서 가질 수 있는 이해력에 따라 해석하여야 한다.

(3) 당사자의 의도 또는 합리적인 자가 가질 수 있는 이해력을 결정 하에 있어

서는 당사자 간에 이미 확립되어 있는 교섭의 경위와 거래관행, 관습 및 당사자의 그 후에 있었던 행위 등을 포함한 일체의 관련사항이 고려되어야 한다.

해설 의사 표시의 해석에 관한 규정으로서, 협약당사자의 진술과 기타 행위에 관한 해석기준을 제시하고 있다. 또한 진술이나 기타의 행위만으로 결정하기 어려운 경우에 대한 해석기준을 마련하고 있다.

본 협약에 의한 당사자의 진술이나 행위에 대한 해석은 당사자의 주관적인 의도를 기준으로 해석하되 상대방이 그 의도를 알았거나 알 수 있었을 경우에 한하여 해석기준으로 한다. 주관주의와 객관주의를 결합시킨 것이다.

당사자의 의도를 알 수 없을 경우에는 상대방과 동일한 부류의 합리적인 자가 동일한 상황에서 가질 수 있는 이해력을 기준으로 해석한다. 이러한 기준은 확립된 교섭의 경위, 거래관행 관습 및 당사자의 그 후의 행위 등을 고려하여 결정해야 한다.

Article 9.

(1) The parties are bound by any usage to which they have agreed and by any practices which they have established between themselves.

(2) The parties are considered, unless otherwise agreed, to have impliedly made applicable to their contract or its formation a usage of which the parties knew or ought to have known and which in international trade is widely known to, and regularly observed by, parties to contracts of the type involved in the particular trade concerned.

제9조(관습과 관례의 구속력)

(1) 당사자는 그들이 합의한 관습 및 당사자 간에 이미 확립되어 있는 거래관행에 의하여 구속받는다.

(2) 당사자는 별도로 합의한 경우를 제외하고는 당사자들의 알았거나, 또는 알았어야 하는 관습으로서 당해 특수무역에 관련되는 형태의 계약당사자들에게 국제무역상 널리 알려져 있고 통상적으로 준수되는 관습은 이를 당사자 간의 계약 또는 그 성립에 묵시적으로 적용하는 것으로 한다.

해설 계약에 적용될 수 있는 관습과 관행을 규정하고 있다. 당사자 간의 합의된 관습, 확립된 관행 기타 관례 등은 계약의 당사자를 구속한다.

관습(usage)에 대한 해석의 중요성이 포함되어 있다. 본 협약에서는 당사자 간에 합의된 관습은 계약에 바로 적용되고, 합의된 관습 외는 당사자들이 알았거나 또는 알았어야 하는 관습으로서 당해 특정무역에 당사자들에게 국제무역상 널리 알려져 있고 통상적으로 준수되는 관습에 한하여 계약과 그 계약 성립에 묵시적으로 적용된다.

Article 10.

For the purposes of this Convention :

(a) if a party has more than one place of business, the place of business is that which has the closest relationship to the contract and its performance, having regard to the circumstances known to or contemplated by the parties at any time before or at the conclusion of the contract ;

(b) if a party does not have a place of business, reference is to be made to his habitual residence.

제10조(영업소의 정의)

이 협약을 적용하는 데 있어서,

(a) 당사자가 둘 이상의 영업소를 가지고 있는 경우에는 계약 및 그 이행과 가장 밀접한 관계가 있는 곳을 그 영업소로 한다. 이 경우에는 계약체결 당시 또는 그 이전에 당사자들이 알았거나, 또는 예기하였던 상황이 고려되

어야 한다.

(b) 당사자가 영업소를 가지고 있지 아니한 경우에는 당사자의 상주적인 거소를 영업소로 한다.

해설 협약이 적용되기 위해서는 당사자가 서로 다른 국가에 영업장소를 가지고 있어야 한다. 제10조는 영업장소에 대한 정의를 규정하고 있다. 이 협약은 영업소, 우편용 주소 및 거소(居所)의 역할을 별도로 규정하고 있다(협약 24조 참조). 당사자가 둘 이상의 영업소를 가지고 있는 경우에, 영업소라 함은 계약체결 전이나 계약체결 시에 당사자들에게 알려져 있었거나 또는 당사자들에 의하여 예기되었던 사정을 고려하여 계약 및 그 이행에 밀접한 관련이 있는 영업소를 말한다. 그리고 당사자가 영업소를 가지고 있지 아니한 경우에는 당사자의 일상적인 거소를 영업소로 본다.

Article 11.

A contract of sale need not be concluded in or evidenced by writing and is not subject to any other requirement as to form. It may be proved by any means, including witnesses.

제11조(계약의 형식)

매매계약은 서면으로 체결되거나 입증될 필요가 없으며, 형식에 대하여도 기타의 다른 요건에 구속받지 아니한다. 매매계약은 증언을 포함한 어떠한 수단에 의해서도 입증될 수 있다.

해설 계약의 방식과 입증의 방식을 서면에만 국한시키지 않고 있다. 계약체결은 서면 이외의 방법으로도 가능함을 규정하고 있다. 매매계약체결에 대한 입증은 증인의 증언을 포함하여 어떠한 수단으로도 입증이 가능하다.

Article 12.

Any provision of article 11, article 29 or Part Ⅱ of this Convention that allows a contract of sale or its modification or termination by agreement or any offer, acceptance or other indication of intention to be made in any form other than in writing does not apply where any party has his place of business in a Contracting State which has made a declaration under article 96 of this Convention. The parties may not derogate from or vary the effect of this article.

제12조(국내법상의 형식요건)

매매계약, 합의에 의한 매매계약의 변경, 해지, 청약, 승낙 또는 기타의 의사표시를 서면 이외의 방법에 의해서도 허용될 수 있다고 인정하고 있는 제11조, 제12조 또는 이 협약의 제2부에 있는 어떠한 규정도, 어느 일방의 당사자가 이 협약 제96조의 규정에 의하여 선언한 협약국내에 영업소를 두고 있는 경우에는 적용되지 아니한다. 당사자들은 이 조의 효력을 감쇄하거나 변경하여서는 아니 된다.

해설 제96조에서는 계약의 요식성을 요구하는 국내법을 가진 협약국에 영업소를 두고 있는 당사자가 관련된 계약은 서류상으로 입증이 가능한 계약이어야 한다고 규정하고 있다. 따라서 일반적인 물품매매계약은 불요식 계약이지만 계약의 요식성을 요구하는 국가에 영업소를 두고 있는 자와의 계약은 요식계약임을 인정하고 있다. 즉 제96조에 의하여 제11조, 제12조, 이 협약의 어느 규정도 적용을 유보하겠다고 선언한 국가에 영업소가 있는 경우에는 적용되지 않는다.

Article 13.

For the purposes of this Convention “writing” includes telegram and telex.

제13조(사면의 정의)

이 협약을 적용하는 데 있어서 "서면"이란 전보 또는 텔렉스를 포함한다.

해설 통신수단이 고도로 발달한 상황에서는 전보나 텔렉스를 서면에 포함시키고 있는 것이 당연하다. 오늘날은 넓은 의미의 전신(電信)에는 팩스나 EDI(전자자료교환)방식, 그리고 SWIFT(세계은행간 금융전신망)시스템 등 다양한 통신수단이 포함되고 있다. 본 협약의 '서면'은 '서명'까지 요구하지는 않는다.

제3장 계약의 성립

1.1 계약의 성립(FORMATION OF THE CONTRACT)

Article 14.

(1) A proposal for concluding a contract addressed to one or more specific persons constitutes an offer if it is sufficiently definite and indicates the intention of the offeror to be bound in case of acceptance. A proposal is sufficiently definite if it indicates the goods and expressly or implicitly fixes or makes provision for determining the quantity and the price.

(2) A proposal other than one addressed to one or more specific persons is to be considered merely as an invitation to make offers, unless the contrary is clearly indicated by the person making the proposal.

제14조(청약의 기준)

(1) 1인 이상의 특정한 자를 상대로 한 계약체결의 제의는 그 제의가 충분히 명확하고, 또한 승낙할 경우에 구속된다는 청약자의 의사표시가 되어 있는 경우에 청약이 된다. 제의가 물품을 표시하고 있고, 또한 명시적 또는 묵시적으로 그 수량 또는 가격을 확정하고 있거나 결정하도록 규정하고 있는 경우에는 그 제의가 충분히 명확한 것으로 한다.

(2) 1인 이상의 특정한 자를 상대로 하는 경우 이외의 기타 제의자는 제의자에

의하여 이와 상이한 의사가 명백히 표시되지 않았을 경우에는 단순히 청약에의 유인에 불과한 것으로 본다.

해설 청약이 될 수 있는 기준을 규정하고 있다. 불특정 다수의 일반대중을 상대로 하고 있는 경우에는 청약이 아니라 청약에의 유인으로 간주된다.

그러나 불 특정인에 대한 경우에도 제의자가 명확한 승낙의 구속의사를 표시한 경우에 청약이 된다. 청약의 제의는 물품을 표시하고, 수량과 가격을 명시적 또는 묵시적으로 결정하도록 된 경우에는 명확한 제의로 본다.

Article 15.

(1) An offer becomes effective when it reaches the offeree.

(2) An offer, even if it is irrevocable, may be withdrawn if the withdrawal reaches the offeree before or at the same time as the offer.

제15조(청약의 효력발생시기와 사전철회)

(1) 청약은 피청약자에게 도달한 때 그 효력이 발생한다.

(2) 청약은 취소불능인 경우에도 청약철회의 통지가 상대방에게 청약의 도달 전 또는 청약과 동시에 도달하는 경우에는 이를 철회할 수 있다.

해설 청약과 철회의 효력발생시기에 관한 규정이다. 의사표시에 관한 일반원칙인 도달주의를 청약의 효력발생시기로 규정하고 있다. 또한 청약의 철회에 관한 규정도 마련하고 있다. 청약은 상대방에게 도달한 때 효력이 발생한다. 승낙의 철회(withdrawal)는 협약이 상대방에게 도달 전 또는 도달과 동시에 청약철회의 통지가 도달되면 취소불능청약이라도 철회될 수 있다.

Article 16.

(1) Until a contract is concluded an offer may be revoked if the revocation reaches the offeree before he has dispatched an acceptance.

(2) However, an offer cannot be revoked :

(a) if it indicates, whether by stating a fixed time for acceptance or otherwise, that it irrevocable ; or

(b) if it was reasonable for the offeree to rely on the offer as being irrevocable and the offeree has acted in reliance on the offer.

제16조(청약의 취소)

(1) 계약이 체결되기 이전까지는 청약이 취소될 수 있다. 다만, 이 경우에는 상대방이 승낙의 통지를 발송하기 전에 취소의 통지가 상대방에게 도달하여야 한다.

(2) 그러나 청약이 다음에 해당되는 경우에 이는 취소될 수 없다.

(a) 청약서에 승낙기간이 명시되어 있거나 또는 기타의 방법으로 청약이 취소불능임을 표시하고 있는 경우, 또는

(b) 상대방이 청약을 취소불능이라고 믿는 것이 합리적이고 피청약자가 청약을 믿고 행동한 경우.

해설 청약의 취소여부에 관한 규정이다. 청약이 피청약자에게 도달하여 피청약자에 의하여 효력을 발생한 후에는 청약자에게 청약을 취소할 수 있다. 협약이 비록 효력이 발생된 후에 상대방이 승낙의 통지를 발송하기 전에는 그 청약을 취소할 수 있다. 그러나 청약이 승낙기간이 정해진 확정청약이거나 취소불능청약이거나 상대방이 취소불능청약이라고 합리적으로 믿고 있는 경우에는 취소할 수 없다.

Article 17.

An offer, even if it is irrevocable, is terminated when a rejection reaches the offeror.

제17조(청약의 거절)

청약이 비록 취소불능일 경우에도 청약에 대한 거절통지가 청약자에 도달한 때에는 그 청약은 효력이 상실된다.

해설 청약의 거절 후에는 청약의 효력이 없음을 규정하고 있다. 청약에 대한 상대방의 거절의 의사표시가 청약자에게 도달한 때는 청약은 효력을 상실한다. 이때는 청약자체가 취소불능청약이라도 마찬가지다.

승낙이 도달된 후에는 청약의 거절의 의사표시가 도달되더라도 청약은 효력을 상실한다. 승낙이 도달하기 전, 또는 동시에 그 승낙에 대한 철회의 의사표시가 도달하면 승낙은 청약과는 달리 철회가 되지 않는다.

Article 18.

(1) A statement made by or other conduct of the offeree indicating assent to an offer is an acceptance. Silence or inactivity does not in itself amount to acceptance.

(2) An acceptance of an offer becomes effective at the moment the indication of assent reaches the offeror. An acceptance is not effective if the indication of assent does not reach the offeror within the time he has fixed or, if no time is fixed, withen a reasonable time, due account being taken of the circumstances of the transaction, including the rapidity of the means of communication employed by the offeror. An oral offer must be accepted

immediately unless the circumstances indicate otherwise.

(3) However, if, by virtue of the offer or as a result of practices which the parties have established between themselves or of usage, the offeree may indicate assent by performing an act, such as one relating to the dispatch of the goods or payment of the price, without notice to the offeror, the acceptance is effective at the moment the act is performed, provided that the act is performed within the period of time laid down in the preceding paragraph.

제18조(승낙의 시기 및 방법)

(1) 청약에 대한 동의를 표시하는 피청약자의 진술 또는 기타의 행위는 이를 승낙으로 한다. 침묵을 지키거나 또는 어떠한 행위도 하지 아니하는 경우에는, 그것 만으로서는 승낙이 되지 아니한다.

(2) 청약에 대한 승낙은 그 의사표시가 청약자에게 도달함으로써 효력이 발생된다. 그러나 동의의 의사표시가 지정된 기간 내에 청약자에게 도달하지 아니하거나, 기간이 지정되지 아니한 경우에는 청약자가 사용하는 통신수단의 신속성과 기타의 거래상황이 고려된 합리적인 기간 내에 청약자에게 도달하지 아니하면 승낙의 효력이 발생하지 아니한다. 구두의 청약은 별도의 사정이 없는 한 즉시 승낙되어야 한다.

(3) 청약의 성격상 또는 당사자 간에 이미 확립되어 있는 관행이나 관습에 의하여 피청약자가 물품발송 또는 대금지급과 관련된 행위를 행함으로써 동의를 표시한 경우에는 그 행위가 행해짐과 동시에 승낙으로서의 효력이 발생된다. 다만, 그 행위는 전항에 규정된 기간 내에 이루어진 경우에 한한다.

해설 승낙은 청약에 대한 동의를 표시하는 상대방의 진술, 또는 행위가 있어야 한다. 단순한 침묵이나 무 행위는 승낙이 되지 않는다. 승낙은 지정된 기간이 있을 경우에는 그 지정된 기간 내에, 지정된 기간이 없는 경우에는 합리적 기간 내에 도달되어야 효력이 발생한다. 구두청역에 대해서는 별도의 사정이 없는 한 즉시 승낙하여야 한다. 물품의 발송, 또는 대금지급과 같이 동의의 표시로서 행위에 의한 승낙도 그 기간 내에 행할 경우 그 행위가 행해짐과 동시에 승낙의 효력이 발생한다.

Article 19.

(1) A reply to an offer which purports to be an acceptance but contains additions, limitations or other modifications is a rejection of the offer and constitutes a counter-offer.

(2) However, a reply to an offer which purports to be an acceptance but contains additional or different terms which do not materially alter the terms of the offer constitutes an acceptance, unless the offeror, without undue delay, objects orally to the discrepancy or dispatches a notice to that effect. If he does not so object, the terms of the contract are the terms of the offer with the modifications contained in the acceptance.

(3) Additional or different terms relating, among other things, to the price, payment, quality and quantity of the goods, place and time of delivery, extent of one party's liability to the other or the settlement of disputes are considered to alter the terms of the offer materially.

제19조(청약을 변경하는 승낙)

(1) 청약에 대한 승낙의 취지가 있는 응답이라도 청약에 대한 부가, 제한 또는 기타의 변경된 내용이 포함되어 있는 경우에는 청약의 거절이 되며 또한 반대청약이 된다.

(2) 그러나, 청약에 대한 승낙을 하기 위한 응답으로서 부가적 조건 또는 상이한 조건을 포함하고 있고, 그러한 조건이 청약서의 조건을 실직적으로 변경하는 것이 아닐 경우에 이는 청약자가 지체 없이 반대의사를 구두로 표시하지 아니하거나 또는 그러한 취지의 통지를 하지 않는 한 이는 승낙이

된다. 만일 청약자가 그러한 반대를 하지 아니한 경우에는 승낙서에 포함된 변경내용대로 수정한 청약조건이 계약조건이 된다.

(3) 부가적 조건 또는 상이한 조건으로서 특히 가격, 결제, 물품의 품질 및 수량, 인도장소 및 시기, 상대방에 대한 당사자의 책임범위, 또는 분쟁해결에 관한 것은 청약조건을 실질적으로 변경하는 것으로 간주된다.

해설 이 조항은 서식의 전쟁(The battle of the conflicting forms)으로부터 야기되는 당사자 간의 분쟁을 해결하기 위한 규정이다. 실제 거래에서는 수정청약(counter offer)에 의한 여러 차례의 반복이 있은 후에 계약이 체결되는 경우가 일반적이다. 조건부 승낙은 청약의 거절인 동시에 새로운 청약(new offer)으로 간주된다.

결국 새로운 청약에 대한 거래협상이 반복되는 것이 현실이다. 청약에 조건을 추가 제한 변경하는 경우에는 반대청약으로서 원 청약의 거절임과 동시에 새로운 청약으로 본다. 그러나 추가, 제한, 변경이 원 청약의 조건을 실질적으로 변경하지 않는 경우에는 추가적인 상이한 조건을 포함하여 승낙되며 계약이 성립한다.

실질적인 변경이 아니라도 청약자가 지체 없이 반대의 취지를 통지하는 경우에는 승낙의 거절로서 그 승낙은 효력을 발생하지 않으며 계약이 성립하지 않는다. 청약조건의 실질적 변경은 대금이나 대금지급 방법, 물품의 품질 및 수량, 인도장소 및 시기, 당사자의 책임범위 제한, 분쟁해결에 대한 추가적, 상이한 조건 변경을 말한다.

Article 20.

(1) A period of time for acceptance fixed by the offeror in a telegram or a letter begins to run from the moment the telegram is handed in for dispatch or from the date shown on the letter or, if no such date is shown, from the date shown on the envelope. A period of time for acceptance fixed by the offeror by telephone, telex or other means of instantaneous communication, begins to run from the moment that the offer reaches the offeree.

(2) Official holidays or non-business days occurring during the period for

acceptance are included in calculating the period. However, if a notice of acceptance cannot be delivered at the address of the offeror on the last day of the period because that day falls on an official holiday or a non-business day at the place of business of the offeror, the period is extended until the first business day which follows.

제20조(승낙기간의 해석)

(1) 청약자가 전보 또는 서한에서 정한 승낙기간은 전보문이 발신을 위하여 넘겨진 때로부터, 또는 서한에 표시된 일자로부터, 또는 그러한 일자가 표시되지 않은 경우에는 봉투에 표시된 일자로부터 개시된다. 청약자가 전화, 텔렉스 또는 기타의 동시적 통신수단에 의하여 정해진 승낙기간은 청약이 상대방에게 도달한 때로부터 개시된다.

(2) 승낙기간 중에 들어 있는 공휴일 또는 비영업일은 승낙기간에 산입된다. 그러나 승낙기간의 말일이 청약자의 영업소 소재지의 공휴일 또는 비영업일에 해당함으로써 승낙의 통지가 기간의 말일에 청약자에게 도달될 수 없는 경우에, 그 기간은 그 다음의 첫 번째 영업일까지 연장된다.

해설 이 조항은 청약자의 승낙을 위한 시효의 해석을 규정한 것이다. 청약자가 전화, 텔렉스 등 동시적 통신수단으로 승낙기간을 정한 경우에는 청약이 상대방에게 도달한 때부터 기산(起算)된다.

전보는 발신을 위하여 교부된 때부터 서신은 서신 상에 표시된 일자, 또는 그런 표시일자가 없을 경우에는 봉투에 표시된 일자로부터 승낙기간을 계산한다. 전화, 텔렉스 등 동시적 통신수단은 청약이 상대방에게 도달된 때부터 승낙기간이 계산된다. 승낙기간 중에 공휴일, 또는 비영업일은 승낙기간에 산입되나 승낙기간의 말일이 청약지 영업소의 공휴일 비영업일인 경우에는 그 기간은 다음의 최초의 영업일까지 연장된다.

Article 21.

(1) A late acceptance is nevertheless effective as an acceptance if without delay the offeror orally so informs the offeree or dispatches a notice to that effect.

(2) If a letter or other writing containing a late acceptance shows that it has been sent in such circumstances that if its transmission had been normal it would have reached the offeror in due time, the late acceptance is effective as an acceptance unless, without delay, the offeror orally informs the offeree that he considers his offer as having lapsed or dispatches a notice to that effect.

제21조(연착된 승낙)

(1) 지연된 승낙의 경우에도 청약자가 유효하다는 취지를 지체 없이 상대방에게 구두로 알리거나 그러한 취지의 통지를 발송하였을 경우에는 승낙으로서의 효력이 있다.

(2) 지연된 승낙이 들어 있는 서한 또는 기타의 서면으로서 통상적으로 전달된 경우라면, 예정된 시기에 능히 청약자에게 도달하였을 상황에서 발송된 사실을 나타내고 있을 때에는 청약자가 상대방에게 대하여 지체 없이 자신의 청약이 이미 실효된 것으로 간주한다는 취지를 구두로 알리거나 그러한 취지의 통지를 발송하지 아니하는 한, 지연된 승낙인 경우라도 승낙으로서의 효력이 있다.

해설 지연된 승낙의 효과에 관한 규정이다. 청약자가 합리적인 기간 안에 승낙의 표시를 상대방에게 통지하였을 때에는 승낙의 효력을 인정한다. 승낙이 연착된 경우에는 청약자가 지체 없이 유효하다는 취지를 알리는 경우에는 승낙으로서 유효하다. 전달과정에서 지연으로 인한 연착이 된 경우는 청약자가 지체 없이 자신의 청약이 효력이 상실되었다고 피청약자에게 알리지 않는 한 승낙으로서 유효하다.

Article 22.

An acceptance may be withdrawn if the withdrawal reaches the offeror before or at the same time as the acceptance would have become effective.

제22조(승낙의 철회)

승낙의 효력이 발생하기 이전 또는 그와 동시에 그 철회통지가 청약자에게 도달하는 경우에는 승낙은 철회될 수 있다.

해설 승낙의 철회에 관한 규정이다. 이 조항은 제15조 제(2)항과 같은 입장을 취하고 있다. 승낙도 청약과 마찬가지로 상대방에게 도달하기 전, 또는 동시에 철회의 의사표시가 도달하는 경우 철회된다. 그러나 승낙은 청약과는 달리 취소는 되지 않는다. 승낙이 상대방에게 도달하는 순간 계약이 성립되기 때문에 이후로는 계약의 취소로서 해결해야 한다.

Article 23.

A contract is concluded at the moment when an acceptance of an offer becomes effective in accordance with the provisions of this Convention.

제23조(계약의 성립시기)

계약은 청약에 대한 승낙이 이 협약의 규정에 따라 효력을 발생한 때에 성립된다.

해설 계약의 성립시기에 관한 규정이다. 계약은 승낙이 상대방에게 도달하는 때에 성립된다.

Article 24.

For the purposes of this Part of the Convention, an offer, declaration of acceptance or any other indication of intention “reaches” the addressee when it is made orally to him or delivered by any other means to him personally, to his place of business or mailing address or, if he does not have a place of business or mailing address, to his habitual residence.

제24조(도달의 정의)

이 협약 제2부의 적용에 있어서, 청약이나 승낙의 선언 또는 기타의 의사표시가 상대방에게 “도달”한 때라 함은 그 의사표시가 구두 또는 기타의 방법으로 직접 전달되었을 때, 또는 상대방의 영업소나 우편용 주소로 전달되었을 때, 또는 상대방의 영업소나 우편용 주소가 없는 경우에는 상대방의 상주적인 거소로 전달되었을 때로 한다.

해설 계약의 성립을 위한 협약 제2부의 적용목적을 위해 주의규정을 마련한 조항이다. 이 조문은 도달과 전달될 장소에 관하여 규정하고 있다. 의사표시의 도달 시기는 구두, 기타 방법으로 상대방에게 직접 전달된 때, 또는 상대방의 영업소나 우편용 주소에 전달된 때, 영업소나 우편용 주소가 없을 때는 상대방의 일상적인 거소에 전달된 때를 도달된 것으로 본다.

제4장 물품의 매매

1.1 물품의 매매(SALE OF GOODS)

1. 총칙(GENERAL PROVISIONS)

Article 25.

A breach of contract committed by one of the parties is fundamental if it results in such detriment to the other party as substantially to deprive him of what he is entitled to expect under the contract, unless the party in breach did not foresee and a reasonable person of the same kind in the same circumstances would not have foreseen such a result.

제25조(중대한 계약 위반의 정의)

당사자의 일방에 의한 계약위반은 당해 계약 하에서 상대방이 기대할 권리가 있는 것을 실질적으로 박탈할 정도의 손해가 발생되는 경우에는 이를 본질적인 위반으로 한다. 다만, 위반한 당사자가 그런 결과를 예견하지 못하였고, 또한 동일 부류에 속하는 합리적인 자일지라도 동일한 상황 하에서 그러한 결과를 예견하지 못하였을 경우에는 그러하지 아니하다.

해설 본질적인 계약위반에 대한 정의를 규정하고 있다. 계약위반의 내용이 실질적으로 주요한 경우에는 계약을 해제할 수 있다. 본 협약 상 본질적 계약위반은 계약위반자가 당해 계약 하에서 상대방이 기대할 권리를 실질적으로 박탈할 정도의 손해를 발생하게 한 경우를 본질적 계약위반이라고 한다.

본질적 계약위반이 적용되는 조항은 매수인의 계약해제권(49조), 매도인의 계약해제권(64조), 계약일부의 위반(51조), 이행기전 계약해제(제72조), 분할이행계약의 해제(제73조), 매수인의 대체품인도청구권(제46조), 매도인의 위험이전(제70조) 등에 적용된다.

Article 26.

A declaration of avoidance of the contract is effective only if made by notice to the other party.

제26조(계약해제의 통지)

계약해제의 선언은 상대방에게 통지되었을 경우에 한하여 효력이 있다.

해설 계약해제의 통지를 규정하고 있다. 계약의 해제는 사전통지(notice)가 있어야 가능하다. 그러한 경우에도 계약위반이 본질적인 경우에는 최고(催告 ; demand)를 하지 않고, 통고만으로 계약을 해제할 수 있다. 계약해제통지는 발송주의 원칙에 따라 발송한 때 효력이 생긴다. 전달위험은 위반 당사자가 부담한다.

Article 27.

Unless otherwise expressly provided in this Part of the Convention, if any notice, request or other communication is given or made by a party in accordance with this Part and by means appropriate in the circumstances, a delay or error in the transmission of the communication or its failure to arrive does not deprive that party of the right to rely on the communication.

第27조(통신상의 지연 또는 오류)

이 협약 제3부에서 별도로 명백히 규정하고 있지 않는 한 통지, 요청 기타의 통신이 이 본편 규정에 따라, 또한 상황에 따른 적절한 방법으로 당사자에 의해 행해진 경우에는 통신을 전달하는 데 있어 지연 또는 오류가 발생하거나, 또는 그것이 도달되지 아니한 경우일지라도 그 당사자는 당해 통신을 원용할 수 있는 권리를 박탈당하지 아니한다.

해설 계약이 성립된 이후의 모든 통지에 대하여 통신전달 중의 위험부담원칙을 명시하고 있다. 즉 통신전달의 위험부담을 상대방에게 부담하도록 하여 지연, 오류발생, 부도달의 위험은 계약위반자인 상대방이 부담하도록 규정하였다.

Article 28.

If, in accordance with the provisions of this Convention, one party is entitled to require performance of any obligation by the other party, a court is not bound to enter a judgement for specific performance unless the court would do so under its own law in respect of similar contracts of sale not governed by this Convention.

第28조(이행청구와 국내법)

당사자가 이 협약의 규정에 따라 상대방에게 의무이행을 요구할 수 있는 경우에도 법원은 이 협약이 적용되지 아니하는 유사한 매매계약에 대하여 국내법에 따라 특정이행을 명할 의무가 없는 한 법원은 특정의무이행의 판결을 내릴 의무가 없다.

해설 특정이행과 법원규칙과의 관계를 규정하고 있다. 특정이행이란 계약의 목적으로 되어 있는 채무를 약속한 대로 이행할 것을 법원이 명령하는 구제방법을 의미한다. 당사자가 청구한 내용을 적용하는 준거법에 유사매매계약상 특정이행을 청구할 수 있는 조항이 없는 한 특정이행 판결을 내리지 않고 손해배상청구권 등 다른 구제방법을 판결해도 무방하다.

Article 29.

(1) A contract may be modified or terminated by the mere agreement of the parties.

(2) A contract in writing which contains a provision requiring any modification or termination by agreement to be in writing may not be otherwise modified or terminated by agreement. However, a party may be precluded by his conduct from asserting such a provision to the extent that the other party has relied on that conduct.

제29조(계약의 변경과 서면요건)

(1) 계약은 당사자의 단순한 합의만으로 변경되거나 해지될 수 있다.

(2) 서면에 의한 계약으로서, 그 변경 또는 해지가 서면에 의한 합의를 요한다는 규정이 있는 경우에는 그 이외의 방법에 의한 합의에 의해서는 변경이나 해지를 할 수 없다. 그러나 당사자는 자기의 행동에 의하여 상대방이 그러한 행동에 신뢰를 두었던 정도까지는 위의 규정원용으로부터 배제될 수 있다.

해설 이 조항은 계약내용의 변경에 관한 규정이다. 계약은 당사자의 합의(agreement)에 의해서만 변경하거나, 또는 해지(解止)할 수 있다. 이는 당사자 자치의 원칙과 부합하는 규정이다. 계약이 서면으로 된 경우에는 그 계약의 변경, 또는 해지도 서면에 의하여야 한다. 다만 상대방이 신뢰하는 경우에는 다른 방식으로 변경, 또는 해지할 수 있다.

2. 매도인의 의무(OBLIGATIONS OF THE SELLER)

Article 30.

The seller must deliver the goods, hand over any documents relating to them and transfer the property in the goods, as required by the contract and this Convention.

제30조(매도인 의무의 총괄)

매도인은 계약과 이 협약에서 요구하는 바에 따라 물품을 인도하고 관계서류를 교부하며 물품의 소유권을 이전하여야 한다.

해설 물품인도와 서류의 교부에 관한 매도인의 의무를 규정하고 있다. 매매계약은 물품의 인도, 물품소유권의 이전, 그리고 위험의 이전에 대한 의무가 이행되는 것을 요구하고 있다.

(1) 물품의 인도와 서류의 교부

(Delivery of the goods and handing over of documents)

Article 31.

If the seller is not bound to deliver the goods at any other particular place, his obligation to deliver consists :

(a) if the contract of sale involves carriage of the goods in handing the goods over to the first carrier for transmission to the buyer ;

(b) if, in cases not within the preceding subparagraph, the contract relates to specific goods, or unidentified goods to be drawn from a specific stock or to be manufactured or produced, and at the time of the conclusion of the contract the parties knew that the goods were at, or were to be manufactured or produced at, a particular place in placing the goods at the buyer's disposal at that place ;

(c) in other cases in placing the goods at the goods at the buyer's disposal at the place where the seller had his place of business at the time of the conclusion of the contract.

제31조(물품인도장소)

매도인이 물품을 특정장소에서 인도해야 할 의무가 없다면 매도인의 물품인도의무는 다음과 같다.

(a) 매매계약이 물품의 운송을 수반하는 경우 : 매수인에게 전달하기 위하여 물품의 최초의 운송인에게 교부하는 일.

(b) 전호의 규정에 해당하지 아니하는 경우로서 계약이 특정품 또는 특정의 재고품 중에서 추출되는 불특정 물품 또는 제조 내지 생산되는 불특정 물품에 관련되어 있고, 또한 계약체결 당시에 양당사자가 물품이 특정한 장소에 있거나 또는 거기서 제조 내지 생산된다는 것을 알고 있었을 경우 : 그 장소에서 물품을 매수인의 임의처분상태로 두는 일.

(c) 기타의 경우 : 계약체결 당시에 매도인의 영업소가 있는 장소에서 물품을 매수인의 임의처분상태로 두는 일.

해설 물품인도의 방법과 장소에 관한 규정이다. 이 규정은 매도인이 물품을 인도해야 하는 장소를 계약이 규정하지 아니하여 거래관행에 따라 해석되어야 하는 경우에 그 해답을 주고 있다.

매도인의 물품인도 장소는 운송을 포함하고 있는 경우는 최초의 운송인에게 인도하는 장소에서 인도한다. 계약당시에 특정장소에서 물품이 있거나 제조, 가공되는 경우에는 그 특정장소에서 매수인의 임의 처분 하에 두면 된다. 기타의 경우는 매도인의 영업소에서 매수인의 임의 처분 하에 두면 인도가 이루어진다.

Article 32.

(1) If the seller, in accordance with the contract or this Convention, hands the goods over to a carrier and if the goods are not clearly identified to the contract by markings on the goods, by shipping documents or otherwise, the seller must give the buyer notice of the consignment specifying the goods.
(2) If the seller is bound to arrange for carriage of the goods, he must make such contracts as are necessary for carriage to the place fixed by means of transportation, appropriate in the circumstances and according to the usual terms for such transportation.
(3) If the seller is not bound to effect insurance in respect of the carriage of the goods he must, at the buyer's request, provide him with all available information necessary to enable him to effect such insurance.

제32조(운송의 수배)

(1) 매도인이 계약 또는 이 협약의 규정에 따라 물품을 운송인에게 교부하였을 경우, 그리고 물품이 화인(貨印), 운송서류 또는 기타의 방법에 의하여 그

계약에 명확히 특정되어 있지 아니한 경우에 매도인은 물품을 상술한 탁송통지를 매수인에게 발송하여야 한다.

(2) 매도인이 물품의 운송을 주선하여야 하는 경우에 매도인은 상황에 따라 적당한 운송수단에 의해, 또는 당해 운송을 위한 통상적인 계약조건으로 약정된 장소까지의 운송에 필요한 계약을 체결하여야 한다.

(3) 매도인이 물품의 운송과 관련하여 부보의무를 지지 아니하는 경우로서 매수인의 요구가 있을 때 매도인은 매수인으로 하여금 부보 하는 데 필요한 입수 가능한 모든 정보를 매수인에게 제공하여야 한다.

해설 제32조는 운송준비에 관한 규정이다. 매도인은 매수인에게 전달하기 위해 최초의 운송인에게 물품을 교부함으로써 물품인도의 의무를 이행하게 된다. 그러나 매도인이 일반적으로 이행하는 운송을 위하여 필요한 여러 가지 준비가 있다. 물품의 특정되지 아니한 경우에는 물품을 운송인에게 교부하고 그 물품을 자세히 기록한 탁송통지서를 매수인에게 발송하여야 한다.

제32조 제1항은 물품이 화인(貨印) 또는 기타의 방법으로 계약의 목적물로서 명확히 특정되었을 경우에는 매도인은 그 사실을 매수인에게 물품탁송과 동시에 통지하여야 한다고 규정하고 있다. 매도인이 운송주선을 해야 할 경우에는 적절한 운송수단으로 운송을 위한 통상적인 조건으로 약정 장소까지 운송 계약을 체결하여야 한다. 그리고 매도인이 물품에 관한 부분의무를 지지 아니할 경우에는 매수인이 부분하는데 적절한 부분에 관한 정보를 제공하여야 한다.

Article 33.

The seller must deliver the goods :

(a) if a date is fixed by or determinable from the contract, on that date ;

(b) if a period of time is fixed by or determinable from the contract, at any time within that period unless circumstances indicate that the buyer is to choose a date ; or

(c) in any other case, within a reasonable time after the conclusion of the contract.

제33조(인도시기)

매도인은 다음에 해당하는 시기에 물품을 인도하여야 한다.

(a) 기일이 계약에 의하여 확정되어 있거나 또는 확정될 수 있는 경우에는 그 기일.

(b) 기간이 계약에 의하여 확정되어 있거나, 또는 결정될 수 있는 경우에는 매수인이 어느 기일을 선정하여야 하는 상황이 명시되어 있지 않는 한 그 기간 내의 임의의 시일, 또는

(c) 기타의 경우에는 계약체결 후의 상당한 기간 내

해설 제33조는 인도의 시기에 관한 규정이다. 제33조 제1호는 인도의 시기가 계약에 의하여 「모년, 모월, 모일」과 같이 확정되었거나, 확정될 수 있는 경우이므로 별로 문제될 것이 없다. 제33조 제2호는 인도시기가 동 기간 중의 특정일을 인도일로 할 것을 매수인이 따로 선택하여야 할 사정이 보이지 않는 한, 매도인이 당해기간 중 임의의 일자를 인도기일로 선택할 수 있다고 규정하고 있다. 기타의 경우는 계약체결 후 상당한 기간 내에 인도하면 된다.

Article 34.

If the seller is bound to hand over documents relating to the goods, he must hand them over at the time and place and in the form required by the contract. If the seller has handed over documents before that time, he may, up to that time, cure any lack of conformity in the documents, if the exercise of this right does not cause the buyer unreasonable inconvenience or unreasonable expense. However, the buyer retains any right to claim damages as provided for in this Convention.

제34조(물품에 관한 서류)

매도인이 물품에 관한 서류를 교부할 의무가 있는 경우에는 계약에서 요구하고 있는 기일, 장소 및 방식에 따라 교부하여야 한다. 당해 기일 이전에 매도인이 서류를 교부하였을 경우에 매도인은 당해 기일까지는 서류의 결함을 보완할 수 있다. 다만, 이 권리의 행사가 불합리한 불편이나 또는 불합리한 경비를 매수인에게 발생하게 하여서는 아니 된다. 그러나 매수인은 이 협약에서 규정하고 있는 손해배상을 청구할 권리를 보유한다.

해설 제34조는 서류의 교부에 관한 규정이다. 일반적으로 무역서류(trade document)는 무역결제에 필요한 모든 서류를 의미한다. 이러한 무역서류에는 상업송장(commercial invoice), 선하증권(bill of lading ; B/L), 해상보험증권(marine insurance policy) 등이 있다.

서류거래의 특성을 가지고 있는 신용장거래에 있어서 수익자인 수출업자는 신용장조건에 일치하는 서류를 은행에 제시하여야 대금회수가 가능하다. 서류교부는 계약에서 요구하고 있는 기일, 장소 및 방식에 따라 교부하여야 한다. 서류제시기일 전에는 매도인이 서류를 교부하였을 경우에는 그 제시기일까지 하자를 보완할 수 있다. 이러한 하자보완으로 인하여 매수인에게 불합리한 불편이나 비용을 발생해서는 안된다. 매수인은 이에 따른 손해배상청구권을 보유하고 있다.

(2) 물품의 적합성 및 제3자의 청구권

(Conformity of the goods and third party claims)

Article 35.

(1) The seller must deliver goods which are of the quantity, quality and description required by the contract and which are contained or packaged in the manner required by the contract.

(2) Except where the parties have agreed otherwise, the goods do not conform

with the contract unless they :

(a) are fit for the purposes for which goods of the same description would ordinarily be used ;

(b) are fit for any particular purpose expressly or impliedly made known to the seller at the time of the time of the conclusion of the contract, except where the circumstances show that the buyer did not rely, or that it was unreasonable for him to rely, on the seller's skill and judgement ;

(c) possess the qualities of goods which the seller has held out to the buyer as a sample or model ;

(d) are contained or packaged in the manner usual for such goods or, where there is no such manner, in a manner adequate to preserve and protect the goods.

(3) The seller is not liable under sub-paragraphs (a) to (d) of the preceding paragraph for any lack of conformity of the goods if at the time of the conclusion of the contract the buyer knew or could not have been unaware of such lack of conformity.

제35조(물품의 일치성)

(1) 매도인은 계약에서 요구되는 수량, 품질 및 물품명세와 일치하고 또한 계약에서 요구되는 방법에 따라 용기에 함유되거나, 또는 포장된 물품을 인도하여야 한다.

(2) 당사자가 별도로 합의한 경우를 제외하고 물품은 다음의 요건에 충족되지 않으면 계약과 일치하지 아니한 것으로 한다.

(a) 물품명세와 동일한 물품으로서 일반적으로 사용되는 목적에 적합한 것일 것.

(b) 계약체결 당시에 매도인에게 명시적 또는 묵시적으로 알려져 있는 특정목적에 적합한 것일 것. 다만, 매수인이 매도인의 숙련도 및 판단에 의존하지 않았거나, 또는 의존하는 것이 불합리하다는 것을 알 수 있는 경우를 제외한다.

(c) 매도인이 매수인에게 견본 또는 표본으로서 제시한 물품의 품질을 구비한 것일 것.
(d) 당해 물품이 통상적인 방법으로, 또한 그러한 방법이 없는 경우에는 그 물품을 보존하거나 또는 보호할 수 있는 적절한 방법으로 용기에 함유되거나 또는 포장되어 있는 것일 것.

(3) 매수인이 계약체결 당시에 물품이 전항 제a호 내지 제d호의 요건에 적합하지 않다는 것을 알고 있었거나, 또는 알지 못하였을 수가 없는 경우에는 매도인은 그러한 부적합에 대하여 책임을 지지 아니한다.

해설 이 협약의 제2절(제35조-제44조)에 있는 규정은 물품의 적합성과 매도인의 하자담보책임에 관한 내용이다. 제2항은 당해물품의 사용목적에의 적합성에 대한 매도인의 담보책임을 규정하고 있다. 매도인이 계약체결 시에 직접적 또는 간접적으로 특정의 사용목적을 매수인에게 대하여 미리 알렸을 경우에는 매도인이 그 특정목적에 적합한 물품을 인도하여야 한다. 제3항은 매수인이 물품의 부적합성을 미리 알고 있는 경우에는 매도인이 담보책임이 면제된다는 규정이다.

Article 36.

(1) The seller is liable in accordance with the contract and this Convention for any lack of conformity which exists at the time when the risk passes to the buyer, even though the lack of conformity becomes apparent only after that time.

(2) The seller is also liable for any lack of conformity which occurs after the time indicated in the preceding paragraph and which is due to a breach of and of his obligations, including a breach of any guarantee that for a period of time the goods will remain fit for their ordinary purpose or for some particular purpose or will retain specified qualities or characteristics.

제36조(물품의 손상과 일치성에 미치는 효과)

(1) 매도인은 위험이 매수인에게 이전할 때 존재하는 부적합에 대하여 계약 및 이 협약에 규정된 바에 따라 책임을 진다. 또한 그 이후에 물품이 부적합하다고 명백히 밝혀진 경우에도 또한 같다.
(2) 매도인이 전항에서 규정하고 있는 시점 이후에 발생한 부적합에 대하여서도, 그 부적합이 매도인의 어떤 의무를 위반한 것에서 기인하고 있는 경우에는 책임을 진다. 그러한 의무위반 중에는 일정기간 동안 물품이 통상적인 목적 또는 어떤 특정의 목적에 적합한 것이라는 보증의 위반, 또는 일정의 품질이나 특성을 보유한 것이라는 보증의 위반이 포함된다.

해설 이 조항은 물품의 적합성을 판단하는 시점에 관한 규정이다. 제2항은 물품에 대한 매도인의 하자담보책임을 규정한 것이다. 하자담보책임은 물품의 권리에 대한 하자와 물품자체의 하자로 나누어진다. 매도인은 물품이전 시점에 존재하는 물품불일치에 대해서 책임을 진다.

비록 위험이전(transfer of the risk) 시점 이후가 아니면 물품의 부적합성이 발견될 수 없는 경우라도 매도인이 부담하여야 하는 담보책임은 오직 위험이전의 시점에서 이미 존재하고 있었던 부적합의 경우에만 적용된다.

물품이전 시점 이후에 발생한 불일치가 있는 경우에는 이 규정과 상이한 계약상 보증조항위반이 있거나, 또는 당해 부적합의 발생이 매도인의 어떠한 의무위반으로 인하여 초래된 경우에는 매도인의 책임은 면제될 수 없다.

Article 37.

If the seller has delivered goods before the date for delivery, he may, up to that date, deliver any missing part or make up any deficiency in the quantity of the goods delivered, or deliver goods in replacement of any non-conforming goods delivered or remedy any lack of conformity in the goods delivered, provided that the exercise of this right does not cause the buyer unreasonable inconvenience or unreasonable expense. However, the buyer retains any right to claim damages as provided for in this Convention.

제37조(인도기일 전의 보완권)

매도인이 인도일 이전에 물품을 인도한 경우에는 인도일까지 부족분 인도, 인도된 물품수량의 보완, 불일치되는 인도물품의 교환, 또는 인도된 물품의 어떠한 불일치도 치유할 수 있다. 다만, 이 권리의 행사로 인해 매수인에게 불합리하게 불편 또는 비용을 초래하여서는 아니 된다. 그러나 매수인은 이 협약에 규정된 손해배상청구권을 보유한다.

해설 매도인이 인도기일 이전에 물품을 인도하는 경우를 규정하고 있다. 인도기일 이전에 매수인이 수령하였을 경우에는 매도인은 인도기일까지는 그 결함부분을 보완하거나 대체할 수 있다.

즉 부족분인도, 물품의 수량부족의 보충, 불일치한 물품의 교환, 인도된 물품의 불일치를 시정할 수 있다. 이로 인하여 매수인에게 불합리한 불편이나 비용을 야기해서는 안 된다. 이때 매수인은 손해배상청구권을 보유하고 있다.

Article 38.

(1) The buyer must examine the goods, or causes them to be examined, within as short a period as is practicable in the circumstances.
(2) If the contract involves carriage of the goods, examination may be deferred until after the goods have arrived at their destination.
(3) If the goods are redirected in transit or redispatched by the buyer without a reasonable opportunity for examination by him and at the time of the conclusion of the contract the seller knew or ought to have known of the possibility of such redirection or redispatch, examination may be deferred

until after the goods have arrived at the new destination.

第38조(물품검사시기)

(1) 매수인은 당해 상황 하에서 실현가능한 단기간 내에 물품을 검사하거나 검사하게 하여야 한다.
(2) 물품운송이 포함된 계약인 경우, 물품이 목적지에 도착될 때까지 검사가 연기될 수 있다.
(3) 물품이 매수인에 의한 합리적인 검사기회 없이 수송 중 매수인에 의해 목적지가 변경되거나 재발송되고, 계약체결 시 매도인이 그러한 목적지 변경 또는 재발송의 가능성을 알았거나, 알았어야 함에도 알지 못한 경우 검사는 신목적지에 도착될 때까지 연기될 수 있다.

해설 매수인은 실행가능한 단기간 내에 물품을 검사해야 하고 운송이 포함된 계약은 물품이 목적지 도착될 때까지 검사가 연기될 수 있다. 매수인이 검사를 위한 합리적인 기회를 가질 수 없는 경우나, 운송 중에 물품의 목적지를 변경하거나, 또는 물품을 전송(轉送)하는 경우에는 검사를 물품이 새로운 목적지에 도착할 때까지 연기될 수 있다. 그러나, 이 경우에는 계약체결 당시에 매도인이 그러한 목적지 변경 등의 가능성을 미리 알았거나, 또는 마땅히 알았어야 한다는 제한이 붙어 있다.

Article 39.

(1) The buyer loses the right to rely on a lack of conformity of the goods if he does not give notice to the seller specifying the nature of the lack of conformity within a reasonable time after he has discovered it or ought to have discovered it.
(2) In any event, the buyer loses the right to rely on a lack of conformity of the goods if he does not give the seller notice thereof at the latest within

a period of two years from the date on which the goods were actually handed over to the buyer, unless this time-limit is inconsistent with a contractual period of guarantee.

제39조(불일치의 통지)

(1) 매수인은 불일치를 발견하였거나 발견해야 함에도 발견하지 못한 때로부터 합리적 시간 내에 불일치의 내용을 특정하여 매도인에게 통지하지 않으면 불일치를 주장할 권리를 상실한다.
(2) 어떠한 경우라도 계약상 보증기간과 불일치하지 않는 한, 매수인이 물품을 실제 인도받은 날로부터 늦어도 2년 내에 불일치를 통지하지 않으면 이를 주장할 권리를 상실한다.

해설 제1항은 하자통지의무에 관한 규정이다. 검사의무와 하자통지의무의 규정은 매수인에게 대하여 매우 엄격하게 적용하고 있다. 매수인은 물품의 불일치 내용을 합리적인 기간 내에 매수인에게 통지해야 한다.
늦어도 물품을 실제 인도받는 날로부터 늦어도 2년 내에 불일치 사항을 통지해야 한다. 계약과 별도의 물품의 보증기간이 있을 경우에는 보증기간에 따른다.

Article 40.

The seller is not entitled to rely on the provisions of articles 38 and 39 if the lack of conformity relates to facts of which he knew or could not have been unaware and which he did not disclose to the buyer.

제40조(매도인의 악의)

매도인이 알았거나 모를 수가 없는 사실로서 이를 매수인에게 알리지 않은 사항과 관련된 불일치의 경우, 매도인은 제38조 및 제39조의 규정을 주장할 권리를 상실한다.

해설 매도인이 물품의 하자나 부적합 사실을 알고 있으면서도 이것을 매수인에게 알리지 않았을 경우에는 제38조 및 제39조의 규정을 주장할 수 없게 된다는 것을 명시하고 있다. 검사기간에 대한 제한 불일치통보기간을 적용하지 않고 그 기간이 경과한 경우에도 매수인은 책임을 지지 아니한다.

Article 41.

The seller must deliver goods which are free from any right or claim of third party, unless the buyer agreed to take the goods subject to that right or claim. However, if such right or claim is based on industrial property or other intellectual property, the seller's obligation is governed by article 42.

제41조(물품에 대한 제3자의 클레임)

매수인이 제3자의 권리 또는 청구권이 존재하는 물품을 수령하기로 합의한 경우가 아닌 한, 매도인은 그러한 권리 또는 청구권이 존재하지 않는 물품을 인도하여야 한다. 다만, 그러한 권리 또는 청구권이 공업소유권 또는 기타 지적재산권에 기한 것인 경우, 매도인의 의무는 제42조에 의해 규율된다.

해설 매매의 목적인 권리에 하자가 있는 경우에, 별도의 규정이 없으면, 매도인은 제3자의 권리 또는 청구권이 붙어 있지 않은 물품을 인도할 의무가 있다. 매수인이 권리에 하자있는 물품을 수령하기로 동의한 경우에는 그러하지 아니한다.

Article 42.

(1) The seller must deliver goods which are free from any right or claim of a third party based on industrial property or other intellectual property, of which at the time of the time of the conclusion of the contract the seller knew or could not have been unaware, provided that the right or claim is based on industrial property or other intellectual property :

(a) under the law of the State where the goods will be resold or otherwise used, if it was contemplated by the parties at the time of the conclusion of the contract that the goods would be resold or otherwise used in that State : or

(b) in any other case, under the law of the State where the buyer has his place of business.

(2) The obligation of the seller under the preceding paragraph does not extent to cases where ;

(a) at the time of the conclusion of the contract the buyer knew or could not have been unaware of the right or claim : or

(b) the right or claim results from the seller's compliance with technical drawings, designs, formulae or other such specifications furnished by the buyer.

제42조(지적재산권 등에 의한 제3자의 클레임)

(1) 매도인은 계약체결 당시 알았거나 모를 수 없는 제3자의 공업소유권 또는 기타 지적 재산권에 기초한 권리 또는 청구권이 존재하지 않는 물품을 인도하여야 한다. 다만, 아래의 공업소유권 또는 기타 지적 재산권에 기초한 권리 또는 청구권인 경우에 한한다.

(a) 계약체결시 당사자가 물품을 전매 기타 사용할 국가를 예정한 경우에는 물품이 전매 또는 사용될 국가의 법에 의한 경우

(b) 기타의 경우, 매수인이 영업소를 갖고 있는 국가의 법에 의한 경우

(2) 전항에 의한 매도인의 의무는 아래 경우에는 적용되지 아니한다.

(a) 계약체결시 매수인이 그 권리 또는 청구권을 알았거나 모를 수가 없는 경우
(b) 매수인이 제공한 기술상 설계·도안·형식 기타 지시에 매도인이 따름으로 인해 권리 또는 청구권이 발생한 경우

해설 타인의 공업소유권이나 기타의 지적소유권을 침해하는 물품의 인도에 대해서는 제41조의 일반원칙을 적용함에 있어서 다음과 같은 제한이 있다.

첫째, 타인의 공업소유권 또는 기타의 지적소유권을 침해하였는가의 판단은 계약의 체결 당시에 당사자가 물품이 어떤 국가에서 전매 또는 사용될 것인가를 알았을 경우에는 당해 국가의 법률을 적용할 것이고, 기타의 경우에는 매수인이 영업소를 두고 있는 국가의 법률을 적용하는 것으로 제한하고 있다.

둘째, 계약체결 당시에 매수인이 그러한 제3자의 권리가 침해되고 있는 사실을 알고 있었거나, 또는 그러한 침해가 매수인이 제공한 설계 또는 도안, 형식, 기타의 지시사항에 기인하여 매도인이 행한 결과로 발생한 것일 경우에는 제41조의 일반원칙이 적용되지 않는다. 즉 하자통보기간에 대한 제한이 적용되지 않는다.

그런데, 이와 같은 적용의 제한규정은 매매의 양 당사자에 관한 것이며, 제3자가 주장할 수 있는 청구권을 제한하고 있는 것은 아니다.

Article 43.

(1) The buyer loses the right to rely on the provisions of article 41 or article 42 if he does not give notice to the seller specifying the nature of the right or claim of the third party within a reasonable time after he has become aware or ought to have become aware of the right or claim.
(2) The seller is not entitled to rely on the provisions of the preceding paragraph if he knew of the right or claim of the third party and the nature of it.

제43조(제3자의 클레임에 관한 통지)

(1) 매수인이 제3자의 권리 또는 청구권을 알았거나 알았어야 한 때로부터 합리적 시간 내에 그 내용을 특정하여 매도인에게 통지하지 않은 경우에는 제41조 또는 제42조의 규정을 주장할 권리를 상실한다.
(2) 매도인이 제3자의 권리 또는 청구권 및 그 내용을 알았을 경우에는 전항의 규정을 주장할 수 없다.

해설 제43조 제1항의 규정은 매수인이 제3자의 권리에 관한 침해사실을 알면서도 이를 합리적인 기간 44안에 매도인에게 통지하지 아니하였을 경우에는 매수인이 원용할 수 있는 권리가 상실되는 것을 명시하고 있다. 매수인은 권리하자에 대한 손해배상이나 하자에 대한 구제 수단을 사용할 수 없다. 다만 매도인이 권리의 하자가 있음을 알고 있었을 경우에는 매수인의 하자 통지에 대한 제한이 없다.

Article 44.

Notwithstanding the provisions of paragraph
(1) of article 39 and paragraph (1) of article 43, the buyer may reduce the parice in accordance with article 50 or claim damages, except for loss of profit, if he has a resonable excuse for his failure give the required notice.

제44조(불통지의 정당사유)

제39조 제1항 및 제43조 제1항의 규정에 불구하고 필요한 통지의 불이행에 관하여 합리적인 이유가 있는 경우 매수인은 제50조에 따라 대금감액을 하거나, 이익의 상실을 제외한 손해배상청구를 할 수 있다.

해설 매수인은 불일치통지 의무위반에 대해서 합리적인 이유가 있는 경우에는 대금감액청구권과 이익 상실을 제외한 손해배상청구권은 행사할 수 있다.

(3) 매도인의 계약위반에 대한 구제

(Remedies for breach of contract by the seller)

Article 45.

(1) If the seller fails to perform any of his obligations under the contract or this Convention. the buyer may :

(a) exercise the rights provided in articles 46 to 52 ;

(b) claim damages as provided in articles 74 to 77.

(2) The buyer is not deprived of any right he may have to claim damages by exercising his right to other remedies.

(3) No period of grace may be granted to the seller by a court or arbitral tribunal when the buyer resorts to a remedy for breach of contract.

제45조(매수인의 구제권의 총괄)

(1) 매도인이 계약 또는 이 협약상의 의무를 불이행할 경우, 매수인은 아래의 조치를 할 수 있다.

(a) 제46조 내지 제52조에 의한 권리행사

(b) 제74조 제77조에 의한 손해배상청구

(2) 매수인은 다른 구제권한을 행사하는 경우에도 손해배상을 청구하는 권리를 상실하지 아니한다.

(3) 매수인이 계약위반에 대한 구제수단을 사용할 경우, 법원 또는 중재기관은 매도인에게 유예기간을 부여할 수 없다.

해 설 제45조는 매도인의 계약위반에 대하여 매수인이 호소할 수 있는 구제방법을 제시하고 있다.

제3항에서 말하는 유예기간이란 매도인의 권익을 보호하기 위하여 재판소가 공시송달의 효력발생기간 등에 일정기간 유예를 허용하는 경우를 의미한다.

매수인의 구제방법은 매수인의 이행청구권(제46조), 추가기간지정권(제47조), 매수인의 계약해제권(제49조), 대금감액청구권(제50조), 물품의 일부 불일치에 대한 계약해제, 대금감액청구권(제51조), 조기인도 및 수량초과인도에 대한 수령거절권(제52조), 손해배상청구권(제74-77조) 등이 있다.

Article 46.

(1) The buyer may require performance by the seller of his obligations unless the buyer has resorted to a remedy which is inconsistent with this requirement.

(2) If the goods do not conform with the contract, the buyer may require delivery of substitute goods only if the lack of conformity constitutes a fundamental breach of contract and a request for substitute goods is made either in conjunction with notice given under article 39 or within a reasonable time thereafter.

(3) If the goods do not conform with the contract, the buyer may require the seller to remedy the lack of conformity by repair, unless this is unreasonable having regard to all the circumstances. A request for repair must be made either in conjunction with notice given under article 39 or within a reasonable time thereafter.

제46조(매수인의 이행청구권)

(1) 매수인은 양립할 수 없는 구제수단을 사용하지 않는 한, 매도인에게 그의 의무이행을 요구할 수 있다.

(2) 물품이 계약과 불일치할 경우, 매수인은 그 불일치가 중대한 계약위반이며, 물품대체요구가 제39조에 의한 통지와 함께 이루어지거나 그로부터 합리적인 시간 내에 이루어진 때에는 대체물품의 인도를 요구할 수 있다.
(3) 물품이 계약과 불일치할 경우, 모든 상황에 비추어 불합리하지 않는 한, 매수인은 매도인에게 수선을 하여 그 불일치를 보완할 것을 요구할 수 있다. 수선요구는 제39조에 의한 통지와 함께 하거나 그로부터 합리적 시간 내에 하여야 한다.

해설 매수인은 양립할 수 없는 구제수단을 사용하여 매도인에게 의무이행을 청구할 수 없다. 특정이행청구권과 계약해제권, 대금감액청구권과 계약해제권 등은 양립할 수 없는 구제수단이다.

제2항은 대체물품인도의 청구권에 관한 규정이고, 제3항은 부적합한 물품에 대한 보완청구권에 관한 규정이다. 부적합보완을 청구하는 데 있어서 매수인은 다음 두 가지 요건을 충족시켜야 한다. 첫째는 청구의 내용이 합리적이어야 하고, 둘째는 합리적인 기간 안에 청구를 하는 것이다.

Article 47.

(1) The buyer may fix an additional period of time of reasonable length for performance by the seller of his obligations.
(2) Unless the buyer has received notice from the seller that he will not perform within the period so fixed, the buyer may not, during that period, resort to any remedy for breach of contract. However, the buyer is not deprived thereby of any right he may have to claim damages for delay in performance.

제47조(이행을 위한 추가기간의 지정)

(1) 매수인은 매도인의 의무이행을 위하여 합리적인 추가기간을 지정할 수 있다.

(2) 매도인으로부터 그와 같이 지정된 기간 내에 이행을 하지 않겠다는 통지를 받지 않는 한, 매수인은 그 기간 중 계약위반에 대한 구제수단을 사용할 수 없다. 그러나 매수인은 이행지체로 인한 손해배상청구권을 상실하지 아니한다.

해설 제47조는 매도인의 의무이행을 위한 추가기간의 허용에 관하여 규정하고 있다. 매도인의 의무불이행에 대하여 매수인은 합리적인 기간을 정하여 최고(催告)함으로써, 그 기간 안에 매도인이 의무이행을 완료하지 아니하면 계약을 해제하고 손해배상을 청구한다.

매수인은 자의에 의하여 허용한 이행의 추가기간에 대하여 매도인의 거절통지가 없는 한, 동 추가기간 중에는 계약위반에 대한 다른 구제수단을 사용할 수 없다. 그러나 이러한 추가기간중이라 하더라도 매수인은 매도인의 이행지체에 대한 손해배상을 청구하는 것은 가능하다. 참고로 제2항 중 「may not」의 may는 must의 의미를 나타내고 있다.

Article 48.

(1) Subject to article 49, the seller may, even after the date for delivery, remedy at his own expense any failure to perform his obligations, if he can do so without unreasonable delay and without causing the buyer unreasonable inconvenience or uncertainty of reimbursement by the seller of expenses advanced by the buyer. However, the buyer retains any right to claim damages as provided for in this Convention.

(2) If the seller requests the buyer to make known whether he will accept performance and the buyer does not comply with the request within a reasonable time, the seller may perform within the time indicated in his request. The buyer may not, during that period of time, resort to any remedy which is inconsistent with performance by the seller.

(3) A notice by the seller that he will perform within a specified period of time is assumed to include a request, under the preceding paragraph, that the

buyer make known his decision.
(4) A request or notice by the seller under paragraph (2) or (3) of this article is not effective unless received by the buyer.

제48조(매도인의 인도기일 후 보완제의)

(1) 제49조에 따를 것을 조건으로 매도인은 인도일 이후라 할지라도 자기 비용으로 의무불이행을 치유할 수 있다. 다만, 불합리한 지체없이, 그리고 매수인에게의 불합리한 불편, 또는 매수인이 선급한 비용상환의 불확실을 초래하지 않는 경우에 한한다. 그러나 매수인은 이 협약에 의한 손해배상청구권을 보유한다.
(2) 매도인이 매수인에게 이행을 수락할 것인지 여부를 알릴 것을 요청하고, 매수인이 합리적 시간 내에 그 요구에 따르지 않을 경우, 매도인은 자신의 요청시 지정한 시간 내에 이행을 할 수 있다. 매수인은 그 기간 중 매도인의 이행과 양립할 수 없는 구제책을 사용할 수 없다.
(3) 매도인의 특정기간 내에 이행하겠다는 통지는 전항규정에 의해 매수인이 자신의 결정을 알려야 할 요구를 포함하고 있는 것으로 추정한다.
(4) 전 2항에 의한 매도인 요구 또는 통지는 매수인이 수령하지 않는 한 효력이 없다.

해설 계약의 해제를 정당화할 만한 본질적인 계약위반이 있는 경우를 제외하고, 매도인으로서는 인도기일 이후라 할지라도 그 의무불이행의 보완이 가능한 한, 그리고 그러한 보완으로 매수인에게 불합리한 희생을 강요하는 일이 없는 한, 자비로 불이행의 보완이 가능하다는 것을 규정하고 있다.

이때 매수인은 손해배상청구권을 보유한다. 매수인이 하자보완을 위한 기간을 지정하지 않는 경우, 매도인은 자신이 하자보완청구권 행사시 지정한 기간 내에 이행할 수 있다. 매수인은 그 기간 중에 매도인의 이행과 양립할 수 없는 구제수단을 사용할 수 없다. 매도인의 하자보완제의 및 지정기간 내 이행통지는 매수인이 수령하지 않으면 효력이 없다.

Article 49.

(1) The buyer may declare the contract avoided :

(a) if the failure by the seller to perform any of his obligations under the contract or this Convention amounts to a fundamental breach of contract ; or

(b) in case of non-delivery, if the seller does not deliver the goods within the additional period of time fixed by the buyer in accordance with paragraph (1) of article 47 or declares that he will not deliver within the period so fixed.

(2) However, in cases where the seller has delivered the goods, the buyer loses the right to declare the contract avoided unless he does so :

(a) in respect of late delivery, within a reasonable time after he has become aware that delivery has been made ;

(b) in respect of any breach other than late delivery, within a reasonable time :

(i) after he knew or ought to have known of the breach :

(ii) after the expiration of any additional period of time fixed by the buyer in accordance with paragraph (1) of article 47, or after the seller has declared that he will not perform his obligations within such an additional period : or

(iii) after the expiration of any additional period of time indicated by the seller in accordance with paragraph (2) of article 48, or after the buyer has declared that he will not accept performance.

제49조(매수인의 계약해제권)

(1) 매수인은 아래 경우에 계약해제를 선언할 수 있다.

(a) 매도인의 계약 또는 이 협약상 의무의 불이행이 중대한 계약위반인 경우, 또는

(b) 인도불이행에 있어 제47조 제1항에 따라 매수인이 지정한 추가기간 내에 매도인이 물품을 인도하지 아니하거나 그 기간 내의 인도거절선언을 한 경우

(2) 그러나 매도인이 물품을 인도한 경우, 매수인은 아래 시간 내에 해제하지 않는 한, 계약해제권을 상실한다.

(a) 인도지연의 경우, 인도사실을 안 때로부터 합리적 시간 내

(b) 인도지연 이외의 위반인 경우, 아래의 시점으로부터 합리적 시간 내

(i) 위반 사실을 알았거나 알았어야 한 때

(ii) 매수인이 제47조 제1항에 따라 지정한 추가기간 경과 후 또는 매도인이 그 추가기간 내의 의무이행 거절을 선언한 때

(iii) 제48조 제2항에 따라 매도인이 지시한 추가기간 경과 후 또는 매수인이 그 이행의 수락거절을 선언한 때

해설 제1항은 매도인의 계약위반이 본질적인 경우에 매수인은 계약을 해제할 수 있음을 명시하고 있는 규정이다. 그리고 물품불인도의 경우 매수인이 추가기간을 지정한 경우 매도인이 지정한 추가기간 내에 물품을 인도하지 않거나 인도하지 않겠다고 선언한 경우 계약해제를 할 수 있다.

제2항은 매도인의 해제권의 행사에 대하여 일정한 시간적 제한을 하고 있는 규정이다. 매도인이 물품을 인도하였을 때, 매수인이 인도지연을 이유로 계약해제를 할 경우에는 매수인이 인도사실을 알게 된 후의 합리적인 기간 안에 한하는 것이며, 또한 매도인에게 해제의 통지를 하였을 경우에 한하여 해제의 효력이 발생한다.

지연인도 이외의 위반에 대한 계약해제는 매수인이 그 위반사실을 알았거나 또는 알았어야 한때, 매수인이 추가기간을 지정한 때, 매도인이 그 추가기간을 경과하거나 추가기간 내에 의무를 이행하지 않겠다고 선언한 때, 해제할 수 있다. 매도인이 추가기간을 지정한 때에는 매수인이 그 추가기간을 경과하거나 매도인의 이행을 인수하지 아니하겠다고 선언한 경우 계약을 해제할 수 있다.

Article 50.

If the goods do not conform with the contract and whether or not the price has already been paid, the buyer may reduce the price in the same proportion as the value that the goods actually delivered had at the time of the delivery bears to the value that conforming goods would have had at that time. However, if the seller remedies any failure to perform his obligations in accordance with article 37 or article 48 or if the buyer refuses to accept performance by the seller in accordance with those articles, the buyer may not reduce the price.

제50조(대금감액)

물품이 계약과 불일치할 경우, 대금지급 여부와 관련 없이 매수인은 실제 인도받은 물품의 인도 시 가액과 계약에 일치하는 물품이 그 시기에 갖게 될 가액의 비율에 따라 대금을 감액할 수 있다. 그러나 매도인이 제37조 또는 제48조에 따라 그의 의무불이행을 치유하거나, 매수인이 동 조에 따른 매도인의 이행을 수락 거절한 경우에는 대금을 감액할 수 없다.

해설 물품이 계약에 적합하지 아니하는 경우에 매수인은 대금을 지급한 이후일지라도 소정의 비율에 따라 대금을 감액할 권리가 있다. 즉 매수인은 실제 인도물품의 인도 시 가액과 정상물품의 인도시 가액의 비율에 따라 대금을 감액할 수 있다. 그러나 매도인이 인도기일 전 하자보완청구권(제37조)나 인도기일 후 하자보완청구권(제48조)에 따라서 하자를 보완하거나 매수인이 매도인의 하자보완제의를 거절한 때는 대금감액을 청구할 수 없다.

Article 51.

(1) If the seller delivers only a part of the goods or if only a part of the goods

delivered is in conformity with the contract, articles 46 to 50 apply in respect of the part which is missing or which dose not conform.

(2) The buyer may declare the contract avoided in its entirety only if the failure to make delivery completely or in conformity with the contract amounts to a fundamental breach of the contract.

제51조(물품의 일부 불일치)

(1) 매도인이 물품 일부만을 인도하거나 인도된 물품 일부만이 계약에 일치하는 경우, 부족 또는 불일치부분에 대해서는 제46조 내지 제50조의 규정이 적용된다.

(2) 매수인은 일부 인도불이행 또는 계약과의 불일치가 중대한 계약위반인 경우에 한하여 계약 전체의 해제를 선언할 수 있다.

해설 계약의 목적물이 그 일부만 인도 되었거나, 전부 인도되었을 경우라도 그 일부만이 계약에 적합한 경우에는 그 비례에 따라 계약의 일부에 대해서 하자보완, 대체품인도, 계약해제, 대금감액 및 손해배상청구 등을 행사할 수 있다. 일부 불일치의 경우에도 매도인은 인도기일 후 하자보완권이 인정된다. 물품의 일부가 불일치한 경우에도 그 불일치가 중대한 계약위반에 해당할 때는 계약 전체를 해제할 수 있다.

Article 52.

(1) If the seller delivers the goods before the date fixed, the buyer may take delivery or refuse to take delivery.

(2) If the seller delivers a quantity of goods greater than that provided for in the contract, the buyer may take delivery or refuse to take delivery of the excess quantity. If the buyer takes delivery of all or part of the excess quantity, he must pay for it at the contract rate.

제52조(조기인도 및 수량초과인도)

(1) 매도인이 지정기일 전에 물품을 인도한 경우 매수인은 이를 수령하거나 또는 수령을 거절할 수 있다.
(2) 매도인이 계약보다 많은 수량의 물품을 인도한 경우, 매수인은 그 초과분을 수령하거나 또는 수령 거절할 수 있다. 매수인이 초과분의 전체 또는 일부를 수령한 경우, 계약가격의 비율에 따라 대금을 지급하여야 한다.

해설 계약된 물품이 인도기일 이전에 매수인에게 인도되는 경우에 매수인으로서는 선복예약, 참고사정, 시황(市況) 등으로 보아 오히려 불리한 입장일 수도 있기 때문에, 이런 사정 하에서 인도기일 전 인도를 매수인이 수령하거나 또는 거절할 수 있도록 규정하고 있다.

또한, 인도된 물품이 계약된 수량을 초과하였을 경우에는 매수인의 입장에서 수령하거나 거절할 수 있다. 매수인은 초과된 수량의 전부 또는 일부의 인도를 수령하는 경우에는 매수인은 계약의 비율에 따라 대금을 지급해야 한다.

3. 매수인의 의무(OBLIGATIONS OF THE BUYER)

Article 53.

The buyer must pay the price for the goods and take delivery of them as required by the cortract and this Convention.

제53조(매수인의 의무총괄)

매수인은 계약 및 이 협약에 의해 요구된 대로 물품대금을 지급하고 물품을 수령하여야 한다.

해설 매수인은 대금을 지급하고, 물품의 인도를 수령하여야 할 의무가 있음을 명시하고 있다.

(1) 대금의 지급(Payment of the price)

Article 54.

The buyer's to pay the price includes taking such steps and complying with such formalities as may be required under the contract or any laws and regulations to enable payment to be made.

제54조(대금지급을 위한 조치)

매수인의 대금지급의무에는 그 지급을 위해 계약 또는 법령에 의해 요구되는 조치 및 형식에 따르는 것이 포함된다.

해설 국제거래에 있어서 대금지급은 대부분 신용장(letter of credit ; L/C)조건으로 이루어지고 있다. 매수인은 대금지급이라는 채무의 이행에 지장이 없도록 필요한 조치를 취하여야 하고 그 형식에 따라야 한다.

Article 55.

Where a contract has been validly concluded but does not expressly or implicitly fix or make provision for determining the price, the parties are considered, in the absence of any indication to the contrary, to have impliedly made reference to the price generally charged at the time of the conclusion of the contract for such goods sold under comparable circumstances in the trade concerned.

제55조(대금불확정계약)

계약이 유효하게 체결된 경우에 명시적·묵시적으로 대금을 정하지 않거나 대금결정조항이 없는 때에는 반대의 표시가 없는 한, 당사자들은 계약체결시 비교할 만한 관련거래상황하에서 매도되는 물품에 일반적으로 부과되는 가격을 묵시적으로 참조하기로 한 것으로 본다.

해설 매수인이 지급해야 할 가격의 결정에 관한 규정이다. 무역거래조건의 통일된 해석기준을 제공하기 위해 국제상업회의소(International Chamber of Commerce ; ICC)는 1936년에 무역거래조건의 해석에 관한 국제규칙(Interna-tional Rules for the Interpretation of Trade Terms ; Incoterm)을 제정하였다. 현행 국제규칙은 Incoterms, 2000인데 모두 13가지의 거래조건에 관하여 매도인과 매수인의 의무조항이 규정되어 있다. 제55조는 매매대금을 정하지 않고 계약이 체결된 경우 계약 체결 시 유사거래에 적용되는 가격을 매매대금으로 한다는 규정이다.

Article 56.

If the price is fixed according to the weight of the goods, in case of doubt it is be determined by the net weight.

제56조(순중량에 의한 대금결정)

물품의 중량에 의해 대금이 정해진 경우, 의심이 있을 때에는 순중량에 의해 대금을 결정한다.

해설 계약의 내용으로 보아 총중량(gross weight)인지, 아니면 순중량(net weight)인지 분명하지 않을 경우에는 순중량에 의하여 대금을 결정한다는 규정이다. 순중량은 포장무게를 뺀 순물품의 중량을 의미한다.

Article 57.

(1) If the buyer is not bound to pay the price at any other particular place, he must pay it to the seller :

(a) at the seller's place of business : or

(b) if the payment is to be made against the handing over of the goods or of documents, at the place where the handing over takes place.

(2) The seller must bear any increase in the expenses incidental to payment which is caused by a change in his place of business subsequent to the conclusion of the contract.

제57条(대금지급장소)

(1) 매수인이 다른 특정장소에서 대금을 지급할 의무가 없는 경우 아래 장소에서 매도인에게 지급하여야 한다.

(a) 매도인의 영업소, 또는

(b) 물품 또는 서류교부와 동시에 지급되어야 할 경우, 그 교부가 이루어진 장소

(2) 매도인은 계약체결 후 자기 영업소의 변경으로 인해 증가된 대금지급 부수비용을 부담하여야 한다.

해설 제57조는 대금지급의 장소에 관한 규정이다. 대금지급을 위한 특정장소의 지정이 없을 경우에는 매도인의 영업소, 물품과 서류가 교환되는 장소에서 대금지급을 하여야 한다. 매도인이 계약체결 후 영업소를 변경한 경우 증가된 대금지급 부수비용을 부담해야 한다.

Article 58.

(1) If the buyer is not bound to pay the price at any other specific time, he must pay it when the seller places either the goods or documents controlling their disposition at the buyer's disposal in accordance with the contract and this Convention. The seller may make such payment a condition for handing over the goods or documents.

(2) If the contract involves carriage of the goods, the seller may dispatch the goods on terms whereby the goods, or documents controlling their disposition, will not be handed over to the buyer except against payment of the price.

(3) The buyer is not bound to pay the price until he has had an opportunity to examine the goods, unless the procedures for delivery or payment agreed upon by the parties are inconsistent with his having such an opportunity.

제58조(대금지급시기)

(1) 매수인이 다른 특정시기에 대금을 지급할 의무가 없는 경우에는, 매도인이 계약 또는 이 협약에 따라 물품 또는 그 처분을 가능하게 하는 증서를 매수인의 처분 하에 제공한 때에 대금을 지급하여야 한다. 매도인은 그러한 지급을 물품 또는 증서 교부의 조건으로 할 수 있다.

(2) 계약에 물품운송이 포함된 경우, 매도인은 대금지급과 상환으로 물품 또는 그 처분을 가능하게 하는 증서를 교부한다는 조건을 붙여서 물품을 발송할 수 있다.

(3) 매수인은 당사자 간에 합의된 인도 또는 지급절차에 어긋나지 않는 한, 물품을 검사할 기회를 갖기 전까지는 대금을 지급할 의무가 없다.

해설 제58조는 대금지급의 시기에 관한 규정이다. 계약에 지급일이 지정되어 있으면 그 지급일에 매수인은 물품대금을 지급해야 한다. 대금지급기일의 지정이 없을 경우에는 물품 또는 그 처분을 가능하게 하는 증서를 매수인의 처분 하에 제공한 때 대금지급을 하여야 한다. 이를 동시이행의 관계라고 한다. 매수인은 물품을 검사할 기회를 가질 때까지는 대금을 지급할 의무가 없는 것이 원칙이다.

Article 59.

The buyer must pay the price on the date fixed by or determinable from the contract and this Convention without the need for any request or compliance with any formality on the part of the seller.

제59조(대금지급요구의 불요식성)

매수인은 매수인 측의 요구 또는 형식구비에 관계없이 계약 또는 이 협약에 의해 지정되었거나 결정될 수 있는 일자에 대금을 지급하여야 한다.

해설 제59조는 매수인은 대금의 지급기일에 대금을 지급해야 한다고 규정하고 있다. 그러나 매도인이 매수인의 대금지급불이행으로 인하여 계약을 해제하고자 할 때는 사전에 통고를 하여야 한다. 매도인의 대금지급은 매수인의 요구가 없더라도 지정된 기일에 대급을 지급해야 한다.

2) **인도의 수령**(Taking delivery)

Article 60.

The buyer's obligation to take delivery consists :

(a) in doing all the acts which could reasonably be expected of him in order to enable the seller to make delivery : and

(b) in taking over the goods.

제60조(매수인의 인도수령의무)

매수인의 인도수령의무는 아래와 같다.

(a) 매도인으로 하여금 물품인도를 가능하게 하기 위해 합리적으로 요구되는 모든 조치의 수행

(b) 물품의 수령

해설 제60조는 매수인의 인도수령의무를 규정하고 있다. 물품인도의 수령은 점유권(possession)의 이전을 수령하는 것에 그친다. 따라서 매수인이 반드시 물품인도의 수령을 승낙(accept)한다는 의미는 아니다.

매수인의 물품수령은 매도인의 물품인도를 가능하게 하는 모든 조치를 취하고 물품을 수령하는 사실 행위이며, 물품수령의 승낙의 의사표시를 할 필요는 없다.

3) 매수인의 계약위반에 대한 구제
(Remedies for breach of contract by the buyer)

Article 61.

(1) If the buyer fails to perform any of his obligations under the contract or this Convention, the seller may :

(a) exercise the rights provided in articles 62 to 65 :

(b) claim damages as provided in articles 74 to 77.

(2) The seller is not deprived of any right he may have to claim damages by exercising his right to other remedies.

(3) No period of grace may be granted to the buyer by a court or arbitral

tribunal when the seller resorts to a remedy for breach of contract.

제61조(매도인의 구제권 총괄)

(1) 매수인이 계약 또는 이 협약에 의한 의무를 이행하지 아니하는 경우, 매도인은 아래 조치를 할 수 있다.
  (a) 제62조 내지 제65조에 규정된 권한이 행사
  (b) 제74조 내지 제77조에 규정된 손해배상의 청구
(2) 매도인은 다른 구제권한을 행사하는 경우에도 손해배상을 청구하는 권리를 상실하지 아니한다.
(3) 매도인이 계약위반에 대한 구제수단을 사용할 경우, 법원 또는 중재기관은 매수인에게 유예기간을 부여할 수 없다.

해설 제61조는 매수인의 계약불이행에 따른 매도인의 구제방법을 규정하고 있다. 매수인의 구제방법은 (특정)이행청구권(제62조), 추가기간설정권(제63조), 계약해제권(제64조), 물품명세확정권(제65조) 및 손해배상청구권(제74조) 등이 있다.

Article 62.

The seller may require the buyer to pay the price, take delivery or perform his other obligations, unless the seller has resorted to a remedy which is inconsistent with this requirement.

제62조(매도인의 이행청구권)

매도인은 양립할 수 없는 구제수단을 사용하지 않는 한, 매수인에게 대금지급, 인도의 수령 또는 기타 의무이행을 요구할 수 있다. 다만 매도인이 이러한 청

구와 모순되는 구제를 구하는 경우에는 그러하지 아니한다.

해설 매수인의 계약불이행에 대하여 매도인이 행사할 수 있는 특정이행청구에 관한 규정이다. 매도인은 매수인의 계약불이행에 대하여 (특정)이행청구권을 행사할 수 있다. 매도인이 계약해제를 하든지 양립할 수 없는 구제수단을 사용한 경우에는 특정이행청구권을 행사할 수 없다.

Article 63.

(1) The seller may fix an additional period of time of reasonable length for performance by the buyer of his obligations.

(2) Unless the seller has received notice from the buyer that he will not perform within the period so fixed, the seller may not, during that period, resort to any remedy for breach of contract. However, the seller is not deprived thereby of any right he may have to claim damages for delay in performance.

제63조(매도인의 추가기간의 지정)

(1) 매도인은 매수인의 의무불이행을 위하여 합리적인 추가기간을 정할 수 있다.

(2) 매수인으로부터 그와 같이 지정된 기간 내에 이행을 하지 않겠다는 통지를 받지 않는 한, 매도인은 그 기간 중 계약위반에 대한 다른 구제수단을 사용할 수 없다. 그러나 매도인은 이행지체로 인한 손해배상청구권을 상실하지 아니한다.

해설 매수인의 의무불이행을 위하여 매도인이 설정하는 추가기간에 관한 규정이다. 매도인은 매수인의 의무불이행에 대해서 합리적인 추가기간을 정할 수 있다. 추가기간 동안에는 매도인은 양립할 수 없는 구제수단을 사용할 수 없고 손해배상청구권은 사용할 수 있다.

Article 64.

(1) The seller may declare the contract avoided :

(a) if the failure by the buyer to perform any of his obligations under the contract or this Convention amounts to a fundamental breach of contract : or

(b) if the buyer does not, within the additional period of time fixed by the seller in accordance with paragraph (1) of article 63, perform his obligation to pay the price or take delivery of the goods, or if he declares that he will not do so within the period so fixed.

(2) However, in cases where the buyer has paid the price, the seller loses the right to declare the contract avoided unless he does so :

(a) in respect of late performance by the buyer, before the seller has become aware that performance has been rendered : or

(b) in respect of any breach other than late performance by the buyer, within a reasonable time :

(i) after the seller knew or ought to have known of the breach : or

(ii) after the expiration of any additional period of time fixed by the seller in accordance with paragraph (1) of article 63, or after the buyer has declared that he will not perform his obligations within such an additional period.

제64조(매도인의 계약해제권)

(1) 매도인은 아래 경우에 계약해제를 선언할 수 있다.

(a) 매수인의 계약 또는 이 협약상 의무의 불이행이 중대한 계약위반인 경

우, 또는

(b) 제63조 제1항에 따라 매도인이 지정한 추가기간 내에 매수인이 대금지급 또는 물품수령의무를 이행하지 아니하거나, 그와 같이 지정된 기간 내에 이행거절 선언을 한 경우

(2) 그러나 매수인이 대금을 이미 지급한 경우에는, 매도인은 아래 기간 내에 해제하지 않는 한, 계약해제권을 상실한다.

(a) 매수인의 이행지체에 관해서는 매도인이 이행사실을 인식하기 전

(b) 매수인의 이행지체 이외의 위반에 대해서는 아래 시점으로부터 합리적 시간 내

(i) 매도인이 위반을 알았거나 알았어야 한 때, 또는

(ii) 제63조 제1항에 따라 매도인이 지정한 추가기간이 종료한 때 또는 매수인이 그러한 추가기간 내의 의무이행 거절을 선언한 때

해설 제1항은 본질적 계약위반의 경우이고, 제2항은 해제권행사의 시기적 제한에 관한 규정이다. 대금지급이 지체되었더라도 일단 지급이 이루어졌다면 매도인은 계약을 해제할 필요는 없으며, 다만 지체된 지급으로 인한 손해배상청구는 가능하다.

매도인의 계약해제권은 매수인이 중대한 계약위반이 있을 경우 매도이이 추가기간을 정한 경우에는 추가기간 내에 매수인의 의무이행이 없거나 그 기간 내에 대금지급, 또는 물품수령을 이행하지 아니하겠다고 선언한 경우 계약을 해제할 수 있다. 계약해제 시기는 매수인이 대금을 지급한 경우에는 지연된 이행이 제공된 사실을 알기 전, 매수인의 대급지급 지연 이외의 위반이 있을 경우에는 매도인이 그 위반사실을 알았던 때로부터 합리적 기간 내, 추가기간이 경과된 때 또는 추가기간 내에 매수인이 의무이행을 하지 않겠다고 선언한 때로부터 합리적인 기간 내에 계약해제를 하여야 한다.

Article 65.

(1) If under the contract the buyer is to specify the form, measurement or other features of the goods and he fails to make such specification either on the

date agreed upon or within a reasonable time after receipt of a request from the seller, the seller may, without prejudice to any other rights he may have, make the specification himself in accordance with the requirements of the buyer that may be known to him.

(2) If the seller makes the specification himself, he must inform the buyer of the details thereof and must fix a reasonable time within which the buyer may make a different specification. If, after receipt of such a communication, the buyer fails to do so within the time so fixed, the specification made by the seller is binding.

第65条(물품명세확정권)

(1) 계약상 매수인이 물품의 형식·용적·기타 특징을 특정하도록 되어 있고, 매수인이 합의된 일자 또는 매도인의 요구를 받은 후 합리적 시간 내에 그러한 특정을 하지 않는 경우, 매도인은 다른 권리에 영향을 받음이 없이, 그가 알고 있는 매수인의 필요사항에 따라 자신이 이를 특정할 수 있다.

(2) 매도인 자신이 특정할 경우 매수인에게 그 명세를 통지하고 매수인이 다른 특정을 할 수 있는 합리적 시간을 지정하여야 한다. 그러한 의사연락을 받은 후 매수인이 지정된 시간 내에 달리 특정하지 않는 경우 매도인의 특정은 구속력을 가진다.

해설 계약에서 매수인이 물품의 형식이나 용적과 기타 물품의 특징을 지정하는데 태만한 경우에는 매도인이 지정한 명세사항이 구속력을 가진다고 규정한 내용이다. 매수인이 물품 명세를 특정하지 않을 경우 매도인이 물품 명세를 특정할 수 있다. 매도인은 이러한 사실을 매수인에게 통지하고 매수인이 이와 상이한 물품 명세를 특정할 수 있도록 합리적인 기간을 지정하여야 한다. 매수인이 그 기간 중에도 물품 명세를 특정하지 않는다면 매도인이 특정한 물품명세가 확정된다.

4. 위험의 이전(PASSING OF RISK)

Article 66.

Loss of or damage to the goods after the risk has passed to the buyer does not discharge him from his obligation to pay the price, unless the loss or damage is due to an act or omission of the seller.

제66조(위험이전의 효과)

매수인에게 위험이 이전된 이후의 물품의 멸실 또는 훼손이 매도인의 작위 또는 부작위로 인해 발생된 것이 아닌 한, 매수인은 그로 인해 대금지급의무를 면할 수 없다.

해설 물품매매계약의 위험이란 계약목적물의 소유권(ownership) 또는 점유권(possession)이 당사자의 고의(wilful intention)나 과실(negligence)이 없이 계약체결 후에 우발적으로 파손되거나, 멸실됨으로써 계약이 이행불능의 상태에 빠졌을 때의 위험을 의미한다.

협약에 규정되어 있는 「Passing of Risk」는 위험의 이전이라는 개념이다. 제66조는 위험부담의 일반원칙에 관한 규정이다. 위험이 매수인에게 이전된 이후에 발생한 물품의 손해에 대하여는 매수인이 책임을 진다. 그러나 물품의 손해의 발생 원인이 매도인의 행위로 인하여 발생된 경우에는 매수인은 책임이 없다.

Article 67.

(1) If the contract of sale involves carriage of the goods and the seller is not bound to hand them over at a particular place, the risk passes to the buyer

when the goods are handed over to the first carrier for transmission to the buyer in accordance with the contract of sale. If the seller is bound to hand the goods over to a carrier at a particular place, the risk does not pass to the buyer until the goods are handed over to the carrier at that place. The fact that the seller is authorized to retain documents controlling the disposition of the goods does not affect the passage of the risk.

(2) Nevertheless, the risk does not pass to the buyer until the goods are clearly identified to the contract, whether by markings on the goods, by shipping documents, by notice given to the buyer or otherwise.

第67조(운송조항부 계약과 위험이전)

(1) 매매계약에 물품운송이 포함되고 매도인이 특정장소에서 인도할 의무가 없는 경우, 매매계약에 따라 매수인에게의 전달을 위해 물품을 제1운송인에게 인도한 때에 매수인에게 위험이 이전된다. 매도인이 특정장소에서 운송인에게 인도해야 할 의무가 있는 경우에는 물품이 그 장소에서 운송인에게 인도될 때까지 매수인에게 위험이 이전되지 아니한다. 매도인이 물품의 처분을 가능하게 하는 증서를 보유할 권한이 있다는 사실은 위험의 이전에 영향을 주지 아니한다.

(2) 전항의 규정에 불구하고 물품이 화인(貨印)·선적서류·매수인에게의 통지 기타 방법으로 계약의 목적물로서 명확히 특정되기까지는 매수인에게 위험이 이전되지 아니한다.

해설 특정장소에서 물품을 인도할 의무가 있는 경우에는 그 지정된 장소에서 운송인에게 인도되었을 때 위험이 매수인에게 이전한다. 매매계약이 운송을 포함하고 특정장소에서 인도를 약정하지 아니한 경우에는 위험은 최초의 운송인에게 인도하는 시기에 매수인에게 이전된다. 특정장소에서 운송인에게 인도하는 경우에는 그 장소에서 운송인에게 인도할 때 위험은 매수인에게 이전된다. 물품처분서류(예 ; 선하증권)를 매도인이 보유하고 있는지 여부는 위험이전과는 무관하다. 그러나 위험은 매도인이 물품을 특정(하인, 선적서류 또는 매수인에게 통지)하기 전에는 매수인에게 이전되지 않는다.

Article 68.

The risk in respect of goods sold in transit passes to the buyer from the time of the conclusion of the contract. However, if the circumstances so indicate, the risk is assumed by the buyer from the time the goods were handed over to the carrier who issued the documents embodying the contract of carriage. Nevertheless, if at the time of the conclusion of the contract of sale the seller knew or ought to have known that the goods had been lost or damaged and did not disclose this to the buyer, the loss or damage is at the risk of the seller.

제68조(운송중인 물품의 매매와 위험)

수송 중 판매된 물품에 관하여는 계약체결시에 매수인에게 위험이 이전된다. 그러나 상황에 따라서는 운송계약을 실행하는 증서를 발행한 운송인에게 물품이 인도된 때로부터 매수인이 위험을 부담한다. 그러나 매매계약체결시 매도인이 물품의 멸실 또는 훼손을 알았거나 알았어야 함에도 알지 못한 경우로서 이를 매수인에게 알리지 아니한 때에는 그 멸실·훼손에 관해 매도인이 위험을 부담한다.

해설 운송 중 매각된 물품의 위험은 전매계약 체결 시에 매수인에게 이전된다. 상황에 따라서 운송서류를 발행한 운송인에게 물품이 인도된 때에 매수인에게 위험이 이전될 수 있다. 운송 중의 물품을 매매하는 계약을 체결할 당시에 매도인이 물품의 멸실 또는 훼손을 알았거나, 알았음에도 알지 못한 경우로서 그 사실을 알리지 아니하였을 경우에는 매도인이 그 위험을 부담한다.

Article 69.

(1) In cases not within articles 67 and 68, the risk passes to the buyer when he takes over the goods or, if he does not do so in due time, from the time when the goods are placed at his disposal and he commits a breach of contract by failing to take delivery.

(2) However, if the buyer is bound to take over the goods at a place other than a place of business of the seller, the risk passes when delivery is due and the buyer is aware of the fact that the goods are placed at his disposal at that place.

(3) If the contract relates to goods not then identified, the goods are considered no to be placed at the disposal of the buyer until they are clearly identified to the contract.

제69조(기타 경우의 위험)

(1) 제67조 및 68조에 해당되지 아니하는 경우에는 매수인이 물품을 수령한 때 또는 적기에 이를 수령하지 아니한 때에는 매수인의 처분 하에 물품이 제공되고, 그 수령불이행으로 인해 계약위반이 되는 때에 매수인에게 위험이 이전된다.

(2) 그러나 매수인이 매도인의 영업소 이외의 장소에서 물품을 수령할 의무가 있는 경우에는 인도기일이 도래되고, 물품이 당해장소에서 매수인의 처분에 맡겨진 사실을 매수인이 안 때에 위험이 이전된다.

(3) 불특정물품에 관한 계약인 경우 계약의 목적물로서 명확히 특정되기까지 물품을 매수인의 처분 하에 두지 아니한 것으로 본다.

해설 운송인에게 물품을 인도하는 경우(제67조, 제68조)가 아닌 경우에는 물품이 매수인의 처분 하에 놓이고 이를 매수인이 수령하지 아니한 때, 위험은 매수인에게 이전된다.

물품의 수령 장소가 매도인의 영업소가 아닌 경우에는 물품이 매수인의 처분 하에 놓인 사실을 매수인인 안 때, 위험이 이전된다. 불특정물일 경우에는 그 물품이 특정되기까지는 위험이 매수인에게 이전되지 않는다.

Article 70.

If the seller had committed a fundamental breach of contract, articles 67, 68 and 69 do not impair the remedies available to the buyer on account of the breach.

제70조(매도인의 계약위반과 위험의 이전)

매도인이 중대한 계약위반을 한 경우, 제67조, 제68조 및 제69조는 그 위반으로 인해 매수인이 사용할 수 있는 구제수단에 영향을 주지 아니한다.

해설 운송포함계약(제67조), 운송 중의 물품매매계약(제68조), 특정장소에서 물품인도계약(제69조)의 경우, 위험이전은 매도인이 중대한 계약위반을 범한 경우에는 위험은 매수인에게 이전되지 않고, 매수인은 계약위반에 따른 구제청구권을 보유한다. 매도인의 사소한 계약위반의 경우에는 물품을 수령한 때 위험이 매수인에게 이전된다.

5. 매도인과 매수인의 공통의무 규정 (PROVISIONS COMMON TO THE OBLIGATIONS OF THE SELLER AND OF THE BUYER)

(1) 이행이전의 계약위반과 분할이행계약

(Anticipatory breach and instalment contracts)

Article 71.

(1) A party may suspend the performance of his obligations if, after the conclusion of the contract, it becomes apparent that the other party will not perform a substantial part of his obligations as a result of :

(a) a serious deficiency in his ability to perform or in his credit worthiness : or

(b) his conduct in preparing to perform or in performing the contract.

(2) If the seller has already dispatched the goods before the grounds described in the preceding paragraph become evident, he may prevent the handing over of the goods to the buyer even though the buyer holds a document which entitles him to obtain them. The present paragraph relates only to the rights in the goods as between the buyer and the seller.

(3) A party suspending performance, whether before or after dispatch of the goods, must immediately give notice of the suspension to the other party and must continue with performance if the other party provides adequate assurance of his performance.

제71조(이행정지권)

(1) 일방 당사자는 계약체결 후 상대방이 아래의 사유로 인해 그의 의무의 중요부분을 불이행할 것이 명백하게 된 경우에는 자신의 의무불이행을 정지할 수 있다.

(a) 이행능력 또는 신용상의 중대한 결함
(b) 계약의 이행준비 또는 이행상의 행위

(2) 전항에 의한 사유가 명백해지기 전에 이미 물품을 발송한 매도인은 물품은 취득권을 부여하는 증서를 매수인이 소지하고 있더라도 매수인에 대한 물품의 인도를 중지시킬 수 있다. 본 항은 매수인과 매도인간의 물품에 대한 권리에만 관련된 것이다.

(3) 이행을 정지한 당사자는 물품발송 전후에 관계없이 상대방에게 즉시 정지 통지를 하고 상대방이 적당한 이행 보장을 제공한 경우에는 이행을 계속하여야 한다.

해설 계약체결 후 상대방이 그 의무의 중요한 부분을 이행하지 않을 것임이 명백하게 된 경우에는 자신의 의무이행을 정지(이행정지권) 할 수 있다. 의무의 중요한 부분은 상대방의 이행능력, 또는 신용도의 중대한 결함 또는 계약의 이행준비 또는 이행상의 행위에 대한 이행능력에 중대한 결함이 있을 경우, 이행정지권을 행사할 수 있다. 이미 물품이 운송중이고 매수인이 물품처분권을 소지하고 있다하더라도 매도인은 매수인에게 물품이 인도되지 못하도록 방지할 수 있다. 이행정지권은 상대방에게 이행정지 사실을 통지하여야 한다. 만일 상대방이 그 이행에 대하여 적절한 보장을 제공하는 경우에는 이행정지권을 행사할 수 없고 이행의무를 진다.

제3항에서 말하는 적당한 이행의 보장(assurance)이란 국제무역상 널리 관용되고 있는 보장을 의미한다. 예를 들면 신용장의 발행이나 기타 은행지급보증서의 제공 등과 같이 확실성이 있는 것을 뜻한다.

Article 72.

(1) If prior to the date for performance of the contract it is clear that one of the parties will commit a fundamental breach of contract, the other party may declare the contract avoided.

(2) If time allows, the party intending to declare the contract avoided must give reasonable notice to the other party in order to permit him to provide

adequate assurance of his performance.

(3) The requirements of the preceding paragraph do not apply if the other party has declared that he will not perform his obligations.

제72조(이행기전 계약해제)

(1) 계약이행일 이전에 일방 당사자가 중대한 계약위반을 할 것이 명백한 경우, 상대방은 계약해제를 선언할 수 있다.

(2) 시간이 허용하면, 계약해제를 선언하고자 하는 당사자는 상대방이 적당한 이행의 보장을 제공할 수 있도록 하기 위해 합리적인 통지를 하여야 한다.

(3) 전항의 요건은 상대방이 그의 의무를 불이행할 것을 선언한 경우에는 적용하지 아니한다.

해설 계약의 이행기일 전이라도 상대방이 중대한 계약위반을 할 것이 분명한 경우에는 상대방에게 계약해제를 선언할 수 있다. 계약해제의 사전 통지를 해야 하며, 상대방이 그 이행에 대하여 적절한 보장을 제공하는 경우에는 계약해제를 할 수 없다. 만약에 상대방이 그 이행에 대하여 의무불이행을 선언한 경우에는 사전 통지 없이 계약해제를 선언할 수 있다.

Article 73.

(1) In the case of a contract for delivery of goods by instalments, if the failure of one party to perform any of his obligations in respect of any instalment constitutes a fundamental breach of contract with respect to that instalment, the other party may declare the contract avoided with respect to that instalment.

(2) If one part's failure to perform any of his obligations in respect of any

instalment gives the other party good grounds to conclude that a fundamental breach of contract will occur with respect to future instalments, he may declare the contract avoided for the future, provided that he does so within a reasonable time.

(3) A buyer who declares the contract avoided in respect of any delivery may, at the same time, declare it avoided in respect of deliveries already made or of future deliveries if, by reason of their interdependence, those deliveries could not be used for the purpose contemplated by the parties at the time of the conclusion of the contract.

제73조(분할이행계약의 해제)

(1) 물품의 분할공급계약에 있어 일방 당사자의 어떠한 의무불이행이 당회의 분할공급에 관해 중요한 계약위반이 되는 경우, 상대방은 당해분에 관한 계약해제를 선언할 수 있다.

(2) 분할공급에 관한 일방 당사자의 어떠한 의무불이행이 상대방으로 하여금 장래의 분할공급에 관해 중대한 계약위반이 발생할 것이라고 단정할 상당한 근거를 부여하는 경우, 상대방은 합리적인 시간 내에 장래분에 관한 계약해제를 선언할 수 있다.

(3) 어느 공급부분에 대하여 계약해제를 선언한 매수인은, 물품간의 상호의존성으로 인해 당사자가 계약체결 시 고려한 목적에 사용될 수 없는 경우에는 종전 또는 차후의 공급에 관련된 계약해제를 동시에 선언할 수 있다.

해설 분할분의 계약해제로서 어느 분할분이 중대한 계약위반에 해당되면 당해 분할 부분에 대해서 계약을 해제할 수 있다. 장래 분할분의 계약해제는 어느 분할분의 불이행이 장래의 분할분과 관련하여 중대한 계약위반이 있으리라는 충분한 근거가 되는 경우에는 당해 분할분과 장래의 분할분도 계약해제를 할 수 있다. 전체계약의 해제를 할 수 있는 경우로서 어느 분할분의 계약위반이 이전 인도분 및 장래인도분과도 상호의존 관계가 있어 계약체결시의 목적으로 사용될 수 없는 경우에는 전체계약을 해제할 수 있다.

(2) 손해 배상금(Damages)

Article 74.

Damages for breach of contract by one party consist of a sum equal to the loss, including loss of profit, suffered by the other party as a consequence of the breach. Such damages may not exceed the loss which the party in breach foresaw or ought to have foreseen at the time of the conclusion of the contract, in the light of the facts and matters of which he then knew or ought to have known, as a possible consequence of the breach of contract.

제74조(손해액 산정의 일반원칙)

당사자 간의 계약불이행으로 인한 손해배상은 이익의 상실을 포함하여 위반의 결과 상대방이 입은 손실과 동액으로 한다. 그러한 손해배상은 위반당사자가 알았거나 알았어야 하는 사실을 기초로 하여 계약체결 시 그가 계약위반의 가능한 결과로 예상하였거나 예상하였어야 하는 손실액을 초과할 수 없다.

해설 협약에서 말하는 손해배상금(damages)은 손해(damage)라는 용어와 구분되는 것으로서, 이 규정에 있는 손해배상금이란 상대방의 계약위반으로 인한 구제수단인 청구권을 의미한다. 손해배상액의 예정에 관한 규정은 국제사법(國際私法)의 원칙에 의하여 준거법에 따르도록 하고 있다.

손해액 산정의 일반원칙은 피해당사자가 입은 손실과 동등한 금액으로 배상한다는 실손실보상의 원칙이다. 여기에 이익의 상실도 포함된다. 결과적 손해도 포함되지만 위반당사자가 예견하였던 손실을 초과할 수 없다.

Article 75.

If the contract is avoided and if, in a reasonable manner and within a reasonable time after avoidance, the buyer has bought goods in replacement or the seller has resold the goods, the party claiming damages may recover the difference between the contract price and the price in the substitute transaction as well as any further damages recoverable under article 74.

제75조(대체거래와 손해액)

계약이 해제되고, 해제 후 합리적인 방법으로 합리적인 시간 내에 매수인이 대체물품을 매입하거나, 매도인이 전매한 경우 손해배상청구 당사자는 제74조에 의해 배상받을 수 있는 손해뿐만 아니라 계약가격과 대체거래가격의 차액도 배상받을 수 있다.

해설 물품이 계약에 적합하지 않을 경우에는 그 부적합이 본질적인 계약위반이 되는 경우에는 매수인이 대체품의 인도를 청구할 수 있다. 그러나, 만일 계약해제의 효과로서 매수인이 물품을 수령하였던 당시와 실질적으로 동등한 상태로 당해 물품을 반환할 수 없을 때에는 매수인은 매도인에 대하여 대체품의 인도를 청구할 수 없다. 그런데, 계약이 해제되었을 경우에 매수인이 대체물품을 구입하였거나, 또는 매도인이 전매하였을 때에는 계약대금과 대체거래의 차액도 청구할 수 있다. 이 손해액과 앞(제74조)의 손해액(이익의 상실, 결과적 손해)이 추가된다.

Article 76.

(1) If the contract is avoided and there is a current price for the goods, the party claiming damages may, if he has not made a purchase or resale under article 75, recover the difference between the price fixed by the contract and the current price at the time of avoidance as well as any further damages recoverable under article 74. If, however, the party claiming damages has avoided the contract after taking over the goods, the current

price at the time of such taking over shall be applied instead of the current price at the time of avoidance.

(2) For the purpose of the preceding paragraph, the current price is the price prevailing at the place where delivery of the goods should have been made or, if there is no current price at that place, the price at such other place as serves as a reasonable substitute, making due allowance for differences in the cost of transporting the goods.

제76조(시가(時價)에 기초한 손해배상액)

(1) 계약이 해제되고 물품의 시가가 있는 경우, 제75조에 의한 매입 또는 전매를 하지 않는 손해배상청구 당사자는 제74조에 의해 배상받을 수 있는 손해뿐만 아니라 계약상의 지정가격과 해제 시의 시가의 차액을 배상받을 수 있다. 그러나 손해배상청구 당사자가 물품수령 후 계약을 해제한 경우에는 계약해제시의 시가 대신에 물품수령시의 시가를 적용한다.

(2) 전항의 적용상 시가는 물품이 인도되었어야 할 장소의 일반적 가격으로 하고, 당해장소에 시가가 없는 경우 물품운송비용을 적절히 참작한 합리적 대체지의 가격으로 한다.

해설 계약이 해제된 후에 대체거래가 없는 경우, 또는 대체거래가 있었더라도 그것이 합리적인 기간 안에 합리적 방법으로 행하지 않거나, 또는 대체구매나 전매를 하지 않은 경우에는 계약을 해제하였던 당시의 시가(時價)와 계약에서 정해진 가격의 차액을 배상받고, 제74조의 손해액(이익의 상실, 결과적 손해) 등이 추가된다.

계약해제시 물품을 수령 받은 경우는 물품수령시의 시가와 계약상 정해진 가격의 차액을 배상 청구할 수 있다. 시가는 물품의 인도지의 일반적 가격으로 하고, 인도지에서 시가가 없을 경우에는 물품운송비용을 감안한 합리적인 다른 장소에서의 가격으로 시가를 정한다.

Article 77.

A party who relies on a breach of contract must take such measures as are reasonable in the circumstances to mitigate the loss, including loss of profit, resulting from the breach. If he fails to take such measures, the party in breach may claim a reduction in the damages in the amount by which the loss should have been mitigated.

제77조(손해경감의무)

계약위반을 주장하는 당사자는 그 위반으로 인해 발생되는 이익의 상실을 포함한 손실의 감소를 위해 상황에 따라 합리적인 조치를 취하여야 한다. 그러한 조치를 취하지 않은 경우, 위반당사자는 감소될 수 있었던 손해액만큼 손해액의 감경을 청구할 수 있다.

해설 제77조는 계약위반을 원용(援用)하는 당사자 자신의 손해경감의무에 관한 규정이다. 계약위반으로 인한 피해자는 계약위반자의 계약위반으로 인한 손실(이익의 상실 포함)을 경감하기 위한 합리적 조치를 취하여야 한다. 만약에 피해자가 이러한 손해경감조치를 취하지 아니한 경우, 위반당사자는 경감되어야 했던 손실액만큼 손해액에서 경감하도록 청구할 수 있다.

(3) 이자(Interest)

Article 78.

If a party fails to pay the price or any other sum that is in arrears, the other party is entitled to interest on it, without prejudice to any claim for damages recoverable under article 74.

제78조(연체된 금액의 이자)

당사자가 대금 기타 미불금의 지급을 하지 않는 경우, 상대방은 그에 관한 이자를 받을 권리가 있으며, 그로 인해 제74조에 회복할 수 있는 손해배상청구에 영향을 받지 아니한다.

해설 제74조에 의한 손해배상금은 제78조의 이자와는 별도로 청구할 수 있음을 명시하고 있다. 따라서 계약상의 의무위반이 면책되는 경우라 하더라도 면제되는 것은 손해배상만 해당된다. 이자나 연체이자는 손해배상액과 별도로 청구할 수 있다. 즉 금전배상에 대한 이자는 손해배상의 개념에서 제외된 것으로서 면책되는 사항이 있더라도 이자는 지급되어야 한다.

(4) **면책**(Exemptions)

Article 79.

(1) A party is not liable for a failure to perform any of his obligations if he proves that the failure was due to an impediment beyond his control and that he could not reasonably be expected to have taken the impediment into account at the time of the conclusion of the contract or to have avoided or overcome it or its consequences.

(2) If the party's failure is due to the failure by a third person whom he has engaged to perform the whole or a part of the contract, that party is exempt from liability only if :

(a) he is exempt under the preceding paragraph : and

(b) the person whom he has so engaged would be so exempt if the provisions of that paragraph were applied to him.

(3) The exemption provided by this article has effect for the period during

which the impediment exists.

(4) The party who fails to perform must give notice to the other party of the impediment and its effects on his ability to perform. If the notice is not received by the other party within a reasonable time after the party who fails to perform knew or ought to have known of the impediment, he is liable for damages resulting from such non-receipt.

(5) Nothing in this article prevents either party from exercising any right other than to claim damages under this Convention.

제79조(손해배상책임의 면제)

(1) 당사자는 의무불이행이 불가항력적 장애로 인한 것인 경우에는 그로 인한 책임이 없다. 다만, 계약체결 시에 그 장애를 고려하거나 장애 및 그 결과 발생을 회피 또는 극복하는 것이 합리적으로 기대되지 않는다는 것을 입증한 경우에 한한다.

(2) 당사자의 불이행이 계약 전부 또는 일부의 이행을 위해 그가 사용한 제3자의 불이행으로 인한 경우에는 아래 경우에 한하여 책임이 면제된다.

(a) 당사자가 전항에 의해 면책되고,

(b) 당사자가 사용한 제3자에게 전항 규정을 적용할 때 그가 면책될 경우

(3) 본조에 의한 면책은 장애가 존재하는 기간 중 효력을 갖는다.

(4) 불이행당사자는 장애 및 그로 인한 자신의 이행능력에 대한 효과를 상대방에게 통지하여야 한다. 불이행당사자가 장애를 알았거나 알았어야만 한 때로부터 합리적 시간 내에 상대방이 그 통지를 수령하지 못한 경우, 불이행당사자는 그러한 미수령으로 인해 발생된 손해에 대한 책임을 진다.

(5) 본조의 어떠한 규정도 당사자들의 이 협약에 의한 손해배상청구 이외의 권리행사에 영향을 주지 아니한다.

해설 손해배상책임의 면책사항은 계약불이행이 자신의 통제를 벗어난 장애에 기인하였거나, 계약체결 시 예견불능장애, 그리고 극복불능장애가 있었다는 점을 입증해야

한다. 제3자의 불이행에 기인한 계약불이행은 우선 당사자가 면책요건에 해당되고, 제3자도 면책사유에 해당될 경우에만 면책된다.

제3항은 면책의 유효기간에 관하여 다음과 같이 규정하고 있다. 계약의 이행을 방해하는 장해가 일시적인 것일 경우에는 손해배상으로부터 면책되는 것은 그 장해가 존속하는 기간에 한하여 가능하다. 상대방이 계약의 해제를 하지 않는 한, 계약은 존속되기 때문에 장해가 없어지면 이행을 계속하여야 한다. 불이행당사자는 장애발생 사실을 상대방에게 합리적 기간 내에 통지해야 한다. 그리고 이 면책 사항은 손해배상 청구권 행사시에 유효하다.

Article 80.

A party may not rely on a failure of the other party to perform, to the extent that such failure was caused by the first part's act or omission.

제80조(자신의 귀책사유와 상대방의 불이행)

당사자는 상대방의 불이행이 자신의 작위 또는 부작위로 인한 경우에는 상대방의 불이행을 주장할 수 없다

해설 상대방의 불이행이 피해자의 행위(작위, 부작위)로 인하여 야기된 경우, 상대방의 계약불이행에 대한 자신의 손해배상을 포함한 구제수단을 이용할 수 없다.

(5) 해제의 효과(Effects of avoidance)

Article 81.

(1) Avoidance of the contract releases both parties from their obligations under

it, subject to any damages which may be due. Avoidance does not affect any provision of the contract for the settlement of disputes or any other provision of the contract governing the rights and obligations of the parties consequent upon the avoidance of the contract.

(2) A party who has performed the contract either wholly or in part may claim restitution from the other party of whatever the first party has supplied or paid under the contract. If both parties are bound to make restitution, they must do so concurrently.

제81조(의무의 소멸과 반환청구)

(1) 계약해제는 당사자들을 계약상의 의무로부터 해방시키며, 지급해야 할 손해배상책임만 남게 된다. 해제는 계약상의 분쟁해결조항 또는 계약해제로 인한 당사자의 권리·의무를 규율하는 기타 계약조항에 영향을 주지 아니한다.

(2) 계약의 전부 또는 일부를 이행한 당사자는 상대방에게 계약에 의해 공급 또는 지급한 것에 대한 반환을 청구할 수 있다. 쌍방 당사자가 반환을 해야 하는 경우 이를 동시 이행하여야 한다.

해설 계약해제의 경우, 당사자는 계약이행의무는 면제되지만 그로 인하여 손해를 받은 당사자는 상대방에게 대하여 손해배상과 이자를 받을 권리를 행사할 수 있다. 분쟁해결조항은 당해 분쟁이 해결될 때까지 그 효력이 존속되는 것으로 보고 있다. 당사자의 일방이 계약을 해제하였을 때 계약의 전부, 또는 일부가 이미 이행되었으면, 각 당사자는 그 상대방에게 대하여 원상회복을 청구할 수 있다. 양당사자가 모두 반환의무가 있다면 이는 동시에 반환되어야 한다.

Article 82.

(1) The buyer loses the right to declare the contract avoided or to require the

seller to deliver substitute goods if it is impossible for him to make restitution or the goods substantially in the condition in which he received them.

(2) The preceding paragraph does not apply :

(a) if the impossibility of making restitution of the goods or of making restitution of the goods substantially in the condition in which the buyer received them is not due to his act or omission :

(b) if the goods or part of the goods have perished or deteriorated as a result of the examination provided for in article 38 : or

(c) if the goods or part of the goods have been sold in the normal course of business or have been consumed or transformed by the buyer in the course of normal use before he discovered or ought to have discovered the lack of conformity.

제82조(동일한 상태의 물품반환의 불가능)

(1) 매수인은 자신이 수령한 물품을 수령당시와 실질적으로 동등한 상태로 반환하는 것이 불가능한 경우에는 계약해제 선언을 하거나 매도인에게 대체물품의 인도를 요구할 권리를 상실한다.

(2) 아래 경우에는 전항규정을 적용하지 아니한다.

(a) 물품반환의 불능 또는 매수인이 수령한 물품을 수령당시와 실질적으로 동등한 상태로 반환하는 것이 불가능하게 된 사유가 자신의 작위 또는 부작위로 인한 것이 아닌 경우

(b) 물품의 전부 또는 그 일부가 제38조에 의한 검사결과 멸실 또는 훼손된 경우, 또는

(c) 매수인이 불일치를 발견하거나 발견하였어야 할 시점 이전에 물품의 전부 또는 그 일부가 정상적 영업상 판매되거나, 통상의 용법에 의해 소비 또는 변형된 경우

해설 매수인은 물품을 수령당시와 실질적으로 동등한 상태로 반환이 불가능할 때는 상대방의 불이행으로 인하여 계약해제를 선언하거나 대체품인도청구권을 행사할 수 없다. 그러나 물품의 동등한 상태로의 반환불능사유가 자신의 행위(작위, 부작위)로 인한 것이 아닌 경우와 물품검사결과 이미 물품이 멸실 또는 훼손된 경우나 불일치 발견시점 이전에 전부 또는 일부가 정상적인 영업과정에서 매각되거나 통상적인 사용과정에서 소비 또는 변형된 경우에는 동일한 상태로 물품을 반환하지 않아도 계약해제 선언 또는 대체품인도 청구를 할 수 있다.

Article 83.

A buyer who has lost the right to declare the contract avoided or to require the seller to deliver substitute goods in accordance with article 82 retains all other remedies uner the contract and this Convention.

제83조(기타 구제권의 존속)

매수인은 제82조에 의해 계약해제권 또는 매도인에게의 대체물품 인도요구권을 상실한 경우에도 계약 또는 이 협약에 의한 다른 모든 구제수단을 보유한다.

해설 물품을 동일한 상태로 반환할 수 없어 제82조의 계약해제권 및 대체품인도청구권을 상실한 경우에도, 기타의 다른 구제 권리는 여전히 사용가능하다.

Article 84.

(1) If the seller is bound to refund the price, he must also pay interest on it, from the date on which the price was paid.

(2) The buyer must account to the seller for all benefits which he has derived

from the goods or part of them :

(a) if he must make restitution of the goods or part of them : or

(b) if it is impossible for him to make restitution of all or part of the goods or to make restitution of all or part of the goods substantially in the condition in which he received them, but he has nevertheless declared the contract avoided or required the seller to deliver substitute goods.

제84조(이익의 반환)

(1) 매도인이 대금을 반환하여야 할 경우 그 대금이 지급된 날로부터의 이자도 지급하여야 한다.

(2) 매수인은 물품의 전부 또는 그 일부로부터 파생된 모든 이익을 아래의 경우에 매도인에게 정산하여야 한다.

(a) 물품의 전부 또는 그 일부를 반환하여야 할 경우, 또는

(b) 물품의 전부 또는 그 일부를 반환하는 것이 불가능하거나, 물품을 수령상태대로 반환할 수 없음에도 물구하고 계약해제선언을 하거나, 매도인에게 대체물품 인도요구를 한 경우

해설 매도인은 매수인에게 대금을 반환하여야 하는 경우 그 대금을 지급받은 일자로부터 이자도 지급하여야 한다. 매수인은 물품을 반환해야할 경우에 그 물품으로부터 파생된 이익을 매도인에게 반환해야한다. 매수인이 물품을 수령한 상태와 동일한 상태로 반환할 수 없는 경우에도 계약해제나 대체품인도를 요구하는 경우에는 취득한 이익을 반환해야한다.

(6) 물품의 보존(Preservation of the goods)

Article 85.

If the buyer is in delay in taking delivery of the goods or, where payment of the price and delivery of the goods are to be made concurrently, if he fails to pay the price, and the seller is either in possession of the goods or otherwise able to control their disposition, the seller must take such steps as are reasonable in the circumstances to preserve them. he is entitled to retain them until he has been reimbursed his reasonable expenses by the buyer.

제85조(매도인의 물품보존의무)

매수인이 물품인도의 수령을 지체하거나, 대금지급 및 물품인도가 동시이행되어야 할 경우에 매수인이 대금지급을 불이행하고 매도인이 물품을 점유하거나 달리 그 처분을 통제할 수 있는 때에는 매도인은 상황에 따라 합리적인 물품보존조치를 취하여야 한다. 매도인은 매수인이 합리적인 비용을 상환할 때까지 물품유치권을 보유한다.

해설 제85조는 매도인에 의한 물품의 보존이무를 규정하고 있다. 매도인은 매수인에 의한 물품수령의 지체나 대금지급의 불이행의 경우에 있어서 물품이 매도인의 관리하에 있을 때에는 물품을 보존할 수 있는 합리적인 조치를 취하여야 한다. 또한, 그러한 합리적인 물품보존에 따르는 비용을 상환할 때까지 매도인은 보존물품에 대한 유치권(留置權)을 행사할 수 있다.

Article 86.

(1) If the buyer has received the goods and intends to exercise any right under the contract or this Convention to reject them, he must take such steps to preserve them as are reasonable in the circumstances. He is entitled to retain them until he has been reimbursed his reasonable expenses by the seller.

(2) If goods dispatched to the buyer have been placed at his disposal at their

destination and he exercises the right to reject them, he must take possession of them on behalf of the seller, provided that this can be done without payment of the price and without unreasonable inconvenience or unreasonable expense. This provision does not apply if the seller or a person authorized to take charge of the goods on his behalf is present at the destination. If the buyer takes possession of the goods under this paragraph, his rights and obligations are governed by the preceding paragraph.

第86條(매수인의 물품보존의무)

(1) 매수인이 물품을 수령하고 계약 또는 이 협약에 의해 이를 거절할 권리를 행사하고자 할 경우에는 상황에 따라 합리적인 물품보존조치를 취하여야 한다. 매수인은 매도인이 합리적인 비용을 상환할 때까지 물품유치권을 보유한다.

(2) 매수인에게 발송된 물품이 목적지에서 매수인의 처분 하에 놓이고 매수인이 거절권을 행사할 경우, 대금지급이나 불합리한 불편 또는 배용을 초래하지 않는 한, 매도인을 위해서 물품을 점유하여야 한다. 본 규정은 매도인 또는 그를 대리한 물품보유권자가 그 목적지에 있는 경우에는 적용하지 아니한다. 매수인이 본 항에 의해 물품을 점유하는 경우, 그의 권한과 의무는 전항에 의해 규율된다.

해설 第86조는 매수인에 의한 물품보존의무를 규정한 조항이다. 매수인 앞으로 송부된 물품이 목적지에 도착하면 매수인은 합리적인 기간 안에 물품검사를 하여야 하고, 검사의 결과 그 물품이 계약에 부적합할 때에는 당해 물품의 수령을 거절할 수 있다. 이런 경우, 목적지에 매도인의 대리점, 또는 매도인이 지정한 관리자가 있으면 그들이 물품을 보관하고 관리할 책임이 있다.

만약 그렇지 않은 경우에는 매도인 자신이 선의의 관리자로 합리적인 방법으로 보존조치를 취하고, 그 사실을 합리적인 기간 안에 매도인에게 통지하여야 한다. 그러나 매수인의 보존조치에 관한 의무는 매수인에게 대금지급이 없이 불합리한 불편이나 비용을 초래하지 않는 경우에 한하는 것이지만, 만약 물품이 급속히 변질하기 쉬운 생과, 활어, 기타 특수한 식품인 경우에는, 물품의 보존의무를 지고 있는 매수인은, 매도인의 계약위반으로 인하여 발생하는 손실을 경감하기 위한 합리적인 조치를 취하여야 하는 의무를 이행하기 위하여 필요한 조치를 취하여야 한다.

Article 87.

A party who is bound to take steps to preserve the goods may deposit them in a warehouse of a third person at the expense of the other party provided that the expense incurred is not unreasonable.

제87조(제3자의 창고에 임치)

물품의 보존조치를 취해야 하는 당사자는 발생된 비용이 불합리하지 않는 한, 상대방의 비용으로 제3자의 창고에 물품을 임치할 수 있다. 다만 그 비용은 불합리하지 아니하여야 한다.

해설 물품보존의무를 지는 당사자는 그 비용이 불합리하지 않는 한 물품을 제3자의 창고에 임치하여 보관할 수 있다. 그 보관비용은 상대방이 지급하여야 한다.

Article 88.

(1) A party who is bound to preserve the goods in accordance with article 85 or 86 may sell them by any appropriate means if there has been an unreasonable delay by the other party in taking possession of the goods or in taking them back or in paying the price or the cost of preservation, provided that reasonable notice of the intention to sell has been given to

the other party.

(2) If the goods are subject to rapid deterioration or their preservation would involve unreasonable expense, a party who is bound to preserve the goods in accordance with article 85 or 86 must take reasonable measures to sell them. To the extent possible he must give notice to the other party of his intention to sell.

(3) A party selling the goods has the right to retain out of the proceeds of sale an amount equal to the reasonable expenses of preserving the goods and of selling them. He must account to the other party for the balance.

제88조(물품의 매각)

(1) 제85조 또는 제86조에 따라 물품을 보존해야 하는 당사자는 상대방이 물품점유·물품반환·대금 또는 보존비용의 지급 등에 있어 불합리한 지체를 하는 경우에는 매각의사를 상대방에게 합리적으로 통지하고 적당한 방법으로 물품을 매각할 수 있다.

(2) 물품이 급격하게 품질이 저하되기 쉽거나 그 보존에 불합리한 비용이 소요되는 경우, 제85조 또는 제86조에 따라 물품보존을 해야 할 당사자는 당해 물품매각을 위한 합리적 조치를 취하여야 한다. 가능한 한도 내에서 그는 상대방에게 매각의사를 통지하여야 한다.

(3) 물품매각당사자는 매각금에서 합리적인 물품보존비용 및 매각비용에 상당하는 금액을 보유할 권리가 있다. 그는 상대방에게 잔액을 정산하여야 한다.

해설 물품을 보존할 의무가 있는 당사자는 상대방에게 합리적인 통지를 하였음에도 불구하고, 상대방의 물품회수, 대금, 또는 보존비용지급에 불합리한 지체가 있는 경우에 보존하고 있는 물품을 매각할 수 있다. 그리고 물품을 보관하는 것이 보존상 부적절한 경우(부패, 창고비 과다)에도 상대방에게 통지하고 매각할 수 있다.

보존 중의 물품을 매각한 당사자는 매각대금(proceeds)중에서 보존비용, 매각비용, 기타 소요비용은 공제할 권리가 있다. 이들 비용을 모두 공제한 매각대금의 잔액(balance)에 대하여서는 정산할 의무가 있다.

제5장 최종규정

Article 89.

The Secretary-General of the United Nations is hereby designated as the depositary for this Convention.

제89조(수탁기관)

국제연합 사무총장을 이 협약의 수탁자로 지정한다.

Article 90.

This Convention does not prevail over any international agreement which has already been or may be entered into and which contains provisions concerning the matters governed by this Convention, provided that the parties have their places of business in States parties to such agreement.

제90조(타협약과의 관계)

이 협약은 이 협약에 의해 규율되는 사항에 관한 규정을 두고 있는 것으로서 이미 존재하고 있거나 체결될 국제협약규정에 우선하지 아니한다. 다만, 당사자들이 그러한 협약의 체약국 내에 영업소를 갖고 있는 경우에 한한다.

Article 91.

(1) This convention is open for signature at the concluding meeting of the United Nations Conference on Contracts for the International Sale of Goods and will remain open for signature by all States at the Headquarters of the United Nations, New York until 30 September 1981.
(2) This Convention is subject to ratification, acceptance or approval by the sinatory States.
(3) This Convention is open for accession by all States which are not signatory States as from the date it is open for signature.
(4) Instruments of ratification, acceptance, approval and accession are to be deposited with the Secretary-General of the United Nations.

제91조(서명과 비준 및 가입)

(1) 이 협약은 국제물품매매계약에 관한 국제연합회의 최종회기에 서명을 위하여 개방되며, 1981년 9월 30일까지 뉴욕의 국제연합본부에서 모든 국가의 서명을 위하여 개방된다.
(2) 이 협약은 서명국에 의해 비준·수락 또는 승인되어야 한다.
(3) 이 협약은 서명개방일로부터 비서명국의 가입을 위해 개방된다.
(4) 비준, 수락, 승인 및 가입서는 국제연합 사무총장에게 기탁되어야 한다.

Article 92.

(1) A Contracting State may declare at the time of signature, ratification, acceptance, approval or accession that it will not be bound by Part Ⅱ of this Convention or that it will not be bound by part Ⅲ of this Convention.
(2) A Contracting State which makes a declaration in accordance with the

preceding paragraph in respect of part Ⅱ or Part Ⅲ of this Convention is not to be considered a Contracting State within paragraph (1) of article 1 of this Convention in respect of matters governed by the Part to which the declaration applies.

제92조(제2부 또는 제3부를 배제하는 유보)

(1) 체약국은 서명·비준·수락·승인 또는 가입 시에 이 협약 제2부 또는 제3부에 구속되지 않을 것을 선언할 수 있다.
(2) 전항규정에 따라 이 협약 제2부 또는 제3부와 관련된 선언을 한 체약국은 그러한 선언이 적용되는 부에 의해 규율되는 문제에 관해서는 이 협약 제1조 제1항의 체약국으로 보지 아니한다.

Article 93.

(1) If a Contracting State has two or more territorial units in which, according to its constitution, different systems of law are applicable in relation to the matters dealt with in this Convention, it may, at the time of signature, ratification, acceptance, approval or accession, declare that this Convention is to extend to all its territorial units or only to one or more of them, and may amend its declaration by submitting another declaration at any time.
(2) These declaration are to be notified to the depositary and are to state expressly the territorial units to which the Convention extends.
(3) If, by virtue of a declaration under this article, this Convention extends to one or more but not all of the territorial units of a Contracting State, and if the place of business of a party is located in that State, this place of business, for the purposes of this Convention, is considered not to be in a Contracting State, unless it is in a territorial unit to which the Convention extends.

(4) If a Contracting State makes no declaration under paragraph (1) of this article, the Convention is to extend to all territorial units of that State.

제93조(연방국가의 비준)

(1) 체약국이 이 협약에 의해 취급되는 사항과 관련하여 헌법상 상이한 법률체계가 적용될 수 있는 2개 이상의 영역단위를 갖고 있는 경우, 서명·비준·수락·승인 또는 가입 시에 이 협약이 그 모든 영역단위에 적용되거나 그 중 1개 또는 그 이상의 단위에만 적용된다는 선언을 할 수 있고, 언제든지 다른 선언을 제출함으로써 그 선언을 수정할 수 있다.
(2) 이러한 선언은 수탁자에게 통지되어야 하며, 협약이 적용되는 영역단위를 명시하여야 한다.
(3) 본조에 의한 선언으로 인해 이 협약이 체약국의 영역단위 전체가 아닌 1개 또는 그 이상의 단위에 적용되고 일방 당사자의 영업소가 당해국가에 위치한 경우 이 협약의 적용상 그 영업소는 협약이 적용되는 영역단위 내에 있지 않는 한, 체약국 내에 있지 아니한 것으로 본다.
(4) 체약국이 제1항에 의한 선언을 하지 아니한 경우 이 협약은 당해국가의 모든 영역단위에 적용된다.

Article 94.

(1) Two or more Contracting States which have the same or closely related legal rules on matters governed by this Convention may at any time declare that the Convention is not to apply to contracts of sale or to their formation where the parties have their places of business in those States. Such declarations may be made jointly or reciprocal unilateral declarations.
(2) A Contracting State which has the same or closely related legal rules on matters governed by this Convention as one or more non-Contracting States may at any time declare that the Convention is not to apply to contracts

of sale or to their formation where the parties have their places of business in those States.

(3) If a State which is the object of a declaration under the preceding paragraph subsequently becomes a Contracting State, the declaration made will, as from the date on which the Convention enters into force in respect of the new Contracting State, have the effect of a declaration made under paragraph (1), provided that the new Contracting State joins in such declaration or makes a reciprocal unilateral declaration.

제94조(상호 유사한 법을 가진 복수국가의 비준)

(1) 이 협약에 의해 규율되는 사항에 관해 동일하거나 밀접하게 관련된 법률을 갖고 있는 2개 또는 그 이상의 체약국은 언제든지 당사자들의 영업소가 그러한 국가 내에 있는 때에는 매매계약 또는 그 성립에 이 협약을 적용하지 아니한다는 선언을 할 수 있다. 그러한 선언은 공동으로 하거나 상호간의 단독선언으로 할 수 있다.

(2) 이 협약에 의해 규율되는 사항에 관해 1개 또는 그 이상의 비체약국과 동일하거나 밀접하게 관련된 법규를 갖고 있는 체약국은 언제든지 당사자들의 영업소가 그러한 국가 내에 있는 때에는 매매계약 또는 그 성립에 이 협약을 적용하지 아니한다는 선언을 할 수 있다.

(3) 전항에 의한 선언대상인 국가가 그 후 체약국이 되는 경우 그 선언은 신체약국에 대한 협약발효일로부터 제1항에 의한 선언으로서의 효력을 갖는다. 다만, 신체약국이 그러한 선언에 참여하거나 상호간의 단독선언을 한 경우에 한한다.

Article 95.

Any State may declare at the time of the deposit of its instrument of ratification, acceptance, approval or accession that it will not be bound by subparagraph (1)(b) of article 1 of this Convention.

제95조(제1조 제1항, (b)호의 배제)

어떠한 국가든지 비준·수락·승인 또는 가입서 기탁시 이 협약 제1조 제1항 (b)호에 구속되지 않을 것을 선언할 수 있다.

Article 96.

A Contracting State whose legislation requires contracts of sale to be concluded in or evidenced by writing may at any time make a declaration in accordance with article 12 that any provision of article 11, article 29, or Part Ⅱ of this Convention, that allows a contract of sale or its modification or termination by agreement or any offer, acceptance, or other indication of intention to be made in any form other than in writing, does not apply where any party has his place of business in that State.

제96조(국내법상 형식요건의 고수)

자국의 법제상 매매계약이 서면으로 체결 또는 입증될 것을 요건으로 하는 체약국은 언제든지 제12조에 따라 어떠한 당사자가 당해국가에 영업소를 갖고 있는 경우에는 매매계약, 합의에 의한 그 변경 또는 종결, 청약·승낙 기타 의사표시가 서면 이외의 어떠한 형태로도 이루어지는 것을 허용하는 이 협약 제11조·제29조 또는 제2부의 규정을 적용하지 아니한다는 선언을 할 수 있다.

Article 97.

(1) Declarations made under this Convention at the time of signature are subject to confirmation upon ratification, acceptance or approval.
(2) Declarations and confirmations of declarations are to be in writing and be formally notified to the depositary.
(3) A declaration takes effect simultaneously with the entry into force of this Convention in respect of the State concerned. However, a declaration of which the depositary receives formal notification after such entry into force takes effect on the first day of the month following the expiration of six months after the date of its receipt by the depositary. Reciprocal unilateral declarations under article 94 take effect on the first day of the month following the expiration of six months after the receipt of the latest declaration by the depositary.
(4) Any State which makes a declaration under this Convention may withdraw it at any time by a formal notification in writing addressed to the depositary. Such withdrawal is to take effect on the first day of the month following the expiration of six months after the date of the receipt of the notification by the depositary.
(5) A withdrawal of a declaration made under article 94 renders inoperative, as from the date on which the withdrawal takes effect, any reciprocal declaration made by another State under that article.

제97조(유보선언의 절차 및 유효일)

(1) 서명 시 이 협약에 따라 이루어진 선언은 비준·수락 또는 승인 즉시 확인되어야 한다.
(2) 선언 및 선언의 확인은 서면으로 해야 하며, 수탁자에게 공식 통보하여야 한다.
(3) 선언은 관련국가에 대해 이 협약이 발효함과 동시에 효력을 갖는다. 그러

나 협약발효 후 수탁자가 공식통보를 수령한 선언은 수탁자가 이를 수령한 날로부터 6개월이 경과된 다음 달 1일 발효한다.

제94조에 의한 상호적 단독선언은 수탁자가 최후의 선언을 수령한 후 6개월이 경과된 다음달 1일에 발효한다.

(4) 이 협약에 의한 선언을 한 국가는 수탁자에 대한 공식 서면통보를 함으로써 언제든지 이를 철회할 수 있다. 그러한 철회는 수탁자가 통보를 수령한 날로부터 6개월이 경과된 다음 달 1일에 발효한다.

(5) 제94조에 의해 이루어진 선언의 철회는 그 철회가 발효한 날로부터 동조에 의한 다른 국가의 상호적 선언의 효력을 상실하게 한다.

Article 98.

No reservations are permitted except those expressly authorized in this Convention.

제98조(유보의 금지)

이 협약에서 명시적으로 인정된 것 이외의 유보는 허용되지 아니한다.

Article 99.

(1) This Convention enters into force, subject to the provisions of paragraph (6) of this article, on the first of the month following the expiration of twelve months after the date of deposit of the tenth instrument of ratification, acceptance, approval or accession, including an instrument which contains a declaration made under article 92.

(2) When a State ratifies, accepts, approves or accedes to this Convention after

the deposit of the tenth instrument of ratification, acceptance, approval or accession, this Convention, with the exception of the Part excluded, enters into force in respect of that State, subject to the provisions of paragraph (6) of this article, on the first day of the month following the expiration of twelve months after the date of the deposit of its instrument of ratification, acceptance, approval or accession.

(3) A State which ratifies, accepts, approves or accedes to this Convention and is a party to either or both the Convention relating to a Uniform Law on the Formation of Contracts for the International Sale of Goods done at The Hague on 1 July 1964(1964 Hague Formation Convention) and the Convention relating to a Uniform Law on the International Sale of Goods done at The Hague on 1 July 1964(1964 Hague Sales Convention) shall at the same time denounce, as the case may be, either or both the 1964 Hague Sales Convention and the 1964 Hague Formation Convention by notifying the Government of the Netherlands to that effect.

(4) A State party to the 1964 Hague Sales Convention which ratifies, accepts, approves or accedes to the present Convention and declares or has declared under article 92 that it will not be bound by Part Ⅱ of this Convention shall at the time of ratification, acceptance, approval or accession denounce the 1964 Hague Sales Convention by notifying the Government of the Netherlands to that effect.

(5) A State party to the 1964 Hague Formation Convention which ratifies, accepts, approves or accedes to the present Convention and declares or has declared under article 92 that it will not be bound by Part Ⅲ of this Convention shall at the time of ratification, acceptance, approval or accession denounce the 1964 Hague Formation Convention by notifying the Government of the Netherlands to that effect.

(6) For the purpose of this article, ratifications, acceptances, approvals and accessions in respect of this Convention by States parties to the 1964 Hague Formation Convention or to the 1964 Hague Sales Convention shall not be effective until such denunciations as may be required on the part of those

States in respect of the latter two Conventions have themselves become effective. The depositary of this Convention shall consult with the Government of the Netherlands, as the depositary of the 1964 Conventions, so as to ensure necessary co-ordination in this respect.

제99조(협약의 발효와 경과규정)

(1) 이 협약은 본조 제6항의 규정을 조건으로, 제92조에 의한 선언을 포함하고 있는 서류를 포함하여 10번째의 비준·수락·승인 또는 가입서 기탁일로부터 12개월이 경과된 다음 달 1일에 발효한다.

(2) 10번째 비준·수락·승인 또는 가입서 기탁 후 이 협약을 비준·수락·승인 또는 가입한 국가에 대해 이 협약은 배제된 부분을 제외하고, 본조 제6항에 따르는 것을 조건으로 하여 비준·수락·승인 또는 가입서 기탁일로부터 12개월이 경과된 다음 달 1일에 발효한다.

(3) 이 협약을 비준·수락·승인 또는 가입한 국가로서 1964년 7월 1일 헤이그에서 채택된 국제물품매매계약 성립에 대한 통일법에 관한 협약(1964년 헤이그 계약성립협약)과 1964년 7월 1일 헤이그에서 채택된 국제물품매매에 대한 통일법에 관한 협약(1964년 헤이그 매매협약)의 일방 또는 쌍방의 당사국인 국가는 그와 동시에 네덜란드 정부에 그러한 취지의 통고를 함으로써 경우에 따라 1964년 헤이그 매매협약과 1964년 헤이그 계약성립협약의 일방 또는 쌍방을 폐기하여야 한다.

(4) 1964년 헤이그 매매협약당사국으로서 이 협약을 비준·수락·승인 또는 가입하고 제92조에 의해 이 협약 제2부에 기속되지 않을 것을 선언한 국가는 비준·수락·승인 또는 가입 시에 네덜란드 정부에 그러한 취지의 통고를 함으로써 1964년 헤이그 매매협약을 폐기하여야 한다.

(5) 1964년 헤이그 계약성립협약 당사국으로서 이 협약을 비준·수락·승인 또는 가입하고 제92조에 의해 이 협약 제3부에 기속되지 않을 것을 선언한 국가는 비준·수락·승인 또는 가입 시에 네덜란드 정부에 그러한 취지의 통고를 함으로써 1964년 헤이그 계약성립협약을 폐기하여야 한다.

(6) 본조의 적용상 1964년 헤이그 계약성립협약 또는 1964년 헤이그 매매협약

당사국에 의한 이 협약에 관련된 비준·수락·승인 및 가입은 그 2개 협약과 관련된 국가에 요구되는 폐기가 발효할 때까지는 효력이 발생되지 아니한다. 이 협약의 수탁자는 이에 필요한 조정을 하기 위해 1964년 협약의 수탁자인 네덜란드 정부와 협의하여야 한다.

Article 100.

(1) This Convention applies to the formation of a contract only when the proposal for concluding the contract is made on or after the date when the Convention enters into force in respect of the Contracting States referred to in subparagraph (1)(a) or the Contracting State referred to in subparagraph (1)(b) of article 1.

(2) This Convention applies only to contracts concluded on or after the date when the Convention enters into force in respect of the Contracting States referred to in subparagraph (1)(a) or the Contracting State referred to in subparagraph (1)(b) of article 1.

제100조(청약 및 계약에 대한 발효일)

(1) 이 협약은 제1조 제1항 (2)호의 규정에 의한 협약국이나 동항 (b)호의 규정에 의한 협약국에 대하여 효력을 발생하는 날, 또는 그날 이후에 계약을 체결하기 위한 청약이 행하여진 경우에만 계약의 성립에 적용된다.

(2) 이 협약은 제1조 제1항 (a)호의 규정에 의한 협약국이나 동항 (b)호의 규정에 의한 협약국에 대한 효력을 발행하는 날, 또는 그 이후에 체결되는 계약에 대하여서만 적용된다.

Article 101.

(1) A Contracting State may denounce this Convention, or Part Ⅱ or Part Ⅲ of the Convention, by a formal notification in writing addressed to the depositary.
(2) The denunciation takes effect on the first day of the month following the expiration of twelve months after the notification is received by the depositary. Where a longer period for the denunciation to take effect is specified in the notification, the denunciation takes effect upon the expiration of such longer period after the notification is received by the depositary.

DONE at Vienna, this day of eleventh day of April, one thousand nine hundred and eighty, in a single original, of which the Arabic, Chinese, English, French, Russian and Spanish texts are equally authentic. IN WITNESS WHEREOF the undersigned plenipotentiaries, being duly authorized by their respective Governments, have signed this Convention.

제101조(협약의 폐기)

(1) 협약국은 수탁자 앞으로 송부하는 서면에 의한 통지로서 이 협약 또는 이 협약의 제2부 또는 제3부를 폐기할 수 있다.
(2) 폐기는 수탁자가 통지를 수령한 날로부터 12개월을 경과한 후의 다음 달 1일에 발효한다. 그러한 통지 중에 폐기가 효력을 발행하기 위한 보다 더 장기의 기간이 명시되어 있을 경우에 폐기는 수탁자가 통지를 수령한 후 당해 기간이 경과함과 동시에 효력을 발행한다.

이 협약서는 1980년 4월 11일 비엔나에서 단일원본으로 작성되었으며, 이에 관하여 작성된 아랍어, 중국어, 영어, 불어, 러시아어 및 서반아어의 각 정본은 모두 동등하게 인증된 정본인 것으로 한다.

위의 증거로서 다음에 서명한 전권대표들은 각 해당 정부에 의하여 정식으로 수권된 바에 따라 이 협약에 서명하였다.

해설 이 협약은 1988년 1월 1일부터 효력을 발휘하게 되어 현재 시행 중에 있다.

제 2 편

무역거래조건의 해석에 관한 국제규칙
(Incoterms 2020)

제1장 Incoterms의 개요

1.1 Incoterms의 의의 및 재정

무역거래에 관한 주요한 국제규칙의 하나인 인코텀즈(Incoterms)는 국제간의 무역분쟁을 줄이고 무역거래관습을 국제적으로 통일시켜 국제무역을 활성화시키기 위하여 국제민간기구인 국제상업회의소(International Chamber of Commerce ; ICC)가 1936년에 제정한 무역거래조건의 해석에 관한 국제규칙(International Rules for the Interpretation of the Trade Terms)을 의미한다.

Incoterms라는 용어는 인코텀즈의 정식명칭인 International Rules for the Interpretation의 약칭 International Commercial Terms에서 두문자(頭文字)인 In과 Co, 그리고 Terms를 합하여 만들어진 것이다.

인코텀즈는 무역거래당사자인 매도인과 매수인간의 물품인도, 비용 및 위험을 배분하기 위하여 표준화된 거래조건으로서, 외국과의 무역에 일반적으로 사용되는 거래조건의 해석에 관한 국제규칙을 제공함으로써 서로 다른 국가 간에 이들 거래조건에 대한 해석을 달리하는 불확실성을 제거하는데 제정목적이 있다.

무역거래조건의 해석을 위한 국제규칙인 인코텀즈는 그 자체가 국제적인 통일법이나 조약과 같은 법적 강제력을 갖지 못하고, ICC에서 표준화한 정형거래조건에 대한 해석기준에 불과하다. 따라서 인코텀즈는 각 국가에서 공식적으로 채택하거나 법률에 의하여 적용되는 것이 아니라, 계약당사자들의 상호 합의에 의하여 임의적으로 적용된다.

실무상 계약당사자들은 정형거래조건으로 계약을 체결할 경우, 이에 인코텀즈를 적용하려면, 이 계약에 대한 해석기준으로서 "Incoterms 2000"에 의하여 적용을 받는다는 사실을 명시하여야 한다. 예를 들면, 무역계약서에 다음과 같은 준거 문언을 명시하는 것이 바람직하다.

> "Trade Terms : Unless otherwise stated, the trade terms under this contract shall be governed and interpreted by the Incoterms 2000."

ICC는 무역거래조건위원회(Trade Terms Committee)를 설치하고 세계 여러 국가들이 널리 사용하고 있는 정형무역거래조건에 관한 연구와 조사를 착수하였다. 1923년에 ICC의 무역거래조건위원회는 12개 국가의 조사보고서를 토대로 "정형무역거래조건정의(Traed Terms Definition)"에 관한 초판을 발간하였다. 이 초판에는 ① FOR/FOT, ② FOB, ③ CIF, ④ Free Delivered의 네 가지 거래조건을 정의하고 계약당사자의 권리와 의무에 관한 국가별 대조표가 수록되어 있었다.

무역거래조건위원회는 1929년에 20개 국가의 국내위원회로부터 보고서를 접수하여 초판에 규정된 네 가지의 거래조건에 FAS와 C&F를 추가하여 모두 여섯 가지의 거래조건이 수록된 "정형무역거래조건(Trade Terms)" 제2판을 발간하였다.

ICC의 무역거래조건위원회는 연구와 조사 자료를 토대로 1936년 1월에 "무역거래조건의 해석에 관한 국제규칙(International Rules for the Interpretation of Trade Terms)"의 원안을 기초하여 25개 국가의 위원들에 의하여 제정초안으로 채택되었다. 이 초안은 1936년 6월에 ICC의 집행위원회를 통과하여 "Incoterms 1936"이라는 명칭으로 공표되었다. ICC가 처음으로 제정한 "Incoterms 1936"은 모두 11가지의 거래조건에 대한 정의와 계약당사자의 의무를 조항별로 규정하였다.

1. Ex Works(공장인도)
2. FOR/FOT(철도인도)
3. Free(지정선적항 반입인도)
4. FAS(선측인도)
5. FOB(본선인도)

6. C&F(운임포함인도)
7. CIF(운임 · 보험료포함인도)
8. Freight or Carriage Paid to(운송비지급인도)
9. Ex Ship(착선인도)
10. Ex Quay(부두인도)
11. Free or Free Delivered(지정목적지 반입인도)

1.2 Incoterms의 개정

1. Incoterms, 1953

제2차 세계대전을 계기로 국제정세가 급격히 변화되고 무역환경이 바뀜에 따라 1936년에 제정된 Incoterms의 개정이 필요하게 되었다. 이에 따라 ICC의 무역거래조건위원회는 영국의 국내위원회가 작성한 개정초안을 기초로 하여 개정작업에 착수하였다. ICC는 오스트리아의 비엔나에서 개최된 제14차 총회에서 이사회의 승인을 얻어 1953년 10월에 "Incoterms 1953"을 공표하였다.

"Incoterms 1953"은 기존의 11가지 거래조건 중에 실제 무역거래에 거의 사용되지 않는 두 가지 거래조건인 ① Free(지정선적항 반입인도)와 ② Free or Free Delivered(지정목적지 반입인도)를 제외시키고 나머지 아홉 가지의 거래조건만을 규정하였다.

2. Montreal Rules 1967과 Supplement 1976

"Incoterms 1953"이 공표된 이후에 유럽의 여러 지역에서는 인접국가의 국경에서 계약물품을 인도하는 거래방식이 성행하였는데 이것이 국경인도(Delivered at Frontier)

조건이다. 아울러 경제부흥기가 끝나고 경제성장기로 들어갈 무렵부터 유럽에서는 컨테이너나 팔레트에 의한 화물운송이 이루어지면서 매도인이 수입국내의 지정목적지까지 반입하여 그 장소에서 계약물품을 매수인에게 인도하는 관세지급인도(Delivered Duty Paid)조건을 이용하는 거래방식이 늘어나고 있었다. 이들의 새로운 거래관행을 반영하기 위하여 ICC 무역거래위원회는 1967년 캐나다의 몬트리올에서 개최된 ICC총회에서 "Montreal Rules 1967"이라는 표제로 ① 국경인도(Delivered at Frontier), ② 관세지급인도(Delivered Duty Paid)조건을 인코텀즈에 추가시켜 공표하였다.

한편, 무역상품의 고급화와 점보제트기의 상용화로 항공화물운송이 대중화됨에 따라 항공운송에 있어서도 FOB거래관습을 수용하기위하여 ICC 무역거래조건위원회는 공항인도(FOB Airport ; FOA)조건을 별도로 제정하여 1976년 개정 Incoterms는 12개의 거래조건을 규정하였다.

3. Incoterms 1980

1970년대에 들어오면서 컨테이너를 이용하여 "문전에서 문전까지"(door to door)의 운송을 위한 육·해·공을 일관하는 복합운송(multimodal transport) 방식이 등장하게 되었다. 이러한 새로운 운송방식인 복합운송방식의 등장은 기존의 전통적인 해상운송중심의 무역거래에서 국제상거래절차상의 변화를 가져옴으로써 인코텀즈는 복합운송을 수용할 수 있도록 수정 또는 새로운 조항의 신설을 필요로 하게 되었다.

이러한 시대적인 요청에 따라 기존 인코텀즈 상에서 내륙운송에만 사용하도록 규정되었던 ① DCP(운송비지급인도)조건을 컨테이너, 트레일러 또는 페리(ferry) 등에 의한 "roll on-roll off"(RO-RO)방식의 복합운송에도 확대하여 적용할 수 있도록 수정하였다. 또한, 복합운송에 적합한 FRC(운송인인도)조건과 CIP(운송비·보험료지급인도)조건을 신설하였다.

ICC는 14가지의 거래조건으로 구성된 "Incoterms 1980"을 공표하였는데, 컴퓨터의 활용을 고려하여 14가지의 거래조건마다 두문자(頭文字)인 3자로 된 국제전신약호(international code)를 지정하여 사용하도록 하였다. "Incoterms 1980"에는 다음과 같은 14가지의 거래조건이 수록되어 있었다.

1. EXW(공장인도) : Ex Works
2. FOR/FOT(철도인도) : Free on Rail/Free on Truck
3. FAS(선측인도) : Free Alongside Ship
4. FOB(본선인도) : Free on Board
5. C&F(운임포함인도) : Cost and Freght
6. CIF(운임 · 보험료포함인도) : Cost, Insurance and Freight
7. EXS(착선인도) : Ex Ship
8. EXQ(부두인도) : Ex Quay
9. DAF(국경인도) : Delivered at Frontier
10. DDP(관세지급인도) : Delivered Duty Paid
11. FOA(공항인도) : FOB Airport
12. FRC(운송인인도) : Free Carrier
13. DCP(운송비지급인도) : Freight or Carriage Paid to
14. CIP(운송비 · 보험료직급인도) : Freight or Carriage and Insurance Paid to

4. Incoterms 1990

정보통신기술과 국제운송기법의 지속적인 발전으로 인하여 기존의 인코텀즈의 규정을 보다 체계적으로 수정하고 보완할 필요성이 대두되어 ICC의 상관습위원회(Commercial Practices Commission)는 수년에 걸친 개정작업을 추진하게 되었다. 상관습위원회는 1989년 11월에 인코텀즈 개정안을 최종적으로 확정하여 13가지의 거래조건으로 구성된 "Incoterms 1990"을 공표하였다.

"Incoterms 1990"의 주요 개정내용을 살펴보면 다음과 같다.

첫째, 13가지의 거래조건을 공통적인 특징별로 묶어서 E군(EXW), F군(FCA, FAS, FOB), C군(CFR, CIF, CPT, CIP), 그리고 D군(DAF, DES, DEQ, DDU, DDP)으로 구분하였다.

둘째, FRC조건을 FCA로 명칭을 변경하고, "Incoterms 1980"에 규정된 FOA와 FOR/FOT 조건을 모두 흡수하여 FCA조건으로 통합하였다.

셋째, 각 거래조건별로 매도인과 매수인의의무조항을 10개의 항으로 대칭되게 규정하여 거래당사자들이 비교하기 용이하도록 하였다.

넷째, 기존의 DDP조건을 DDU와 DDP로 세분하여 규정하였다.

다섯째, DCP를 CPT로, EXS를 DES로, 그리고 EXQ를 DEQ로 전신부호 명칭을 변경하였다.

여섯째, 전자자료교환(Electronic Data Interchage : EDI)방식에 의한 통신문의 사용이 증가함에 따라 기존의 운송서류와 동등한 EDI 통신문을 수용하여 전자통신문을 법적으로 유효한 문서로 인정하도록 규정하였다.

"Incoterms 1990"에 규정된 13가지의 거래조건은 다음과 같다.

| 표 1-1 | Incoterms 1990의 구성

Group E(E군)	EXW : Ex Works(공장인도)
Group F(F군)	FCA : Free Carrier(운송인인도)
	FAS : Free Alongside Ship(선측인도)
	FOB : Free on Board(본선인도)
Group C(C군)	CFR : Cost and Freight(운임포함인도)
	CIF : Cost, Insurance and Freight(운임·보험료포함인도)
	CPT : Carriage Paid to(운송비지급인도
	CIP : Carriage and Insuarnce Paid to(운송비·보험료지급인도)
Group D(D군)	DAF : Delivered at Frontier(국경인도)
	DES : Delivered Ex Ship(착선인도)
	DEQ : Delivered Ex Quay(부두인도)
	DDU : Delivered Duty Unpaid(관세미지급인도)
	DDP : Delivered Duty Paid(관세지급인도)

5. Incoterms 2000

1990년대에 들어서면서 정보화의 물결로 본격적인 전자상거래(electronic commerce) 시대를 맞이하게 되었다. 이러한 국제무역의 변화를 수용하기 위하여 ICC는 2년여에 걸쳐 관계 전문가들의 의견과 조사결과를 토대로 인코텀즈 개정작업을 추진시켰다.

2000년 1월 1일부터 발효되어 시행되고 있는 Incoterms 2000은 Incoterms 1990과 비교해 볼 때, 13가지 거래조건을 4개의그룹으로 나누어 각 거래조건마다 10개의 항목을 똑같이 구분하여 반영한 형식적인 (formal) 구조에서는 달라진 것이 없지만 FAS 조건과 DEQ 조건에서 수출입절차 의무의 주체, FCA 조건에서 사용되는 용어의 통일 등 실체적인(substantive) 측변에서는 변경이 있었다.

6. INCOTERMS 2010

4차 산업혁명시대의 도래와 빠른 세계화의 물결에 국제무역.물류의 변화를 수용하기 위하여 개정 작업을 추진 시켰다.

INCOTERMS 2010 개정 내용을 살펴보면 다음과 같다.

첫째, D조건에서 DAF, DES, DEQ, DDU를 없애는 대신, DAT와 DAP를 신설하여 모두 11가지이다.

둘째, INCOTERMS는 전통적으로 국제매매에서 사용되었으나 EU 등, 일부지역에서는 국경을 통과 하는데 필요한 통관절차 등의 의미가 없게 됨에 따라 인코텀즈의 무역거래조건을 국내매매에 적용할 수 있도록 공식적으로 인정하였다

셋째, 선적지 인도조건인 FAS, FOB, CFR, CIF 조건에서 인도지점으로서 선측난간(ship's rail) 개념을 대신하여 물품이 선박에 적재된 때에(when they are ‘on board’ the vessel) 인도된 것으로 규정한다.

넷째, 사용 가능한 운송방법을 기준으로 다음과 같은 두 개의 유형으로 분류하고 있다.

- 전 운송수단(복합운송) : EWX, FCA, CPT, CIP, DAT, DAP, DDP
- 해상 운송수단 : FAS, FOB, CFR, CIF

7. INCOTERMS 2020

국제상업회의소(ICC)에서 발간한 인코텀즈 2020(Incoterms® 2020)은 "인코텀즈 2020 소개문(Introduction to Incoterms 2020)", "모든 운송방식용 규칙(Rules for Any Mode or Modes of Transport)", 해상 및 내수로 운송방식용 규칙(Rules for Sea and Inland Waterway Transport)", "조항별 규칙 비교(Article-by-Article Text fo Rules)" 등의 4개 부문으로 구성되어 있다.

"인코텀즈 2020 소개문(Introduction to Incoterms® 2020)"에서는 10개 항목을 기술하고 있다. 그리고 "모든 운송방식용 규칙(Rules for any Mode or Modes of Transport)"에서는 EXW, FCA, CPT, CIP, DAP, DPU, DDP의 7개 규칙을 규정하고, "해상 및 내수로 운송방식용 규칙(Rules for Sea and Inland Waterway Transport)"에서는 FAS, FOB, CFR, CIF의 4개 규칙을 규정하고 있다.

각 11개 규칙의 시작 부분에 사용자를 위한 설명문(Explanatory Note for Users)을 두고, 그 후로 매도인의 의무 10개 항목(A1～A10)과 매수인의 의무 10개 항목(B1～B10)을 대칭적으로 규정하고 있다.

모든 운송방식용 규칙(EXW, FCA, CPT, CIP, DAP, DPU, DDP)은 운송수단에 관계없이 사용될 수 있고, 둘 이상의 운송방식이 이용되는 경우에도 사용될 수 있다(즉, 복합운송방식에도 사용 가능하다).

그러나 해상 및 내수로 운송방식용 규칙(FAS, FOB, CFR, CIF)은 해상운송이나 내수로 운송에만 사용될 수 있다.

INCOTERMS 2020에는 다음과 같은 11종의 무역거래 조건에 대하여 매매 당사자의 의무를 규정하고 있다.

① Ex Works(EXW : 공장인도조건)
② Free Carrier(FCA : 운송인 인도조건)
③ Free Alongside Ship(FAS : 선측 인도조건)
④ Free On Board(FOB : 본선 인도조건)
⑤ Cost and Freight(CFR : 운임 포함조건)
⑥ Cost, Insurance and Freight(CIF : 운임·보험료 포함조건)

⑦ Carriage Paid To(CPT : 운송비지급 인도조건)
⑧ Carriage and Insurance Paid to(CIP : 운송비·보험료지급 인도조건)
⑨ Delivered At Place Unloaded(DPU : 도착지 양하 인도조건)
⑩ Delivered At Place(DAP : 목적지 인도조건)
⑪ Delivered Duty Paid(DDP : 관세지급 반입 인도조건)

이들 무역거래조건은 크게 4개의 그룹으로 구별된다. 첫 번째 그룹은 매도인이 자기의 구내에서 물품을 매수인의 처분가능 상태로 두는 E조건(EXW), 두 번째 그룹은 매수인이 지정한 운송인에게 매도인이 물품을 인도해야 하는 F조건들(FCA, FAS, FOB), 세 번째 그룹은 매도인이 운송계약을 체결하지만, 선적 및 운송인에게 인도한 후에 발생하는 물품의 멸실·훼손 위험과 추가비용을 부담하지 않는 C조건들(CFR, CIF, CPT, CIP), 그리고 마지막 그룹은 매도인이 물품을 목적지로 운송하는데 따른 모든 위험과 비용을 부담하는 D조건(DPU, DAP, DDP)들이다.

◆ 인코텀즈 2020의 주요 개정내용은 다음과 같다.

① 개별규칙 내 조항순서가 변경된 것.
② CIP상 매도인의 부보의무가 종래 최소 부보의무에서 이제 최대 부보의무로 변경된 것.
③ FCA상 본선 적재표기 선하증권에 관한 규정이 신설된 것.
④ DAT가 DPU로 명칭이 변경된 것.
⑤ FCA에서 매수인이, 그리고 D조건(DAP/DPU/DDP)에서 매도인이 이제는 자신의 운송수단으로 운송할 수 있도록 명시적으로 허용된 것.
⑥ 운송/비용 조항에 보안 관련 의무가 명시적으로 삽입된 것.

제2장 INCOTERMS 2020, TRADE TERMS

INCOTERMS 2020에 의하면 무역거래조건 중 FAS · FOB · CFR · CIF 조건은 해상운송의 경우에만 이용할 수 있는 조건으로 규정하고 있고, EXW · FCA · CPT · CIP · DPU · DAP · DDP 무역거래 조건은 운송수단 내지 운송형태에 관계없이 이용할 수 있는 것으로 규정하고 있다.

따라서 매매 당사자 사이의 합의에 의해 무역거래 조건이 결정되면 이용 가능한 운송수단이 제한을 받게 되는 것이다.

INCOTERMS 2020에 규정된 무역거래 조건별로 운송 계약과의 관계를 간추려 살펴보면 다음과 같다.

1. 공장인도조건(EXW)

공장인도조건(Ex Works : EXW)은 매매 목적물이 현존하는 장소에서 현물을 인도할 것을 내용으로 하는 조건으로서 매도인은 자기의 공장 · 창고 등, 매매 목적물이 있는 지정 인도 장소에서 지정 기간 내에 수출통관을 하지 않은 계약 물품을 매수인이 임의로 처분할 수 있는 상태로 두면 된다.

한편, 매수인은 약정된 물품을 자기가 자유롭게 처분할 수 있는 상태가 되면 이를 인수하고, 그 후 당해 물품의 소유자로서 적당한 운송수단을 수배하여 목적지까지 운송하게 된다.

매도인 공장인도 : 적재에 대한 모든 책임과 비용을 매도인에게 부담시키고자 할 경우

| 표 2-1 | 공장인도조건(EXW)

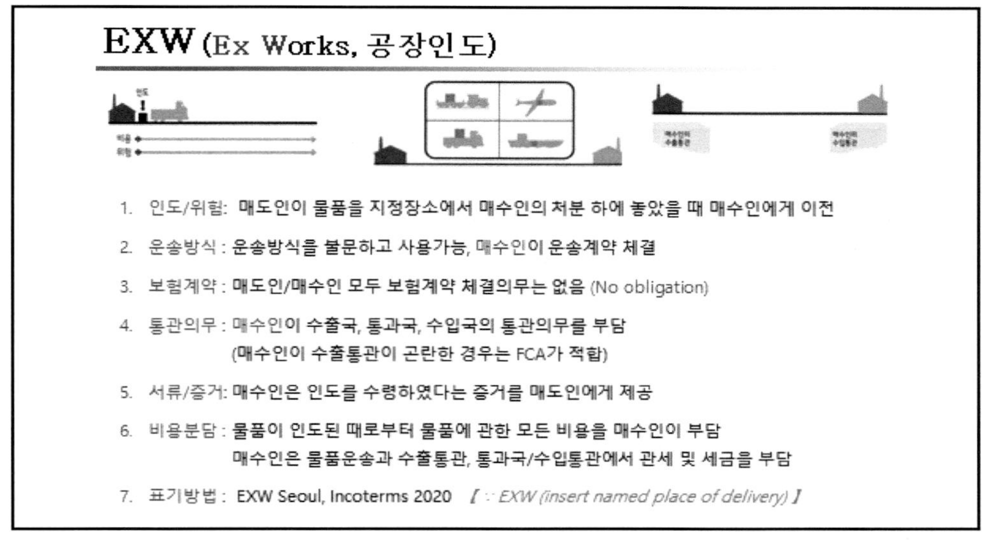

2. 운송인 인도조건(FCA)

운송인 인도 조건(Free Carrier : FCA)은 복합운송을 포함하여 모든 운송에 이용될 수 있는 조건으로, 매도인이 지정지점 또는 장소에서 약정 기간 내에 매수인이 지정한 운송인에게 수출통관을 마친 계약 물품을 인도해야 하는 조건이다. 이 조건에서는 선택된 인도 장소에 따라 물품의 적재 및 양하 의무가 달라진다. 즉, 매수인에 의해 지정된 인도 장소가 매도인의 구내(seller's premises)인 경우에 매도인은 매수인의 집하 차량에 물품을 적재하여야 하고, 그 밖의 장소인 경우에는 매도인은 도착된 차량으로부터 양하 하지 않은 상태로 물품을 매수인의 처분에 맡기면 된다.

이 조건에서는 원칙적으로 매수인이 적절한 운송수단을 선택하여 운송계약을 체결해야 한다. 다만, 매수인의 요청이 있는 경우 또는 상관습이 있는 경우에 매수인이 적기에 반대의 지시를 하지 않는 한 매도인은 매수인의 위험과 비용부담으로 통상적인 조건의 운송계약을 체결할 수 있다.

그러나 매수인이 B6에 따라서 물품이 적재되었음을 기재한 운송서류(본선적재표시 선화증권)를 자신의 비용으로 발행하도록 운송인에게 지시한 경우에는 그러한 서류를 매수인에게 제공하여야 한다. 이 규정이 이번 Incoterms® 2020에서 개정된 규정으로 FCA 조건의 경우에도 본적적재운송서류의 제공을 매수인이 요구할 수 있도록 하였다.

| 표 2-2 | 운송인 인도조건(FCA)

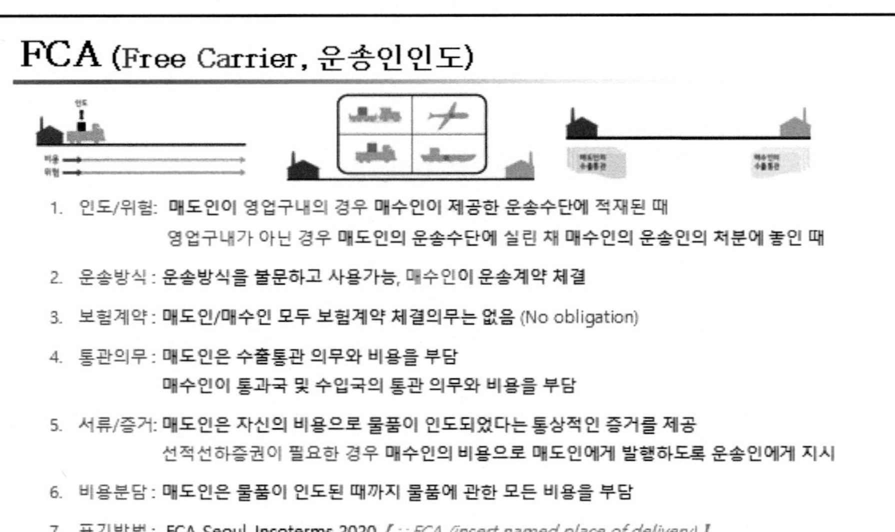

| 표 2-3 | 선측 인도조건(FAS)

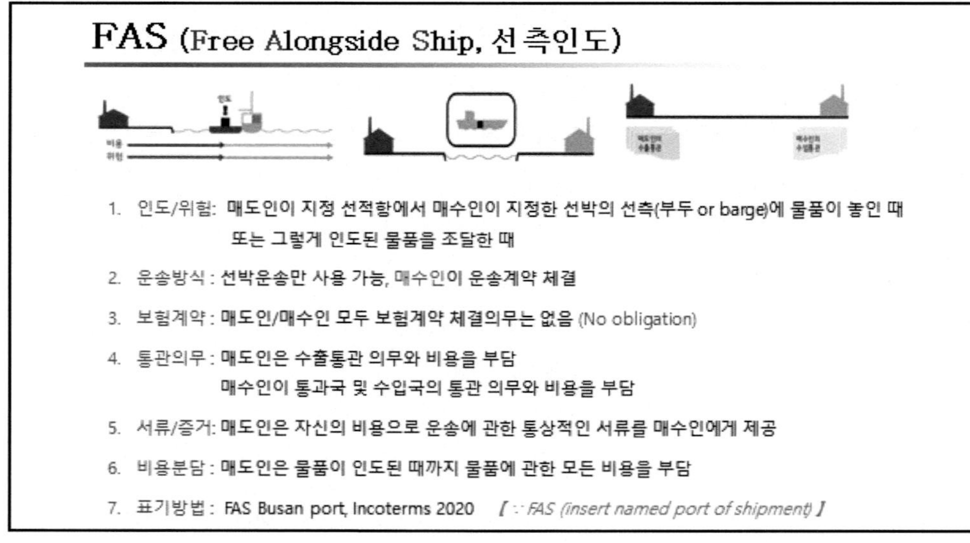

3. 선측인도조건(FAS)

선측인도조건(Free Alongside Ship : FAS)은 지정 선적항의 본선 선측에서 수출통관을 마친 물품을 인도하는 조건으로 해상 및 내수로 운송의 경우에 이용된다. 이 조건의 경우 지정 선적항으로부터 물품을 운송하기 위한 해상운송 계약은 매수인이 체결하여야 한다.

4. 본선 인도조건(FOB)

본선 인도조건(Free On Board : FOB)은 계약상품을 지정 선적항의 본선 상에서 인도하는 조건으로 해상 및 내수로 운송의 경우에 이용된다. 즉, 이 조건의 경우 매도인은 수출통관을 마친 계약물품을 지정 선적항에서 매수인이 지정한 본선 상에 계약물품을 인도하면 된다. 지정 선적항으로부터 물품을 운송하기 위한 운송계약은 매수인이 체결하여야 한다. 따라서 이 조건으로 매매계약을 체결하게 되면 선택할 수 있는 운송수단이 선박으로 한정된다.

| 표 2-4 | 본선인도 조건(FOB)

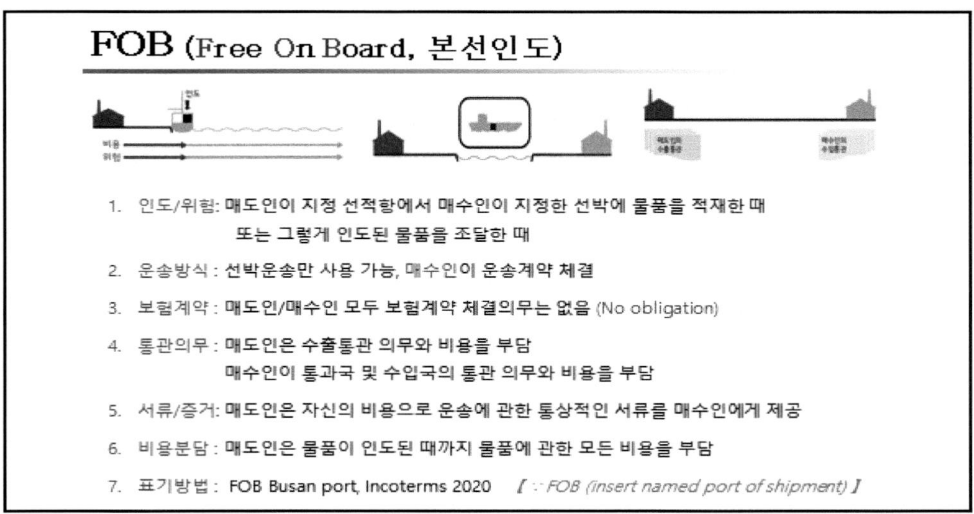

매수인의 위임이나 합의가 있을 경우에는 매도인은 매수인의 대리인으로서 매수인의 위험과 비용으로서 선하증권을 발행하여 제시할 수 있다. 선적비용 중에 실재 선

적비용(Shipping Charge)은 매도인 부담이며 적재비용(Loading Charge)은 매도인이 부담하고 적부비용(Stowing Charge)은 매수인이 부담한다. 적하보험의 경우 통상 매수인이 자신의 비용으로 보험계약을 체결하고 도착지까지 보험료를 지급해야 한다.

5. 운임포함 인도조건(CFR)

운임포함 인도 조건(Cost and Freight : CFR)도 해상 및 내수로 운송의 경우에 이용되는 조건으로, 매도인이 지정 목적항까지의 운송 계약을 체결하고 운임을 부담함과 동시에 자기의 비용으로 지정 선적항에서 수출통관을 마친 물품을 선적해야 하는 조건이다. 이 조건에서 매도인은 자기의 비용부담으로 ① 통상 사용되는 형태의 항해선박으로, ② 통상의 경로에 의해, ③ 통사의 조건으로 계약상의 목적지까지 운송계약을 체결하여야 한다.

| 표 2-5 | 운임포함 인도조건(CFR)

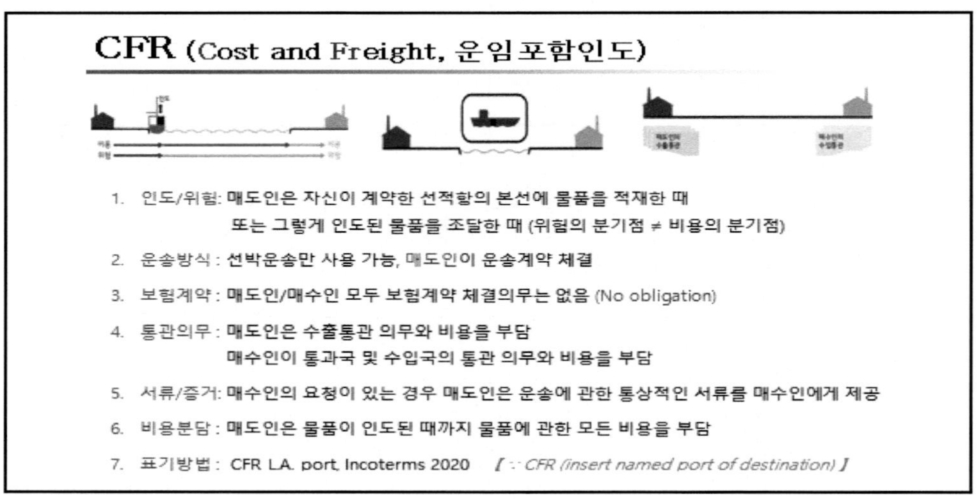

6. 운임·보험료포함 인도조건(CIF)

운임·보험료 포함 인도 조건(Cost, Insurance and Freight : CIF)은 CFR 조건에 지정 목적항 까지의 위험을 담보하는 보험 계약을 체결하고 보험료를 지급하는 것을 매도인의 의무에 추가한 조건으로서 해상 및 내수로 운송의 경우에 이용된다.

따라서 이 조건은 운송계약에 관한 한, CFR 조건과 동일하다. 즉, 이 조건에서 매도인은 자기의 비용부담으로 ① 통상 사용되는 형태의 항해 선박으로, ② 통상의 경로에 의해, ③ 통상의 조건으로 계약상의 목적지까지 운송계약을 체결하여야 한다.

| 표 2-6 | 운임 · 보험료포함 인도조건(CIF)

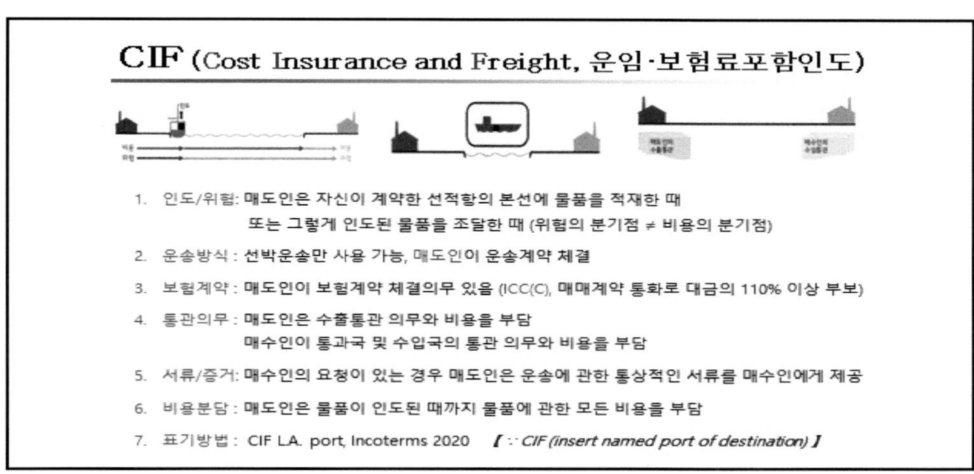

부보의무는 협회약관상 최저부보조건(I.C.C. C조건)으로 부보하면 충분하고 송장상 CIF 가격의 110% 부보해야 한다. 최소담보조건 이상의 부보를 원할 경우에는 반드시 매도인과 명시적 합의를 하거나 별도의 보험계약을 체결해야 한다. 기타 추가 부보 조건은 매수인 부담이다.

7. 운송비 지급 인도조건(CPT)

운송비 지급 인도조건(Carriage Paid To : CPT)은 FCA 조건에 지정 목적지까지의 운송비를 추가한 조건으로 매도인이 자기의 비용으로 지정목적지의 합의된 지점까지 통상의 운송경로(usual route)와 관습적인 방법(customary manner)에 의한 운송계약을 체결하여야 한다. 이 조건은 운송 형태에 관계없이 이용될 수 있는 것으로, 매도인은 자기의 비용으로 통상의 운송서류, 예를 들어, 유통선하증권, 비유통 해상화물운송장, 내수로 운송서류, 항공화물운송장, 철도화물운송장, 도로화물운송장, 또는 복합운송서류를 제공하여야 한다.

| 표 2-7 | 운송비지급 인도조건(CPT)

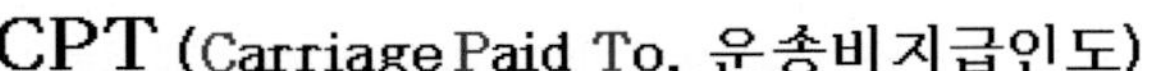

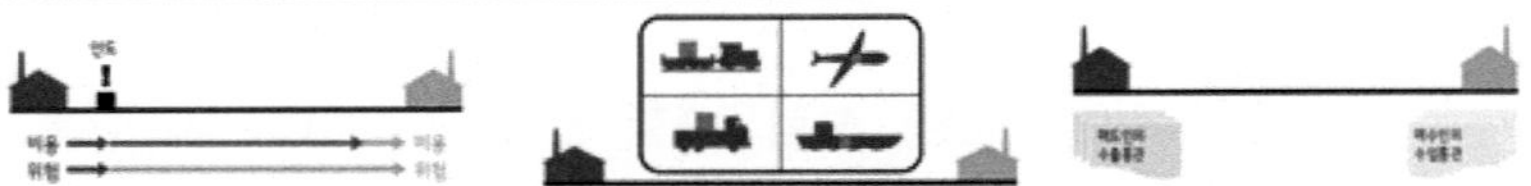

1. 인도/위험: 매도인이 자신이 계약을 체결한 운송인에게 물품을 인도하거나, 조달하여 점유를 이전
   (위험의 분기점 ≠ 비용의 분기점)
2. 운송방식 : 운송방식을 불문하고 사용가능, 매도인이 운송계약 체결
3. 보험계약 : 매도인/매수인 모두 보험계약 체결의무는 없음 (No obligation)
4. 통관의무 : 매도인은 수출통관 의무와 비용을 부담
   매수인이 통과국 및 수입국의 통관 의무와 비용을 부담
5. 서류/증거: 매수인의 요청이 있는 경우 매도인은 운송에 관한 통상적인 서류를 매수인에게 제공
6. 비용분담 : 매도인은 물품이 인도된 때까지 물품에 관한 모든 비용을 부담
7. 표기방법 : CPT Seoul, Incoterms 2020 【∵ *CPT (insert named place of destination)* 】

| 표 2-8 | 운송비 · 보험료지급 인도조건(CIP)

CIP (Carriage and Insurance Paid To, 운송비·보험료지급인도)

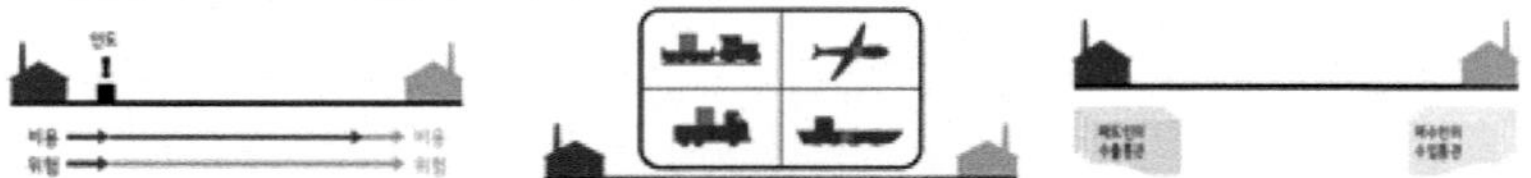

1. 인도/위험: 매도인이 자신이 계약을 체결한 운송인에게 물품을 인도하거나, 조달하여 점유를 이전
   (위험의 분기점 ≠ 비용의 분기점)
2. 운송방식 : 운송방식을 불문하고 사용가능, 매도인이 운송계약 체결
3. 보험계약 : 매도인이 보험계약 체결의무 있음 (ICC(A), 매매계약 통화로 대금의 110% 이상 부보)
4. 통관의무 : 매도인은 수출통관 의무와 비용을 부담
   매수인이 통과국 및 수입국의 통관 의무와 비용을 부담
5. 서류/증거: 매수인의 요청이 있는 경우 매도인은 운송에 관한 통상적인 서류를 매수인에게 제공
6. 비용분담 : 매도인은 물품이 인도된 때까지 물품에 관한 모든 비용을 부담
7. 표기방법 : CIP Seoul, Incoterms 2020 【∵ *CIP (insert named place of destination)* 】

8. 운송비·보험료 지급 인도조건(CIP)

운송비·보험료 지급 인도조건(Carriage and Insurance Paid to : CIP)은 CPT 조건에 운송 도중의 위험에 대비한 적하보험계약을 체결하고 보험료를 지급하는 것을 매도인의 의무에 추가한 조건이다. 따라서 운송계약에 관한 한, 이 조건은 CPT 조건과 동일하다.

그런데 매도인이 보험계약을 체결할 때 Incoterms® 2020 하에서 매도인은 협회적하약관(ICC, C)에 의한 제한적 담보조건이 아니라 협회적하약관 A약관(ICC, A)에 의하여 부보하여야 한다고 개정되었다. 다만 당사자들이 합의한 경우에는 더 낮은 수준으로 부보할 수 있다. 매도인은 물품에 대한 선적서류를 매수인에게 제공해야 하며 위험부담 시점은 수출지의 최초의 운송인에게 인도된 때이다. 수출통관비용은 매도인이 부담하고 수입통관비용은 매수인이 부담한다.

9. 도착지 양하 인도조건(DPU)

도착지 양하 인도 조건(Delivered at Place Unloaded : DPU)에서는 매도인은 물품을 지정목적지(그 지정목적지에 합의된 지점이 있는 경우에는 그 지점)에서 '도착운송수단에서 양하하여(unload the goods from the arriving means of transport)' 매수인의 처분 하에 두거나 그렇게 인도된 물품을 조달함으로써 인도하여야 한다. 물품이 인도된 때로부터 물품의 멸실 또는 훼손의 모든 위험은 매수인이 부담한다.

매도인은 물품을 지정목적지까지 가져가고 그곳에서 물품을 양하 하는데 수반되는 모든 위험을 부담한다. 매도인이 도착지에서 물품을 양하 할 수 없는 경우 또는 매도인이 도착지에서의 양하 관련 위험과 비용을 부담하는 것을 원하지 않는 경우에는 DPU는 적합하지 않고 그 대신 DAP를 사용하여야 한다.[1] 참고로 도착지에서 매도인에게 물품의 양하를 요구하는 것은 DPU가 유일하다. 그러나 DPU에서는 매도인은 수입통관의무가 없다. 수출통관은 매도인이 수행하고, 수입통관은 매수인이 수행한다. 매도인은 운송계약과 보험계약의 체결의무가 있다.

매도인은 물품을 지정목적지(지정목적지에 합의된 지점이 있는 경우에는 그 지점)까지 운송하는 운송계약을 체결하거나 그러한 운송을 마련하여야 한다. 매도인은 매수인에게 보험계약 체결의무를 부담하지는 않는다(다만 물품을 지정목적지가

1) Explanatory Notes for Users(DPU), 1. Delivery and risk.

지 운송하는데 발생하는 위험을 매도인이 부담하므로 매도인은 보험계약을 체결한 필요가 있다). 매도인은 매수인이 물품을 수령 하는데 필요한 서류를 제공하고, 매수인은 그러한 서류를 인수하여야 한다.[2)]

| 표 2-9 | 도착지 양하 인도조건(DPU) : 모든 운송수단 가능

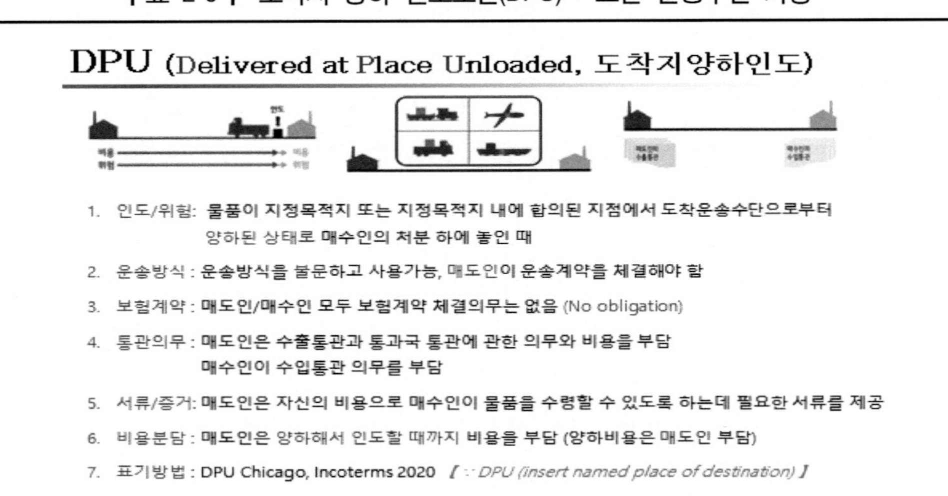

DPU (Delivered at Place Unloaded, 도착지양하인도)

1. 인도/위험: 물품이 지정목적지 또는 지정목적지 내에 합의된 지점에서 도착운송수단으로부터 양하된 상태로 매수인의 처분 하에 놓인 때
2. 운송방식 : 운송방식을 불문하고 사용가능, 매도인이 운송계약을 체결해야 함
3. 보험계약 : 매도인/매수인 모두 보험계약 체결의무는 없음 (No obligation)
4. 통관의무 : 매도인은 수출통관과 통과국 통관에 관한 의무와 비용을 부담
   매수인이 수입통관 의무를 부담
5. 서류/증거: 매도인은 자신의 비용으로 매수인이 물품을 수령할 수 있도록 하는데 필요한 서류를 제공
6. 비용분담 : 매도인은 양하해서 인도할 때까지 비용을 부담 (양하비용은 매도인 부담)
7. 표기방법 : DPU Chicago, Incoterms 2020 『 ∵ *DPU (insert named place of destination)* 』

10. 목적지 인도조건(DAP)

도착 장소 인도(Delivered at Place)란 물품이 지정목적지에서 도착운송 수단으로부터 양하 준비된 상태로 매수인의 임의처분 상태로 매도인이 인도하는 것을 말한다. 매도인은 지정목적지까지 물품을 운송하는데 수반되는 모든 위험을 부담하므로 지정 목적지 또는 합의된 목적지 내의 지점을 가급적 정확하게 명시하여 운송계약을 체결하는 것이 좋다. 매도인이 목적지에서 양하에 관한 비용을 자신의 운송계약에 따라 지출한 경우라도 당사자 간에 별도의 합의가 없었다면, 이를 매수인에게 청구할 수 없다. DAP는 매도인이 수출품을 통관할 것을 요구한다. 그러나 매도인은 물품을 수입통관 절차를 이행하거나 수입 관세를 부담할 의무는 없으나, 당사자 간에 매도인이 물품을 수입통관하고 수입 관세를 부담하며, 수입통관 절차를 이행하도록 원하는 때에는 DDP가 사용되어야 한다.

---

2) 김상만, "인코텀즈 2020(Incoterms® 2020) 주요 개정 내용과 시사점", 법학논고 제67권, pp.272-273.

┃표 2-10┃ 목적지 인도조건(DAP) : 모든 운송수단 가능

DAP (Delivered at Place, 도착지인도)

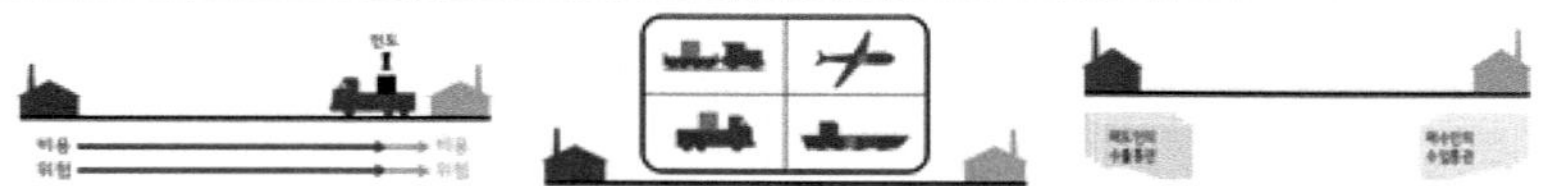

1. 인도/위험: 매도인이 물품을 지정 목적지에서 도착운송수단에 적재된 채 양하 준비된 상태로 매수인의 처분 하에 놓였을 때
2. 운송방식 : 운송방식을 불문하고 사용가능, 매도인이 운송계약 체결
3. 보험계약 : 매도인/매수인 모두 보험계약 체결의무는 없음 (No obligation)
4. 통관의무 : 매도인은 수출통관과 통과국 통관에 관한 의무와 비용을 부담
매수인이 수입통관 의무를 부담
5. 서류/증거: 매도인은 자신의 비용으로 매수인이 물품을 수령할 수 있도록 하는데 필요한 서류를 제공
6. 비용분담 : 매도인은 물품이 인도된 때까지 물품에 관한 모든 비용을 부담 (양하비용은 매수인 부담)
7. 표기방법 : DAP Chicago, Incoterms 2020 *【∵ DAP (insert named place of destination)】*

┃표 2-11┃ 관세지급반입 인도조건(DDP)

DDP (Delivered Duty Paid, 관세지급인도)

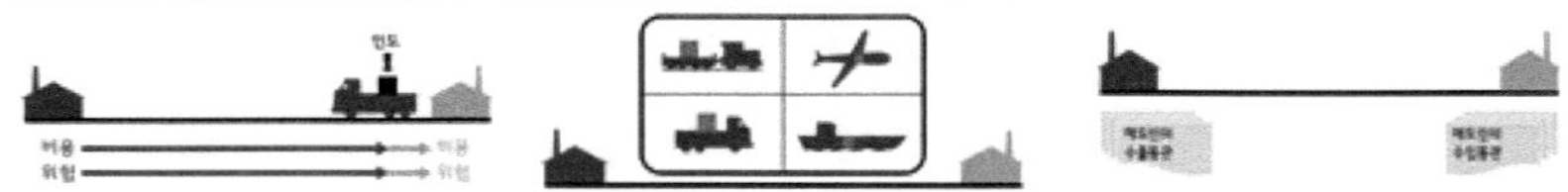

1. 인도/위험: 물품이 지정목적지 또는 지정목적지 내에 합의된 지점에서 수입통관 후 도착운송수단에 실어둔 채 양하준비된 상태로 매수인의 처분 하에 놓인 때
2. 운송방식 : 운송방식을 불문하고 사용가능, 매도인이 운송계약을 체결해야 함
3. 보험계약 : 매도인/매수인 모두 보험계약 체결의무는 없음 (No obligation)
4. 통관의무 : 매도인이 수출국, 통과국, 수입국의 통관의무를 부담
(매도인이 수입통관이 곤란한 경우는 DAP 또는 DPU가 적합)
5. 서류/증거: 매도인은 자신의 비용으로 매수인이 물품을 수령할 수 있도록 하는데 필요한 서류를 제공
6. 비용분담 : 매도인은 물품이 인도된 때까지 물품에 관한 모든 비용을 부담 (양하비용은 매수인 부담)
7. 표기방법 : DDP Chicago, Incoterms 2020 *【∵ DDP (insert named place of destination)】*

11. 관세 지급 반입 인도조건(DDP)

관세지 급 반입 인도조건(Delivered Duty Paid : DDP)은 수입국 내의 지정장소에서 수입통관을 마친 물품을 인도하는 조건이다. 이 조건이 위에서 설명한 DDU 조건과 다른 점은 매도인이 수입통관 절차를 밟아야 한다는 것뿐이다. 따라서 매도인의 운송계약체결 및 운송서류 제공의무는 DDU 조건의 그것과 동일하다.

매도인은 목적지까지 물품을 인도하는데 포함된 모든 비용과 위험을 부담한다. 그리고 매도인은 수출뿐만 아니라 수입을 위해서도 물품을 통관하고 수출과 수입 모두를 위한 모든 관세를 지급하고 그리고 모든 통관 절차를 이행할 의무가 있다. DDP 조건은 매도인에게 최대한의 의무를 부여하고 있다.

당사자들은 목적지의 합의된 지점까지 모든 비용과 위험이 매도인 부담이기 때문에 합의된 목적지 내에서의 그 지점을 가능한 한 정확하게 특정하도록 통지 받는다. 매도인은 이러한 선택된 조건에 정확하게 합치하는 운송계약을 주선하도록 해야 한다. 만약에 매도인이 운송계약서에 목적지에서 하역에 관한 비용을 포함시킨다면 매도인은 달리 당사자 간에 합의가 없는 한 매수인으로부터 그러한 비용을 회수할 수 있는 권한이 없다.

당사들은 만약 매도인이 직접적으로나 간접적으로 수입통관을 이행할 수 없다면 DDP 조건을 사용하지 않도록 조언을 받아야 한다.

만약 당사자들이 매수인이 수입통관에 대한 모든 위험과 비용을 부담하기를 원한다면 DAP 조건이 사용되어야 한다. 계약서에 달리 표시되어 있지 않다면 수입시에 지불될 수 있는 부가가치세나 다른 조세 등은 매도인이 부담한다.

제 3 편

화환신용장에 관한 통일규칙
(UCP 600)

제1장 신용장통일규칙의 개요

ICC에서는 UCP 500의 개정을 위하여 실무그룹(Drafting Group)을 구성하고 그 위원장에 기술고문인 Gray Collyer를 임명하고 자문그룹(Consultation Group) 등 37명의 위원을 선임하여 2003년 7월부터 회의를 거쳐 회의를 한 후 "Revision of UCP 500 - Issue Identification paper, Document NO, 470/1010"을 발표하였다.

그 후 2003년 12월에 실무그룹은 자문 그룹으로부터 종합적인 의견을 제시받아 2004년 2월 20일에 2차 준비 초안 "Draft two of 19 articles of ucp revision Cercept current UCP 500 Articles 13 and 14"을 작성하여 각국 국내위원회의 의견 수렴하는 절차를 취했다.

2005년 11월 동 위원회는 세계 각국의 제시된 의견을 심층 분석하여 UCP 600에 대한 1차 완결초안(first draft of the proposed Articles 이후 개정완결 초안)을 작성하여 각국위원회에 의견제시를 요구 하였다. 2006년 10월 25일 파리에서 개최된 은행위원회에서 최종 확정되어 2007년 7월 1일부터 시행하기로 공표하였다.

이 UCP 600은 UCP 500이 제정된 지 13년이 지난 후 그간 UCP 500에 대한 각종 문제점은 개정보안하고 변화된 무역환경에 맞는 국제 결제 수단으로서의 UCP의 위상을 높이고자 하는 데 있었다. 따라서 그간 UCP 500 시행 중에 논쟁 되었던 ICC의 Opinions과 ICC가 발간한 International Standard Banking Practice 등과 각국의 의견과 각 분야의 실무의견을 종합하여 최종적인 안을 만들었다.

1.1 신용장통일규칙의 적용범위

Article 1. Application of UCP

The Uniform Customs and Practice for Documentary Credits, 2007 Revision, ICC. Publication no. 600("UCP") are rules that apply to any documentary credit ("credit") (including, to the extent to which they may be applicable, any standby letter of credit) when the text of the credit expressly indicates that it is subject to these rules. They are binding on all parties thereto unless expressly modified or excluded by the credit.

제1조 UCP의 적용

화환신용장에 관한 통일규칙 2007년 개정 ICC 간행물 제600호(이하 UCP 600이라 함)는 "신용장문면에 위 규칙에 의한다" 라는 것을 명시적으로 표시한 경우 모든 화환신용장(이하 신용장이라 함)에 적용되는 규칙이다(이 화환신용장통일규칙은 적용가능범위 내에서 보증신용장(Stand by Letter of Credit)에도 적용된다).

이 규칙은 신용장 내용에 신용장에서 분명히 수정 되거나 제외되지 않는 한 모든 당사자를 구속한다.

해 설 1. 준거문언의 명기

신용장거래에서 신용장통일규칙을 적용하려면 신용장통일규칙 준거문언이 명시되어야 한다. 신용장 준거문언이 없거나 통일규칙적용을 배제하는 문언이 있을 경우에는 통일규칙이 적용되지 않는다. 왜냐하면 신용장통일규칙은 강행규정이 아니고 당사자 간의 합의에 의한 임의규정이기 때문이다.

2. 보증신용장에도 준용

신용장통일규칙은 화환신용장에 관한 통일규칙이다. 그러나 보증신용장에도 적용된다는 것이 이번 제6차 개정의 요지이다. 다만 보증신용장은 선적서류가 없으므로 이에 대한 통일규칙조항은 적용이 되지 않는다.

3. 관계당사자 구속

통일규칙 적용문언이 있으면 신용장거래의 모든 관계당사자를 구속한다. 즉, 신용장거래의 모든 법률관계는 이 통일규칙에 규정된 바에 따라서 해석되고 적용되어야 한다.

1.2 용어의 정의

Article 2. Definitions

For the purpose of these rules :

Advising bank means the bank that advises the credit at the request of the issuing bank.

Applicant means the party on whose request the credit is issued.

Banking day means a day on which a bank is regularly open at the place at which an act subject to these rules is to be performed.

Beneficiary means the party in whose favour a credit is issued.

Complying presentation means a presentation that is in accordance with the terms and conditions of the credit, the applicable provisions of these rules and international standard banking practice.

Confirmation means a definite undertaking of the confirming bank, in addition to that of the issuing bank, to honour or negotiate a complying presentation. Confirming bank means the bank that adds its confirmation to a credit upon the issuing banks authorization or request.

Credit means any arrangement, however named or described, that is irrevocable and thereby constitutes a definite undertaking of the issuing bank to honour a complying presentation.

Honour means :

a. to pay at sight if the credit is available by sight payment.

b. to incur a deferred payment undertaking and pay at maturity if the credit is available by deferred payment.

c. to accept a bill of exchange ("draft") drawn by the beneficiary and pay at maturity if the credit is available by acceptance.

Issuing bank means the bank that issues a credit at the request of an applicant or on its own behalf.

Negotiation means the purchase by the nominated bank of drafts (drawn on a bank other than the nominated bank) and/or documents under a complying presentation, by either advancing or agreeing to advance funds to the beneficiary on or before the banking day on which reimbursement is due to the nominated bank.

Nominated bank means the bank with wich the credit is available or, any bank in the case of a credit available with any bank.

Presentation means either the act of delivering documents under a credit to the issuing bank or nominated bank or the documents so delivered.

Presenter means a beneficiary, bank or other party that makes a presentation.

제2조 정의

이 규칙에서 아래의 용어는 다음과 같이 정의한다.

- **통지은행**(Advising Bank) : 개설은행의 요청에 따라서 신용장을 통지하는 은행을 의미한다.
- **개설의뢰인**(Applicant) : 신용장이 개설되도록 요청하는 당사자를 의미한다.
- **은행영업일**(Banking Day) : 이 규칙에 의거하여 행위가 이루어지는 장소에서 은행이 통상적으로 영업하는 날을 의미한다.
- **수익자**(Beneficiary) : 자기 앞으로 신용장이 개설되는 당사자를 의미한다.

- **일치하는 제시**(Complying Presentation) : 신용장의 조건, 이 규칙의 적용 가능한 규정 그리고 국제표준 은행관행에 일치하게 제시되는 것을 의미한다.
- **확인**(Confirmation) : 개설은행의 확약에 추가하여 일치된 서류를 지급하거나 매입하겠다는 확인은행의 확약을 의미한다.
- **확인은행**(Confirming Bank) : 은행의 수권이나 요청에 의해서 신용장에 확인을 추가하는 은행을 의미한다.
- **신용장**(Credit) : 그 명칭에 불문하고 개설은행이 일치된 제시서류에 대해서 지급하겠다는 취소불능적으로 확약하는 모든 약정을 의미한다.
- **결제**(Honour)는 다음과 같은 내용을 의미한다.
  a. 신용장이 일람지급으로 이용될 수 있는 경우에는 일람 출급으로 지급하는 것.
  b. 신용장이 연지급으로 이용될 수 있는 경우에는 연지급을 확약하고 만기일에 지급하는 것.
  c. 신용장이 인수에 의해서 이용될 수 있는 경우에는 수익자가 발행한 환어음을 인수하고 만기일에 지급하는 것을 의미한다.
- **개설은행**(Issuing Bank) : 개설의뢰인의 신청이나 그 자신을 위해서 신용장을 개설하는 은행을 의미한다.
- **매입**(Negotiation) : 지정은행이 그 지정은행 외의 다른 은행 앞으로 발행된 어음과 일치된 제시서류를 수익자에게 그 지정은행으로 대금을 상환하여야 하는 은행영업일 이전에 자금을 선 지급을 하거나 선 지급할 것을 동의함으로서 매수(purchase)하는 것을 의미한다.
- **지정은행**(Nominated Bank) : 그 신용장을 이용할 수 있는 은행이나 자유사용신용장의 경우에는 모든 은행을 의미한다.
- **제시**(Presentation) : 개설은행이나 지정은행에 신용장상의 서류를 인도하는 행위 또는 그렇게 인도된 서류를 의미한다.
- **제시자**(Presenter) : 수익자, 은행 또는 제시하는 또 다른 당사자를 의미한다.

해설 1. 신용장의 의미

신용장은 취소 불능적이어야 하고 신용장 조건에 일치된 서류에 대해서는 개설은행이 지급(honour) 하겠다는 확약이다. 여기서 지급은 일람지급, 연수지급, 인수 후 만기지급을 포함한다. 신용장의 지급확약은 은행에 의해서 행해지는 은행신용장을 의미하며 은행 아닌 다른 금융기관이나 회사에 의한 지급확약은 신용장이 될 수 없다. 그리고 지급방법 개설은행의 직접지급과 다른 지정은행을 이용한 간접지급이 될 수도 있다. 이번 6차 개정에서는 취소가능 신용장의 개념을 없애고 취소 불능 신용장만 인정한 것이다.

2. 결제(honour)의 의미

이번 제6차 개정에서 새로이 등장한 지급의 개념은 종전의 일람지급(payment), 연지급(deferred payment), 인수(acceptance)의 3가지 지급방법을 모두 포함된 지급(honour)이란 개념을 새로이 도입한 것이다. 이 지급의 의미는 매입(Negotiation)과는 대비하여 매입방법에 의한 지급은 결제개념에서 제외시켰다.

3. 매입(Negotiation)의 의미

지정은행이 그 지정은행 외에 다른 은행 앞으로 발행된 어음과 일치된 서류를 대금을 선급 하거나 선급 할 것을 동의함으로서 매수하는 것이다. 따라서 일치된 서류가 매수되기 위해서는

첫째, 지정은행이 하여야 한다.

둘째, 신용장조건에 일치된 서류와 어음을 대상으로 한다.

셋째, 선급 하거나 선급 할 것을 동의함으로서 매수해야 한다.

선급 한다는 것은 개설은행으로부터 신용장 대금 상환이 이루어지기 전에 미리 대금을 지급하는 것이고 선급 할 것을 동의한다는 것은 매입 시에 직접 대금을 지급하지 않고 추후에 지급 할 것을 동의함으로서도 매수 할 수 있다. 다만 이는 개설은행이 지급하기 전에 지급할 것을 동의해야하고 단순히 인수하거나 연지급 확약을 하는 것은 매입이 아니다.

1.3 문언의 해석 기준

Article 3. Interpretations

For the purpose of these rules :

Where applicable, words in the singular include the plural and in the plural include the singular.

A credit is irrevocable even if there is no indication to that effect.

A document may be signed by handwriting, facsimile signature, perforated signature, stamp, symbol or any other mechanical or electronic method of authentication.

A requirement for a document to be legalized, visaed or certified will be satisfied by any signature, mark, stamp or label on the document which appears to satisfy that requirement.

Branches of a bank in different countries are considered to be separate banks. Terms such as "first class", "well known", "qualified", "independent", "official", "competent" or "local" used to describe the issuer of a document allow any issuer except the beneficiary to issue that document.

Unless required to be used in a document, words such as "prompt", "immediately" or "as soon as possible" will be disregarded.

The expression "on or about" or similar will be interpreted as a stipulation that an event is to occur during a period five calendar days before until five calendar days after the specified date, both start and end dates included.

The words "to", "until", "till", from and between when used to determine a period of shipment include the date or dates mentioned, and the words before and "after" exclude the date mentioned.

The words "from" and "after" when used to determine a maturity date exclude the date mentioned.

The terms "first half" and "second half" of a month shall be construed respectively as the 1st to the 15th, and the 16th to the last day of the month, all dates inclusive. The terms “beginning”, “middle” and “end” of a month shall be construed respectively as the 1st to the 10th, the 11th to the 20th and the 21st to the last day of the month, all dates inclusive.

제3조 해석

이 규칙의 목적 하에서 사용된 단어의 해석기준은 다음과 같다.

적용 가능한 경우 단수의 단어들은 복수를 포함하고 복수 단어들은 단수를 포함한다.

신용장은 그 효력에 아무런 명시가 없는 한 취소불능적이다.

서류는 수기서명, 팩시밀리 서명, 천공서명, 스탬프, 상징 또는 기계적, 전자적 수권 방법에 의하여 서명되어 질 수 있다.

서류에 공증, 사증 또는 공인 또는 이와 유사한 서류의 요건은 그 요건을 충족시키도록 표시된 서류상에 서명, 표시, 스탬프 라벨에 의해서 충족된다.

한 은행의 다른 나라에 있는 지점은 다른 은행으로 본다.

일류의(first class), 저명한(well known), 자격 있는(qualified), 독립적인(independent), 공적인(official), 경쟁력 있는(competent) 또는 현지의(local) 등의 용어는 서류의 발행자로서 그 서류를 발행하는 수익자 외의 발행자를 허용할 경우에는 사용될 수 있다.

서류상에 사용되도록 요청되지 않는 한, 즉시(prompt), 조만간(immediately), 가능한 빨리(as soon as possible)와 같은 단어는 무시한다.

그 시경(on or about) 또는 유사한 표현은 어느 사실이 월력상 특정일 전 5일부터 후 5일까지로서 초일과 말일을 포함하는 기간 동안에 발생하는 것이다.

선적기간을 결정할 때 “to”, “until”, “till”, “from”, 그리고 “between”이 사용된 경우에는 명시된 날자(들)를 포함하고, “before”와 “after” 단어는 명시된 일자는 제외한다. 만기를 정하기 위하여 “from”과 “after” 라는 단어가 사용된 경우에는 명시된 일자를 제외한다.

한 달의 “전반”(first half), “후반”(second half) 등의 용어는 각각 그 달의 1일부터 15일까지 그리고 16일부터 말일까지 모든 일자를 포함하는 것으로 된다.

한 달의 "초순"(beginning), "중순"(middle), "하순"(end)의 용어는 그 달의 1일부터 10일까지 11일부터 20일까지, 그리고 21일부터 말일까지 모든 일자를 포함하는 것으로 된다.

해설

1. 취소불능신용장과 취소가능신용장

1) 취소가능 또는 취소불능 표시

신용장 개설 시 취소가능신용장인지 취소불능신용장인지를 분명히 표시하여야 한다. 취소가능신용장이란 개설은행이 임의로 취소할 수 있는 신용장을 말하며 취소불능신용장이란 개설은행이 임의로 취소할 수 없고 수익자와 확인은행의 승낙이 있어야 취소할 수 있는 신용장을 말한다.

2) 취소가능·불능의 표시가 없는 경우

만약에 신용장에 취소가능·불능의 표시가 없는 경우에도 취소불능 신용장으로 본다. 이 규정은 4차 개정 통일규칙에서는 취소가능으로 본다는 것을 이번 5차 개정 통일규칙에서"취소불능으로 본다"라고 변경시킨 것이고 이번 6차 개정에서 신용장에 그 효력에 관하여 아무런 명시가 없는 한 취소불능적인 신용장이라고 규정하였다. 따라서 신용장에 수익자의 동의 없이 개설은행이 일방적으로 취소할 수 있다는 규정이 없는 한 취소불능신용장으로 된다.

2. 서류의 서명 방법

서류는 수기서명, 팩시밀리서명, 천공 서명, 스탬프, 기호 또는 기계적, 전자적 수권방법에 의하여 서명될 수 있다. 이는 전자신용장에 대비하여 전자적 서명방법을 명시한 것이다.

3. 서류의 공증, 사증 또는 공인

서류상에 제3자의 공증, 사증 또는 공인을 요구하고 있는 경우에 그 서류상에 그 제3자의 서명, 마크, 스탬프, 라벨부착에 의하여 공증, 사증 또는 공인을 표시할 수 있다.

4. 수익자 외의 서류발행자 표시

서류발행자가 수익자 외의 다른 당사자로 된 경우 인류의(first class), 저명한(well

known), 자격 있는(qualified), 독립적인(independent), 공적인(official), 경쟁력 있는(competent) 또는 현지의(local) 등의 용어를 사용할 수 있다.

5. 해외지점

신용장 거래에서 한 은행의 해외지점은 다른 은행으로 본다. 따라서 개설은행은 해외지점을 지정은행으로 하여 신용장을 발행할 수 있다. 그리고 해외지점이 발행한 신용장을 지급, 인수, 연지급, 매입할 수 있다.

6. 신용장에 사용되어서는 안 될 단어

신용장에 사용하도록 요청되지 않는 한 즉시(prompt), 조만간(immediately) 가능한 한 빨리(as soon as possible) 등의 단어는 사용될 경우 무시된다. 그리고 단수와 복수의 구별이 없고 단수도 복수 단어를 포함하고 복수는 단수의 단어를 포함한다. 따라서 단수와 복수의 차이를 이유로 지급거절 할 수 없다.

7. 선적기간 표시

선적기간을 표시하는 경우"to","until","from","before"와 "between"의 단어는 그 뒤에 표시된 일자를 포함하는 것이다. 만약 from 20th to 30th로 된 경우 20일과 30일은 포함하고 계산한다는 뜻이다. "after"는 당해일을 제외하고 계산한다. 그러나 선적기간을 표시할 경우"from"은 명시된 날짜를 포함하고"after"는 명시된 일자를 제외하고 어음만 기일을 정할 경우에는 명시된 일자를 제외하여 계산한다.

8. 전반과 후반의 표시

한 달의 "전반"(first half),"후반(second half)"의 표시는 각각 그 달의 1일부터 15일까지 그리고 16일부터 말일까지의 모든 일자를 포함한다. 예를 들면 for the first half of may로 표시된 경우 5월 1일부터 5월 15일까지를 의미하고 for the second half of may일 경우에는 5월 16일부터 5월 31일까지를 의미한다.

9. 초순 중순 하순의 표시

한 달의 초순(beginning)은 1일부터 10일까지, 중순(middle)은 11일부터 20일까지, 하순(end)은 21일부터 말일까지의 모든 일자를 포함한다.

예를 들면 shipment must be effected for the end of-July은 7월 21일부터 7월 31일까지 선적되어야 한다. 그리고 on or about 또는 유사한 표현 특정일 전후 5일까지로서 초일과 말일을 포함한다. 예를 들면 "on or about 10th of July"일 경우 7월 5일부터 7월 15일까지의 기간을 의미한다.

1.4 신용장의 독립성의 원칙

Article 4. Credits v. Contracts

a. A credit by its nature is a separate transaction from the sale or other contract on which it may be based. Banks are in no way concerned with or bound by such contract, even if any reference whatsoever to it is included in the credit. Consequently, the undertaking of a bank to honour, to negotiate or to fulfil any other obligation under the credit is not subject to claims or defences by the applicant resulting from its relationships with the issuing bank or the beneficiary. A beneficiary can in no case avail itself of the contractual relationships existing between banks or between the applicant and the issuing bank.

b. An issuing bank should discourage any attempt by the applicant to include, as an integral part of the credit, copies of the underlying contract, proforma invoice and the like.

제4조 신용장과 원인계약

a. 신용장은 그 본질상 그 근거를 두고 있는 매매계약 또는 기타 계약과 별개의 거래이다. 은행은 신용장에 그러한 계약이 포함된 사항을 언급하였더라도 그러한 계약과는 아무런 관계가 없으며 또한 구속되지 않는다. 따라서 신용장에 의하여 은행이 하는 결제, 매입 또는 다른 의무의 이행 확약은 개설은행이나 수익자와의 관계에서 일어난 개설의뢰인의 주장이나 항변에 구속받지 않는다. 수익자는 어떠한 경우에도 은행 상호간 또는 개설의뢰인과 개설은행간의 계약관계를 원용할 수 없다.

b. 개설은행은 개설의뢰인에 의하여 신용장의 일부로서 원인 계약의 사본이나 견적송장 또는 그와 같은 것을 포함시키려는 의도를 저지해야 한다.

해설

1. 매매계약으로부터 독립

신용장은 그 근거가 되는 매매계약이나 기타 계약과는 별개이므로 개설의뢰인, 개설은행 또는 수익자와 계약관계를 들어 클레임을 청구하거나 자구수단을 행사할 수 없다. 간혹 신용장에 계약서 내용 등에 따르도록 규정하는 예가 있다.

예컨대,“Commodity descriptions are as per contract No. 123”이 그것이다. 이와 같은 기제가 있더라도 신용장은 계약서 번호 123과는 관련이 없는 것이며 이는 과도한 명세에 속하는 것이라 볼 수 있으므로 신용장에 포함시키는 것을 억제하여야 할 것이다. 그리고 개설은행은 개설의뢰인에 의하여 주요계약의 사본이나 견적송장 또는 그와 유사한 것을 신용장에 포함시키려는 의도를 저지해야 한다.[3] 그러나 개설은행에 대한 이러한 저지의무는 이에 위반이 있을 경우에 책임관계의 규정이 없으므로 실효성이 없다고 보아야 하겠다.

2. 기타 계약으로부터 독립

수익자는 신용장조건 외에 은행 간에 존재하는 계약 예컨대 코레스계약이라던가 개설은행과 개설의뢰인간에 존재하는 계약 즉, 수입거래약정을 원용하여 신용장대금지급 청구를 주장할 수 없다. 이 규정은 신용장의 성질상 독립성의 원칙을 규정한 것이다.

1.5 신용장의 서류거래의 원칙

Article 5. Document v. Goods, Services or Performance 119

Banks deal with documents and not with goods, services or performance to which the documents may relate.

3) UCP 600 제4조 b항.

제5조 서류와 상품, 서비스 또는 의무이행

은행은 서류로서 거래하는 것이고 그 서류와 관련된 물품, 서비스 또는 의무이행으로 거래하는 것은 아니다.

해설

1. 서류에 의한 거래

신용장 거래는 관련 물품이나 용역·의무이행을 추상화시킨 서류가 신용장조건에 일치하면 대금은 지급하여야 한다. 이를 신용장의 추상성의 원칙 또는 서류거래의 원칙이라고 한다.

이 신용장의 추상성의 원칙은 은행의 서류심사에서 실질적 심사의무가 없고 서류자체에 의해서만 신용장 조건의 일치유무를 판단하므로 허위서류 또는 위조서류에 의하여 지급청구 하는 일이 일어날 수 있다. 이러한 경우 서류심사은행이 서류심사상 중대한 과실이 없는 한 면책이 되므로 수입자보호를 위하여 신용장의 한계라고 본다. 다만 수익자나 서류심사은행이 서류의 위조사실이나 수익자에 의한 사기사실을 사전에 알았거나 또는 알지 못한데 대해서 중대한 과실이 있을 경우 사기거래배제의 원칙에 의하여 법원에 지급정지(injunction)를 신청할 수 있는데 이에 대한 입증책임은 주장하는 당사자가 해야 한다.

2. 용역·의무이행은 보증신용장의 조건

보장신용장은 물품의 매매거래가 아니고 용역·의무이행의 보증을 목적으로 하므로 이러한 용역이나 의무이행의 사실이 없음을 주장하는 수익자의 선언서에 의하여 대금지급 의무가 생긴다.

실제로 의무나 용역이행이 있었는지에 대한 구체적인 사실과는 관계가 없이 수익자의 선언서에 근거하여 대금지급의무가 발생하는 것이다. 이에 의하여 수익자의 허위선언서에 의한 청구행위가 발생할 가능성이 있다.

이러한 수익자의 허위선언서가 입증되면 이 또한 법원에 지급정지 가처분을 신청할 수 있다. 수익자의 허위선언서에 대한 입증책임은 개설의뢰인과 개설은행에게 있다.

제2장 신용장의 사용방법과 지급의무

2.1 신용장의 사용방법, 유효기일 및 제시장소

Article 6. Availability, Expiry Date and Place for Presentation

a. A credit must state the bank with which it is available or whether it is available with any bank. A credit available with a nominated bank is also available with the issuing bank.

b. A credit must state whether it is available by sight payment, deferred payment, acceptance or negotiation.

c. A credit must not be issued available by a draft drawn on the applicant.

d. i. A credit must stipulate an expiry date for presentation. An expiry date stipulated for honour or negotiation will be deemed to be an expiry date for presentation.

   ii. The place of the bank with which the credit is available is the place for presentation. The place for presentation under a credit available with any bank is that of any bank. A place for presentation other than that of the issuing bank is in addition to the place of the issuing bank.

e. Except as provided in sub-article 29 (a), a presentation by or on behalf of the beneficiary must be made on or before the expiry date.

제6조 사용가능성, 유효기일과 서류제시 장소

a. 신용장은 그 신용장이 사용될 수 있는 은행을 표시하거나 그 신용장이 모든 은행에서도 사용될 수 있는지를 명시해야 한다. 지정은행에서 사용될 수 있는 신용장은 개설은행에서도 역시 사용될 수 있다.

b. 신용장은 그것이 일람지급, 연지급, 인수 또는 매입 중에 어느 것으로 사용가능한지를 명시해야 한다.

c. 신용장은 개설의뢰인 앞으로 발행된 어음에 의해서 사용될 수 있도록 개설되어서는 안 된다.

d. i. 신용장은 서류제시를 위한 유효기일을 명시하여야 한다. 신용장 대금의 결제 또는 매입을 위하여 규정된 유효기일은 서류제시를 위한 유효기일로 본다.

ii. 신용장이 사용될 수 있는 은행이라는 장소는 서류제시를 위한 장소이다. 모든 은행에서 사용될 수 있는 신용장의 제시장소는 모든 은행의 소재지이다. 개설은행 외의 서류제시 장소는 개설은행이라는 장소에 추가적인 것이다.

e. 제29조(a)의 경우를 제외하고는 수익자에 의한 또는 대신하여 행한 서류제시는 유효기일 또는 그 이전에 이루어져야 한다.

해설

1. 신용장의 사용은행 지정

신용장은 사용할 수 있는 은행을 지정하여야 한다. 다만, 개설은행에만 사용할 수 있다고 된 경우와 자유매입신용장은 사용은행을 지정할 필요가 없다. 따라서 신용장은 반드시 지정은행 또는 개설은행을 통하여 사용하여야 한다. 지정은행이 그 지정을 수락하지 않을 경우에는 비지정은행이 된다.

비지정은행이 행한 지급(일람지급, 인수지급, 연지급) 및 매입은 수권받지 않은 은행의 행위로서 정당한 지급 및 매입으로 간주되지 않는다. 따라서 개설은행이나 확인은행이 이들 은행에게 신용장규정상 대금을 상환할 의무를 지지 않는다.

2. 신용장 사용방법 명시

신용장은 그 신용장이 일람지급, 연지급, 인수 또는 매입 중에서 어느 것으로 사용할 것인지를 명시해야 한다. 이에 따라서 신용장은 지급신용장, 연지급신용장, 인수신용장 그리고 매입신용장이 된다.

3. 신용장의 유효기일

1) 유효기일의 명시 및 의미

모든 신용장에는 서류를 제시하여야 하는 유효기일과 서류제시 장소를 기재하여야 한다. 신용장의 유효기일은 관계 운송서류가 지급, 인수 또는 매입은행에 제시될 수 있는 마지막 날을 말하는 것이고 지급, 인수 또는 매입을 위한 최종일이 아니다. 서류제시를 위한 유효기일, 또는 서류제시 장소가 누락된 신용장은 불완전한 신용장으로 간주하여 사전조회 하여 확실히 하여야 한다. 서류제시 장소를 신용장 발행지로 명시한 경우는 우편일수를 충분히 고려하여 그 이전에 제시되도록 하여야 한다.

2) 유효기일 내 서류의 제시

서류제시는 유효기일이전 또는 늦어도 유효기일 내에 제시될 장소에 제시되어야 한다. 유효기일이 경과 후 제시된 서류는 대금지급이 거절된다. 다만 은행휴업일이라서 유효기일이 자동 연장되는 경우에는 연장된 유효기일 내에 서류의 제시가 있으면 된다. 그러나 불가항력적 사유로 은행업무가 중단된 경우에는 유효기일 연장이 되지 않으며 은행휴업의 중단이 끝나고 은행업무가 재개된 경우의 서류제시는 인정되지 않는다.

3) 유효기일의 기산점

개설은행이 신용장을 개설할 때 유효기일을 “for one month” 또는 “for six months”로 기재하고 그 기산일에 대하여 명시가 없는 경우에는 신용장 개설일이 기산일이 된다.

신용장통일규칙에서는 이러한 형식의 유효기일 표시방법은 유효기일의 종료시점이 불명확하므로 이러한 표시방법은 억제하도록 규정하고 있다.

4. 개설의뢰인을 지급인으로 하는 어음

신용장은 환어음 조항에서 보통 개설은행 또는 확인은행을 지급인으로 하여 환어음을 발행하도록 지시하여야 하며, 개설의뢰인을 지급인으로 하여 어음을 발행하도록 지시해서는 안 된다.

그럼에도 불구하고 신용장에서 개설의뢰인 앞으로 환어음의 발행을 요구하고 있다면 수익자가 그 변경을 요구하지 않는 한 유효한 것이 된다. 그러나 이러한 환어음에 의하여 인수가 일어날 경우 개설은행의 인수책임이 없어지므로 신용장통일규칙과 배치된다고 할 수 있고 지정은행의 매입이 이루어질 경우 정당한 매입이 될 수 있는지가 문제된다.
이에 대하여 매입은행은 개설의뢰인 앞으로 발행된 환어음 매입 시에는 개설은행에서 인수통지가 도달되었어도 개설은행의 인수책임을 주장할 수 없는 문제가 있으므로 그 매입에 신중을 기해야 할 것이다.

2.2 개설은행의 지급확약

Article 7. Issuing Bank Undertaking

a. Provided that the stipulated documents are presented to the nominated bank or to the issuing bank and that they constitute a complying presentation, the issuing bank must honour, if the credit is available by :

i. sight payment, deferred payment or acceptance with the issuing bank ;

ii. sight payment with a nominated bank and the nominated bank does not pay ;

iii. deferred payment with a nominated bank and the nominated bank does not incur its deferred payment undertaking or, having incurred its deferred payment undertaking, does not pay at maturity ;

iv. acceptance with a nominated bank and the nominated bank does not accept a draft drawn on it or, having accepted a draft drawn on it, does not pay at maturity ;

v. negotiation with a nominated bank and that nominated bank does not negotiate.

b. An issuing bank is irrevocably bound to honour as of the time it issues the credit.

c. An issuing bank undertakes to reimburse a nominated bank that has honoured or negotiated a complying presentation and forwarded the documents to the issuing bank. Reimbursement for the amount of the presentation under a credit available by acceptance or deferred payment is due at maturity, whether or not the nominated bank prepaid or purchased before maturity. An issuing bank's undertaking to reimburse a nominated bank is indepen- dent of the issuing banks undertaking to the beneficiary.

제7조 개설은행의 확약(의무)

a. 신용장에 규정된 서류가 지정은행이나 개설은행에 제시되고 그 서류가 신용장 조건에 일치된 서류일 경우에 신용장이 다음과 같이 사용될 수 있다면 개설은행은 결재해야 한다.

 i. 개설은행에 의하여 일람지급, 연지급, 또는 인수에 의하여 이용될 수 있는 경우

 ii. 지정은행에 의하여 일람지급 되어야 하는데 그 지정은행이 지급하지 아니할 경우

 iii. 지정은행에 의하여 연지급 되어야 하는데 그 지정은행이 연지급확약서를 발급하지 아니하거나 연지급확약서를 발급하였으나 만기일에 지급하지 아니할 경우

 iv. 지정은행에 의하여 인수되어야 하는데 그 지정은행이 자기앞으로 발행된 어음을 인수하지 않거나 자기앞으로 발행된 어음을 인수하였으나 만기일에 지급하지 아니할 경우

 v. 지정은행에서 매입되어야 하는데 그 지정은행이 매입하지 아니한 경우

b. 개설은행은 신용장을 개설할 때부터 취소불능적으로 결재할 의무를 부담한다.

c. 개설은행은 일치된 서류를 결제하였거나 매입하여 그 서류를 개설은행에 송부한 지정은행에 상환할 것을 확약한다. 인수나 연지급 방식으로 사용되는 신용장에서 제시된 금액에 대한 상환은, 지정은행이 만기일전에 지급하였거나 매입하였는지에 불문하고, 만기일에 이루어진다. 개설은행의 지정은

행에 대한 상환의무는 개설은행의 수익자에 대한 의무와는 독립적이다.

해설

1. **개설은행의 지급의무**

개설은행은 신용장을 개설할 때 취소 불능적으로 결제(honour)할 책임이 있다. 명시된 서류가 지정은행이나 개설은행에 제시되고 그 서류가 신용장 조건에 일치할 때에는 개설은행은 다음과 같을 경우 지급해야 한다.

1) 개설은행이 직접 일람지급, 연지급, 인수해야 하는 경우
2) 지정은행이 일람지급 해야 하는데 그 지정은행이 지급하지 아니한 때
3) 지정은행이 연지급신용장의 경우 연지급확약서를 발급하지 아니하거나 연지급확약서를 발급하였으나 그 만기일에 지급하지 아니할 때
4) 인수신용장의 경우 지정은행이 자기 앞으로 발행된 어음을 인수하지 아니하거나 발행된 어음을 인수는 하였으나 만기일에 지급하지 아니한 때

2. **개설은행의 상환의무**

개설은행은 지정은행에서 일치된 서류를 결제(honour) 하거나 매입한 후 그 서류를 개설은행에 송부한 경우 그 지정은행에 상환해야 한다. 이때 결제는 일람지급, 연지급 인수 후 만기지급을 포함한다.

이때 인수나 연지급 방식으로 지급한 경우에는 지정은행이 만기일 전에 지급하였거나 매입하였는지에 불문하고 만기일에 지급해야 한다. 개설은행의 지정은행에 대한 상환약속은 수익자에 대한 상환약속과는 별개로 이루어진다. 이는 수익자에 의하여 대금상환 포기나, 취소 등이 있더라도 이에 상관없이 개설은행은 지정은행에게 상환해야 한다는 의미이다.

2.3 확인은행의 지급확약

Article 8. Confirming Bank Undertaking

a. Provided that the stipulated documents are presented to the confirming bank or to any other nominated bank and that they constitute a complying presentation, the confirming bank must :
   i. honour, if the credit is available by
      a) sight payment, deferred payment or acceptance with the confirming bank ;
      b) sight payment with another nominated bank and that nominated bank does not pay ;
      c) deferred payment with another nominated bank and that nominated bank does not incur its deferred payment undertaking or, having incurred its deferred payment undertaking, does not pay at maturity ;
      d) acceptance with another nominated bank and that nominated bank does not accept a draft drawn on it or, having accepted a draft drawn on it, does not pay at maturity ;
      e) negotiation with another nominated bank and that nominated bank does not negotiate.
   ii. negotiate, without recourse, if the credit is available by negotiation with the confirming bank.

b. A confirming bank is irrevocably bound to honour or negotiate as of the time it adds its confirmation to the credit.

c. A confirming bank undertakes to reimburse another nominated bank that has honoured or negotiated a complying presentation and forwarded the documents to the confirming bank. Reimbursement for the amount of the presentation under a credit available by acceptance or deferred payment is due at maturity, whether or not another nominated bank prepaid or purchased before maturity. A confirming bank's undertaking to reimburse another nominated bank is independent of the confirming banks undertaking to the beneficiary.

d. If a bank is authorized or requested by the issuing bank to confirm a credit but is not prepared to do so, it must inform the issuing bank without delay and may advise the credit without confirmation.

제8조 확인은행의 확약

a. 명시된 서류가 확인은행이나 다른 지정은행에 제시되고 그 제시된 서류가 조건에 일치된 서류일 때 확인은행은 다음과 같이 하지 않으면 안 된다.
   ⅰ. 신용장이 다음과 같이 사용된다면 결재해야 한다.
      a) 확인은행의 일람지급, 연지급, 인수에 의하여 이용될 수 있는 경우
      b) 다른 지정은행에 일람지급으로 사용되어야 하는데 그 지정은행이 대금을 지급하지 아니한 경우
      c) 다른 지정은행이 연지급해야 하는데 그 지정은행이 연지급확약서를 발급하지 않거나, 그 은행이 연지급확약서를 발행하였으나 만기일에 지급하지 아니한 경우
      d) 다른 지정은행이 인수하여야 하는데 그 지정은행이 자기앞으로 발행된 어음을 인수하지 않거나 또는 어음은 인수하였으나 만기일에 지급하지 아니한 경우
      e) 다른 지정은행에서 매입되어야 하는데 그 지정은행이 매입하지 아니한 경우
   ⅱ. 만약에 신용장이 확인은행이 매입하므로 서 사용될 수 있는 경우에는 그 확인은행은 상환청구권 없이 매입해야 한다.
b. 확인은행은 신용장에 그 확인을 추가하는 때에는 취소불능적으로 결제(honour)하거나 매입할 의무가 있다.
c. 확인은행은 일치된 서류를 결재하거나 매입한 후 그 서류를 확인은행에 송부한 또 다른 지정은행에게 상환할 의무를 부담한다. 인수나 연지급으로 사용될 수 있는 신용장에서 제시금액에 대한 상환은, 지정은행이 만기일 전에

선지급을 하였거나 매입한 것에 상관없이 만기일에 이루어진다. 또 다른 지정은행에 상환해야 할 확인은행의 확약은 확인은행의 수익자에 대한 의무로부터 독립적이다.

해 설

1. 확인은행의 지급의무

확인은행은 신용장에 그 확인을 추가하는 때에는 취소불능적으로 결제(honour)하거나 매입해야 할 책임이 있다. 이는 확인은행의 확인은 일방적으로 취소 불가능하고 추후에 취소하고자 할 경우에는 개설은행과 수익자 그리고 기타 당사자의 동의가 있어야 한다.

이와 같이 확인은행의 신용장 확인은 개설은행의 신용장개설이 취소불능적인 것과 마찬가지다. 명시된 서류가 확인은행이나 다른 지정은행에 제시되고 그 서류가 신용장조건에 일치할 때에는 확인은행은 다음과 같을 경우에 지급해야 한다.

1) 확인은행이 일람지급, 연지급 또는 인수은행으로 지정되어 신용장을 일람지급, 연지급 또는 인수해야 하는 경우
2) 다른 지정은행 일람지급해야 하는데 그 지정은행이 지급하지 아니한 때
3) 연지급 신용장일 때 또 다른 지정은행이 연지급확약서를 발급하지 않거나 연지급확약서는 발행하였으나 만기일에 지급하지 아니한 때
4) 인수신용장일 때 또 다른 지정은행이 어음을 인수하지 아니하거나 어음을 인수한 후 만기일에 지급하지 아니한 때
5) 매입신용장의 경우에 또 다른 지정은행이 매입하여야 하는데 그 지정은행이 매입하지 아니한 때

2. 확인은행의 매입의무

매입신용장의 경우 확인은행을 매입은행으로 지정한 경우와 또 다른 지정은행이 매입은행으로 지정되었으나 매입하지 아니한 때에는 확인은행이 상환청구 없이 매입하여야 한다. 이번 6차 개정에서 확인은행이 매입할 수 있다는 규정이 신설되었다. 그러나 확인은행의 매입은 수익자나 다른 지정은행에게 상환청구 없이 매입해야 한다. 왜냐하면 확인은행의 매입은 개설은행과 마찬가지로 최종적인 것이기 때문이다. 따라서 확인은행의 매입은 최종적이므로 이 서류가 다시 개설은행에 제시되어 하자

사유로 지급 거절된 경우 확인은행은 수익자나 다른 매입은행에 상환 청구할 수 없는 것이 된다.

그리고 다른 지정은행이 신용장을 매입하고 확인은행에 제시된 경우에 확인은행의 지급은 매입이 되느냐 지급이 되느냐의 문제가 있다. 그리고 확인은행의 결제(honour)는 상환 청구권이 있느냐의 문제가 있고, 신용장에 상환청구권이 없다고 하더라도 국내법인 어음수표법 제9조 배서금지배서, 소구권이 없는 어음을 인정하지 않는 국내법과의 충돌이 발생할 수 있는 문제가 있다.

3. 확인은행의 상환의무

확인은행은 또 다른 은행이 일치된 서류를 매입한 후 그 서류를 확인은행에 송부한 경우 상환해야 한다. 인수신용장이나 연지급신용장의 경우에 또 다른 지정은행에서 서류가 제시된 경우 그 지정은행이 만기 전 선지급하거나 매입여부에 상관없이 만기에 상환된다. 그러므로 인수신용장이나 연지급신용장의 확인은행의 대금상환은 만기일전에 서류가 제시되더라도 만기일에 지급해야한다.

이러한 확인은행의 다른 지정은행에 대한 상환약속은 수익자에 대한 약속과는 별개이다. 따라서 수익자에 의한 대금 수령 포기, 거절 등의 사유가 있더라도 확인은행은 지정은행에게 대금을 상환해야 한다.

제3장 신용장의 통지의무 및 조건변경

3.1 신용장과 조건변경 통지

Article 9. Advising of Credits and Amendments

a. A credit and any amendment may be advised to a beneficiary through an advising bank. An advising bank that is not a confirming bank advises the credit and any amendment without any undertaking to honour or negotiate.
b. By advising the credit or amendment, the advising bank signifies that it has satisfied itself as to the apparent authenticity of the credit or amendment and that the advice accurately reflects the terms and conditions of the credit or amendment received.
c. An advising bank may utilize the services of another bank ("second advising bank") to advise the credit and any amendment to the beneficiary. By advising the credit or amendment, the second advising bank signifies that it has satisfied itself as to the apparent authenticity of the advice it has received and that the advice accurately reflects the terms and conditions of the credit or amendment received.
d. A bank utilizing the services of an advising bank or second advising bank to advise a credit must use the same bank to advise any amendment thereto.
e. If a bank is requested to advise a credit or amendment but elects not to do so, it must so inform, without delay, the bank from which the credit,

amendment or advice has been received.

f. If a bank is requested to advise a credit or amendment but cannot satisfy itself as to the apparent authenticity of the credit or amendment or advice, it must so inform, without delay, the bank from which the instructions appear to have been received. If the advising bank or second advising bank elects nonetheless to advise the credit or amendment, it must inform the beneficiary or second advising bank that it has not been able to satisfy itself as to the apparent authenticity of the credit or amendment or advice.

제9조 신용장과 조건변경의 통지

a. 신용장과 이에 대한 조건변경은 통지은행을 통하여 수익자에게 통지될 수 있다. 확인은행이 아닌 통지은행은 결제(honour)나 매입할 어떠한 의무 부담없이 신용장을 통지한다.

b. 신용장이나 조건변경을 통지함으로서 "통지은행은 신용장이나 조건변경의 외관상 진정성이 충족된다" 라는 것을 증명하며 그 통지는 송부 받은 신용장이나 수령한 조건변경의 거래조건에 영향을 미친다.

c. 통지은행은 신용장이나 어느 조건변경을 수익자에게 통지하기 위하여 또 다른 은행(제2통지은행)을 이용할 수 있다. 제2통지은행은 신용장이나 조건변경을 통지함으로써 그가 받은 통지의 외관상 진정성이 충족된다는 것을 증명하는 것이며, 그 통지는 정확히 신용장이나 수령한 조건변경의 조건에 영향을 미친다.

d. 신용장을 통지하기 위하여 통지은행이나 제2 통지은행의 서비스를 이용하는 은행은 그에 관한 어느 조건변경을 통지하기 위하여 동일한 은행을 사용해야 한다.

e. 만약에 어느 은행이 신용장이나 조건변경을 통지하도록 요구받았으나 그렇게 하지 못한 경우 그 은행은 지체 없이 그 신용장이나 조건변경 또는 통지를 송부한 은행에 그 사실을 통지해야 한다.

f. 만약에 어느 은행이 신용장이나 조건변경을 통지하도록 요청받고 그 신용장이나 조건변경 또는 통지에 대한 외관상 진정성을 충족할 수 없다고 판단한

경우, 그 은행은 지체 없이 그 지시서가 송부된 은행에 그 사실을 통지해야 한다. 그럼에도 불구하고 그 통지은행이나 제2통지은행이 신용장이나 조건변경을 통지해야 한다면 그 은행은 수익자나 제2통지은행에게 신용장이나 조건변경 또는 통지의 외관상 진정성이 충족될 수 없다는 것을 알려주어야 한다.

해설

1. **개설은행의 신용장과 조건변경의 통지책임**

개설은행은 신용장 개설과 동시에 신용장을 수익자에게 통지해 줄 책임이 있다. 신용장의 통지방법은 개설은행이 직접 통지하는 방법과 수익자의 국가에 소재하는 코레스은행 중에서 선별하여 통지은행으로 정하여 이 통지은행을 통하여 통지하는 방법이 있다. 그리고 신용장의 조건변경이 있을 경우에도 동일한 통지은행을 통하여 조건변경사항을 통지해 주어야 한다.

이와 같이 신용장과 조건변경의 통지는 통지은행을 선정하여 통지하는 것이 일반적이다.

2. **신용장과 조건변경의 진정성 확인 의무**

통지은행은 신용장을 통지할 경우 신용장이 가짜 신용장이 아니고 진정한 신용장인지를 확인하여 통지해 줄 의무가 있다. 통지은행이 신용장이나 조건변경을 통지할 경우 진정성 확인이 된 것으로 본다.

신용장의 진정성 확인방법은 개설은행과 통지은행 간에 교환된 전신암부호(Testkey)를 이용하여 확인할 수 있다. 이러한 Testkey를 확인할 수 없을 경우에는 지체 없이 진정성을 확인할 수 없다는 사실을 개설은행에 통보해야 한다. 진정성을 확인할 수 없는 신용장과 조건변경을 수익자의 요청에 의하여 통지해 줄 경우에 통지서 양식에 진정성을 확인할 수 없다는 사실을 명기하여 통지하여야 한다.

통지은행이 선정한 제2통지 은행의 경우에도 신용장과 조건 변경서의 진정성 확인 의무가 있으며 만약에 신용장과 조건 변경서의 진정성을 확인할 수가 없다면 그 지시서가 송부된 은행과 제1통지은행에 그 사실을 통지해야하고 수익자가 원할 경우 수익자에게도 진정성을 확인할 수 없다는 사실을 통지해야 한다.

3. **통지은행 및 제2통지은행의 결정**

신용장의 통지은행이 되느냐 여부는 통지은행의 결정에 달렸다. 통지은행으로 선정된 은행은 반드시 신용장을 통지해 주어야 하는 것은 아니다.

따라서 신용장을 통지해 주지 않기로 정한 때는 개설은행에 이를 통고하면 된다. 신용장의 불명료한 사항이 있을 경우에는 통지은행은 이를 개설은행에 통지해야 한다. 그러나 그 위반시 손해배상책임까지는 부담하지 않는다. 통지은행은 신용장이나 조건변경서를 통지하기 위하여 제2통지은행을 선정하여 이용할 수 있다. 제2통지은행이 지정된 경우에도 신용장을 통지한 은행을 통하여 조건변경서도 통지해야 한다. 만약에 제2통지 은행의 잘못이 있을 경우에 제1통지은행도 책임을 지느냐 하는 문제가 남는다. 그리고 제2통지은행이 매입한 서류는 제1통지은행을 통하지 않고 바로 개설은행에 제시될 수 있느냐 하는 문제가 있다.

제2통지은행이 확인은행일 경우에 제1통지은행과의 책임문제 등이 거론된다. 그리고 제2통지은행을 선정할 경우 개설은행의 동의 없이 제1통지은행이 임의로 선정할 수가 있느냐 하는 문제가 있다. 따라서 제2통지은행을 선정해야 할 경우에는 그 선정시에 이러한 실무적인 문제점을 충분히 고려하여 결정해야 할 것이다.

3.2 조건변경

Article 10. Amendments

a. Except as otherwise provided by article 38, a credit can neither be amended nor cancelled without the agreement of the issuing bank, the confirming bank, if any, and the beneficiary.

b. An issuing bank is irrevocably bound by an amendment as of the time it issues the amendment. A confirming bank may extend its confirmation to an amendment and will be irrevocably bound as of the time it advises the amendment. A confirming bank may, however, choose to advise an amendment without extending its confirmation and, if so, it must inform the issuing bank without delay and inform the beneficiary in its advice.

c. The terms and conditions of the original credit (or a credit incorporating previously accepted amendments) will remain in force for the beneficiary until the beneficiary communicates its acceptance of the amendment to the bank that advised such amendment. The beneficiary should give notification of acceptance or rejection of an amendment. If the beneficiary fails to give such notification, a presentation that complies with the credit and to any not yet accepted amendment will be deemed to be notification of acceptance by the beneficiary of such amendment. As of that moment the credit will be amended.
d. A bank that advises an amendment must inform the bank from which it received the amendment of any notification of acceptance or rejection.
e. Partial acceptance of an amendment is not allowed and will be deemed to be rejection of the amendment.
f. A provision in an amendment to the effect that the amendment shall enter into force unless rejected by the beneficiary within a certain time shall be disregarded.

제10조 조건변경

a. 제38조에서 규정된 것을 제외하고는 신용장은 개설은행, 확인은행(확인은행이 있을 경우) 그리고 수익자의 동의 없이는 조건변경 되거나 취소될 수 없다.
b. 개설은행은 그가 조건변경을 한 시점부터 조건변경에 취소불능적으로 구속된다. 확인은행은 조건변경에까지 그 확인을 연장 시킬 수 있고, 그가 그 조건변경을 통지할 때부터 취소불능적으로 구속된다. 그러나 확인은행이 그 확인을 연장하지 않고 조건변경을 통지하기로 결정할 수도 있다. 그리고 그렇게 한다면 확인은행은 지체 없이 개설은행에게 그 사실을 알려주어야 하며 그 통지서로 수익자에게도 그 사실을 알려주어야 한다.

c. 원 신용장(또는 사전에 수락된 조건변경이 포함된 신용장)의 조건은 수익자가 그러한 조건변경을 통지한 은행에게, 조건변경의 수락을 통지할 때까지 수익자에게 유효하다. 만약에 수익자가 그러한 통지를 하지 못한다면 조건변경의 수락이나 거절통지를 해야 한다.
신용장조건과 아직 수락되지 아니한 조건에 일치한 서류 제시는 수익자에 의하여 그 신용장이 조건 변경될 때에 그러한 조건변경에 수락통지가 있는 것으로 간주한다.
d. 조건변경을 통지한 은행은 그 조건변경을 송부한 은행에게 수락이나 거절의 통지를 해야 한다.
e. 조건변경의 일부 수락은 허용되지 않으며, 조건변경의 거절로 간주한다. 조건변경을 통지한 은행은 그 조건변경을 송부한 은행에게 그러한 사실을 통지해야 한다.
f. 조건변경이 수익자에 의하여 거절되지 않는 한 어느 기간 동안 효력이 있다는 문언을 포함하고 있는 조건변경 조항은 무시된다.

해설

1. 취소불능신용장의 조건변경

취소불능신용장의 조건변경은 개설은행, 확인은행, 수익자의 동의가 있어야 가능하다. 다만, 양도된 신용장의 경우에는 제1수익자, 제2수익자의 동의도 있어야 한다. 이때 개설의뢰인의 동의는 요하지 않는다. 개설은행의 조건변경은 취소불능적이며 확인은행이나 수익자의 동의가 없으면 그 조건 변경을 취소, 변경할 수 없다. 그러나 확인은행의 경우는 조건변경에 확인을 확장한 경우에는 취소불능적이 되며 확인 없이 조건변경을 통지할 수 있다. 이때는 지체 없이 개설은행에 통지해야 하며 수익자에게도 통지해야 한다.

조건변경을 통지한 은행은 그 조건변경을 송부한 은행에게 수락이나 거절통지를 해야 한다. 즉 제1통지은행은 개설은행에게 제2통지은행은 제1통지은행에게 수락 또는 거절 통지를 해야 한다.

2. 조건변경의 효력발행

개설은행의 경우는 조건변경서를 발송한 때부터 확인은행의 경우는 조건변경서를 확인한 때부터 수익자의 경우는 조건변경서의 승낙을 통지은행에 통지한 때부터 유효하다.
수익자에 의한 조건변경서에 대한 승낙이 없을 경우에는 승낙되는 것으로 간주되지 않고 반드시 명시적인 승낙의 표시가 있어야 한다. 다만, 수익자가 승낙의 표시를 하지 않고 있다가 후에 조건변경된 신용장조건에 맞는 서류를 제시할 경우에는 그 신용장은 조건 변경될 때에 조건변경에 동의한 것으로 된다. 즉, 조건 병경의 승낙 시점이 소급하여 변경된 것으로 된다.

3. **조건변경의 일부승낙**

수익자의 조건변경의 부분적인 승낙은 인정되지 않으며 전체를 승낙하던가 아니면 거절해야 한다. 조건 변경의 일부 수락은 조건변경의 거절로 본다. 조건 변경 일부 승낙사실을 통지은행은 조건변경을 송부한 은행에게 통지해 주어야 한다.

4. **조건변경승낙의제**

조건변경에 대하여 언제까지 답신이 없을 경우 조건변경 된 것으로 본다는 조건변경 청구는 무시된다. 즉 조건변경의 승낙의제는 인정하지 않고 조건변경이 없는 것으로 간주된다. 이는 이번 6차 개정에서 그동안 I.C.C의 견해를 반영하여 규정화한 것이다.

3.3 전신 및 사전통지 신용장의 유의 사항

Article 11. Teletransmitted and Pre-Advised Credits and Amendments

a. An authenticated teletransmission of a credit or amendment will be deemed to be the operative credit or amendment, and any subsequent mail confirmation shall be disregarded.
If a teletransmission states "full details to follow" (or words of similar effect), or states that the mail confirmation is to be the operative credit or amendment, then the teletransmission will not be deemed to be the operative

credit or amendment. The issuing bank must then issue the operative credit or amendment without delay, in terms net inconsistent with the teletransmission.

b. A preliminary advice of the issuance of a credit or amendment(pre-advice) shall only be sent if the issuing bank is prepared to issue the operative credit or amendment. An issuing bank that sends a pre-advice is irrevocably committed to issue the operative credit or amendment, without delay, in terms not inconsistent with the pre-advice.

제11조 전신 및 사전통지신용장

a. 신용장이나 조건변경의 검증된 전문은 유효한 신용장 또는 조건변경서로 간주된다. 그리고 그 후에 보내진 어떠한 우편확인서도 무시된다.
만약에 어느 전문이 "상세한 사항은 추후 통지됨(혹은 그와 유사한 문언)" 이라고 명시하거나 또는 우편확인서가 유효한 신용장 또는 조건변경서라고 기술되어 있다면 그 전문은 유효한 전문이나 또는 조건변경서로 간주되지 않는다. 개설은행은 지체 없이 그 전문과 불일치하지 않는 조건으로 유효한 신용장 또는 조건변경서를 발행해야 한다.

b. 신용장이나 조건변경의 사전통지(이하 사전통지라고 함)는 개설은행이 유효한 신용장 또는 조건변경을 발행할 준비가 되어 있을 경우에만 송부되어야 한다. 사전통지를 발송한 개설은행은 지체 없이 사전통지와 모순되지 아니한 조건으로 유효한 신용장이나 조건변경을 취소불능적으로 발행해야 한다.

해설

1. 전신신용장의 개설, 조건변경서 발행

전신신용장 개설, 조건변경서 발행의 경우에는 처음 전신문 만으로 유효한 신용장, 또는 조건변경이 되어야 한다. 별도로 우편확인서(a mail confirmation)를 보내서는 안 된다. 이 우편확인서에 대하여 통지은행은 원 전신문과 대조할 의무가 없다. 원 전신문에 "상세한 내용은 추후 통보함"(full details to follow) 또는 "추후 우편확인서가 유효한 것임" 등의 문언이 있으면 원 전신문은 유효하지 못하다. 그리고 개설은행은 지체 없이 전신문이나 우편확인서에 의해서 유효한 신용장을 발행해야 한다.

2. **사전통지**(preliminary advice)
개설은행이 신용장 발행, 조건변경의 사전통지를 하는 경우에는 반드시 유효한 신용장, 조건변경을 할 준비가 되어 있을 경우에 한한다. 그리고 이러한 사전통지를 한 은행은 지체 없이 유효한 신용장이나 조건변경을 해야 한다. 이러한 유효한 신용장이나 조건변경은 사전통지와 모순되지 아니한 조건으로 발행해야 하며 취소불능적이다.

3.4 지정은행의 지정

Article 12. Nomination

a. Unless a nominated bank is the confirming bank, an authorization to honour or negotiate does not impose any obligation on that nominated bank to honour or negotiate, except when expressly agreed to by that nominated bank and so communicated to the beneficiary.
b. By nominating a bank to accept a draft or incur a deferred payment undertaking, an issuing bank authorizes that nominated bank to prepay or purchase a draft accepted or a deferred payment undertaking incurred by that nominated bank.
c. Receipt or examination and forwarding of documents by a nominated bank that is not a confirming bank does not make that nominated bank liable to honour or negotiate, nor does it constitute honour or negotiation.

제12조 지정

a. 지정은행이 확인은행이 아닌 경우 그 지정은행에 의하여 분명히 동의되거나 그러한 사실을 수익자에게 통지한 경우를 제외하고는 그 결제(honour)나 또는 매입한 지정은행의 의무에는 결제하거나 또는 매입해야 할 어떠한 수권도 부과되지 않는다.

b. 개설은행은 어느 은행을 어음을 인수하거나 연지급확약서를 발행하도록 지명함으로써 그 지정은행에게 그 은행에 의하여 인수된 어음이나 발행된 연지급확약서를 사전 지급하거나 매입할 수 있는 권한을 부여한다.

c. 확인은행이 아닌 지정은행에 의하여 서류를 수취하거나 또는 서류심사 후 송부는 그 지정은행에게 결제나 매입할 의무를 부과하지 않으며 또한 그러한 행위는 결제나 매입이 되지 않는다.

해설

1. 확인은행이 아닌 지정은행

신용장을 지급하거나 매입하도록 지정받은 은행은 그 지정에 대해서 분명히 동의하거나 지정사실을 수익자에게 통지하지 않은 경우에 결제하거나 매입에 대한 수권이 없는 것이다. 그러므로 비지정은행의 결제와 매입은 개설은행에 의하여 결제나 매입으로 인정받지 못한다.

이러한 확인은행이 아닌 지정은행에 의한 서류의 수령이나 서류심사와 송부는 결제나 매입 권한이 없으므로 정당한 결제 또는 매입이 되지 않는다.

2. 인수 또는 연지급은행의 지정

개설은행이 어느 은행에게 어음을 인수하거나 연지급확약서를 발급하도록 지정하는 것은 그 인수어음이나 연지급확약서를 사전지급하거나 매입할 수 있는 수권을 부여한 것이다. 그래서 어음인수은행이나 연지급확약서 발급은행만이 인수된 어음이나 연지급확약서를 사전 또는 결제 매입할 수 있다.

이 규정은 해외인수신용장이나 연지급신용장의 경우 해외인수은행 또는 연지급은행이 사전에 인수한 어음 또는 연지급확약을 한 신용장대금을 지급할 수 있도록 한 것은 타당성이 있으나 인수은행이나 연지급확약은행이 매입하도록 한 것은 자기 인수어음을 소멸되므로 이를 다시 개설운행에 청구하는 것은 법이론적으로 타당성이 없다고 하겠다.

3.5 상환은행을 통한 대금지급

Article 13. Bank-to-Bank Reimbursement Arrangements

a. If a credit states that reimbursement is to be obtained by a nominated bank ("claiming bank") claiming on another party ("reimbursing bank"), the credit must state if the reimbursement is subject to the ICC rules for bank-to-bank reimbursements in effect on the date of issuance of the credit.

b. If a credit does not state that reimbursement is subject to the ICC rules for bank-to-bank reimbursements, the following apply :

i. An issuing bank must provide a reimbursing bank with a reimbursement authorization that conforms with the availability stated in the credit. The reimbursement authorization should not be subject to an expiry date.

ii. A claiming bank shall not be required to supply a reimbursing bank with a certificate of compliance with the terms and conditions of the credit.

iii. An issuing bank will be responsible for any loss of interest, together with any expenses incurred, if reimbursement is not provided on first demand by a reimbursing bank in accordance with the terms and conditions of the credit.

iv. A reimbursing bank's charges are for the account of the issuing bank. However, if the charges are for the account of the beneficiary, it is the responsibility of an issuing bank to so indicate in the credit and in the reimbursement authorization. If a reimbursing bank's charges are for the account of the beneficiary, they shall be deducted from the amount due to a claiming bank when reimbursement is made. If no reimbursement is made, the reimbursing bank's charges remain the obligation of the issuing bank.

c. An issuing bank is not relieved from any of its obligations to provide reimbursement if reimbursement is not made by a reimbursing bank on first demand.

제13조 은행 간 상환약정

a. 만약에 신용장에 대금상환은 어느 지정은행(이하 "청구은행"이라고 한다.)이 또 다른 당사자(이하 "상환은행"이라고 한다.)에게 청구하여 받아야 한다는 것을 기재하고 있다면 그 신용장은 신용장 발행된 일자에 대금상환은 "은행 간 대금상환에 관한 ICC 규칙에 의한다"라는 것을 명시해야 한다.

b. 만약에 신용장에 은행간 대금상환이 은행 간 대금상환에 관한 ICC 규칙에 의한다는 기재가 없으면 다음과 같이 적용된다.

  i. 개설은행은 상환은행에게 신용장에 기재된 사용가능성에 부합한 상환수권을 제공해야 한다. 그 상환수권은 유효기일과는 상관없다.

  ii. 청구은행은 상환은행에게 신용장조건에 일치한다는 증명서의 제출을 요구받지 않는다.

  iii. 대금상환이 상환은행에 의하여 신용장조건에 따라서 첫 번째 청구에 대하여 이루어지지 않을 경우에는 개설은행은 발생된 비용과 함께 이자손실에 대한 책임이 있다.

  iv. 상환은행의 수수료는 개설은행이 부담한다. 그러나 만약에 그 수수료가 수익자 부담인 경우에는 개설은행이 신용장이나 상환수권서에 그렇게 명시할 책임이 있다. 만약에 상환은행의 비용이 수익자 부담인 경우에는 그 비용은 상환이 이루어질 때 청구은행에게 지급할 금액에서 공제된다. 만약에 상환이 이루어지지 않는 경우 상환은행의 비용은 개설은행의 책임이 된다.

c. 대금상환이 첫 번째 청구에 의하여 상환은행에 의하여 되지 않는 경우에는

개설은행은 상환을 해야 할 의무로부터 면제받지 못한다.

해설

1. 개설은행의 상환수권 및 상환지연이자 부담

상환신용장의 경우에 개설은행은 신용장 개설 시에 "은행 간 대금 상환에 관한 I.C.C 규칙"적용이 없더라도 반드시 상환은행에 상환수권(reimbursement authorization, debit authorization)을 주어야 한다. 왜냐하면 상환은행은 개설은행으로부터 상환수권이 없으며 수출지의 매입은행이 상환청구를 하더라도 이에 응하지 못하기 때문이다. 이 상환수권은 신용장 유효기일과는 무관하며, 개설은행에 의하여 언제든지 취소 가능하다. 또 상환대금이 첫 번째 청구에 의하여 상환은행으로부터 지급되지 않는다면 개설은행이 지급해야 한다. 개설은행이 상환수권을 하지 않아서 매입은행이 상환을 못 받게 되면 매입은행은 개설은행에게 이를 통지하여야 한다.

개설은행이 상환은행에 신용장대금의 상환수권을 준 후 상환지연이 있으면 매입은행은 첫 번째 상환청구를 한 날로부터 실제 대금이 입금된 날까지의 지연이자를 개설은행에게 청구할 수 있다. 이때 지연이자는 상환은행의 과실이므로 개설의뢰인에게 부담시켜서는 안 되고, 개설은행이 부담해야 한다.

2. 신용장조건 일치증명서

개설은행은 매입은행이 상환은행 앞으로 상환청구를 할 때 선적서류가 신용장조건과 일치한다는 일치증명(compliance certificate)을 제출하도록 하는 조건을 붙여서는 안 된다. 이와 같은 일치증명을 보내도록 하면 매입은행이 상환은행에게 서류의 발송과 검사에 따른 비용과 시간이 소용되므로 개설은행이 이를 요구하지 못하도록 통일규칙에서 규정하고 있다.

즉, 매입은행은 하자 없는 서류뿐만 아니라 하자있는 서류에 대해서도 상환은행 앞으로 상환청구를 할 수 있다. 이러한 경우 상환은행은 하자에 불문하고 대금을 지급하여도 책임이 없다. 다만 개설은행의 최종 지급거절이 있을 경우 청구은행은 상환된 자금을 상환은행 앞으로 반환해야 한다.

3. 상환수수료 부담

상환은행의 상환수수료(reimbursement charge)는 개설은행이 부담한다. 그러나 상환수권서 및 신용장에 상환수수료가 수익자 부담으로 표시된 경우에는 상환은행은 상환청구금액에서 상환비용은 차기하고 지급할 수 있다.
그렇지 않을 경우에는 전부 개설은행이 부담하며 개설은행은 개설의뢰인에게 비용을 청구하여 정리하게 된다. 보통 상환은행에는 개설은행의 예금구좌가 있으므로 미리 상환수수료를 차기하고 차기통지서를 보내오면 개설은행은 개설의뢰인으로부터 비용을 청구하여 정리하게 된다.

제4장 서류심사기준 및 지급 거절방법

4.1 서류심사기준

Article 14. Standard for Examination of Documents

a. A nominated bank acting on its nomination, a confirming bank, if any, and the issuing bank must examine the presentation to determine, on the basis of the documents alone, whether or not the documents appear on their face to constitute a complying presentation.

b. A nominated bank acting on its nomination, a confirming bank, if any, and the issuing bank shall each have a maximum of five banking days following the day of presentation to determine if a presentation is complying. This period curtailed or otherwise affected by the occurrence on or after the date of presentation of any expiry date or last day for presentation.

c. A presentation including one or more original transport documents subject to articles 19, 20, 21, 22, 23, 24 or 25 must be made by or on behalf of the beneficiary not later than 21 calendar days after the date of shipment as described in these rules, but in any event not later than the expiry date of the credit.

d. Data in a document, when read in context with the credit, the document itself and international standard banking practice, need not be identical to, but must not conflict with, data in that document any other stiputated document or the credit.

e. In documents other than the commercial invoice, the description of the goods, services or performance, if stated, may be in general terms not conflicting with their description in the credit.

f. If a credit requires presentation of a document other than a transport document, insurance document or commercial invoice, without stipulating by whom the document is to be issued or its data content, banks will accept the document as presented if its content appears to fulfil the function of the required document and otherwise complies with sub-article 14 (d).

g. A document presented but not required by the credit will be disregarded and may be returned to the presenter.

h. If a credit contains a condition without stipulating the document to indicate compliance with the condition, banks will deem such condition as not stated and will disregard it.

i. A document may be dated prior to the issuance date of the credit, but must not be dated later than its date of presentation.

j. When the addresses of the beneficiary and the applicant appear in any stipulated document they need not be the same as those stated in the credit or in any other stipulated document, but must be within the same country as the respective addresses mentioned in the credit. However, when any address and contract details of the applicant appear as part of the consignee or notify party details on a transport document, subject to articles 19, 20, 21, 22, 23, 24, or 25 it must be as stated in the credit. Contact details (telefax, telephone, email and the like) stated as part of the beneficiarys and the applicants address will be disregarded.

k. The shipper or consignor of the goods indicated on any document need not be the beneficiary of the credit.

l. A transport document may be issued by a party other than a carrier master or charter provided that the transport document meets the requirements of articles 19, 20, 21, 23 or 24 of these rules.

제14조 서류심사기준

a. 지정에 따라서 행하는 지정은행, 확인은행(확인은행이 있는 경우) 그리고 개설은행은 서류가 그 문면상 조건에 일치하는지 여부를, 서류만에 근거하여 제시된 서류를 심사해야 한다.

b. 지정에 따라서 행하는 지정은행, 확인은행(확인은행이 있는 경우) 그리고 개설은행은 제시된 서류가 신용장 조건에 일치하는지를 결정하는데 서류제시일에 이은 최대한 5영업일 내에 하여야 한다. 이 기간은 앞으로 유효기일 또는 서류제시의 최종일 또는 그 이후에 발생되는 사건에 의하여 단축되거나 영향을 받지 않는다.

c. 신용장 통일규칙 제19조, 20조, 21조, 22조, 23조, 24조 또는 25조에 근거한 한통 이상의 운송서류를 포함한 서류의 제시는 수익자에 의하여 또는 수익자를 대신하여 이 규칙에서 기술된 선적일자 후 월력에 의한 21일 이내에 그러나 어떤 경우에도 신용장 유효기일 이내에 행해져야 한다.

d. 서류의 일자는 신용장, 서류자체 그리고 국제표준 은행관행의 내용에 비추어 그 서류일자, 어느 달리 규정된 서류일자 또는 그 신용장 일자와 다르지 않거나 일치해야 한다.

e. 상업송장 이외의 서류는 물품명세, 서비스나 용역이행서(필요한 경우)는 신용장의 명세서와 일치하지 않는 일반적 용어로 기재될 수 있다.

f. 만약에 신용장이 그 서류를 발행할 당사자나 그 일자의 내용을 정함이 없이 운송서류, 보험서류 또는 상업송장 이외의 서류의 제시를 요구하고 있다면 은행은 그 서류의 내용이 요구된 서류의 기능을 충족하고 제14조 d항과 일치하는 한 그 서류는 제시된 대로 수리한다.

g. 신용장에 요구되지 않은 제시된 서류는 무시할 수 있으며 제시자에게 반송되어질 수 있다.

h. 만약에 신용장이 조건의 일치를 증명하기 위하여 서류를 규정하지 않고 조건만을 표시하고 있다면 은행은 그러한 조건은 기재되지 않은 것으로 간주하여 무시할 수 있다.

i. 서류는 신용장 개설일자보다 이전 일자로 작성 될 수 있으나 그 제시일자보다 늦은 날짜로 되어서는 안 된다.

j. 어느 요구된 서류상에 표시된 수익자나 개설의뢰인의 주소는 신용장이나 다

른 서류와 동일할 필요가 없으나 그 신용장에 언급된 각각의 주소와 동일국가 내에 있어야 한다. 그러나 개설의뢰인의 주소가 제19조, 제20조, 제21조, 제22조, 제23조, 제24조 또는 제25조의 적용을 받는 어느 운송서류상의 수하인이나 통지처의 내용의 일부로서 표시될 때에는 신용장에 명시된 대로 기술 되어야 한다.

그러나 수익자나 개설의뢰인의 주소의 일부로서 연락사항(텔렉스, 전화, 이메일과 기타 유사한 것)은 무시된다.

k. 서류상에 표시된 물품의 선적인 또는 송하인은 신용장상의 수익자일 필요가 없다.

l. 운송서류는 그 운송서류가 이 규칙 제19조, 20조, 21조, 23조 또는 24조의 조건을 충족하는 한 운송인, 선장, 용선자가 아닌 어느 당사자에 의해서도 발행되어질 수 있다.

해설

1. 서류심사기준 및 주체

은행의 서류심사 방법은 제시된 서류의 문면상 기재내용이 신용장 기재내용과 일치하는지 여부를 서류 자체만을 근거로 하여 심사한다. 따라서 서류심사는 제시된 서류의 문면상 일치 여부 즉 외관상 일치여 부를 심사하는 형식적 심사에 국한한다. 서류의 그 실질적 내용은 심사할 필요가 없다. 이것이 신용장의 추상성의 원칙으로서 서류가 표창하는 실질적 내용이 다르다고 하더라도 서류 자체가 문면상 신용장조건과 일치하면 일치된 서류로 취급되는 것이다.

그리고 서류의 형식적 심사에서 그 일치여부의 기준은 종전 제5차 개정에서는 국제표준은행 관행에 의한다고 하였으나 제6차 개정에서는 국제은행표준 관행을 기준으로 한다는 규정을 삭제하였다. 그러면 서류의 심사기준이 무엇이냐가 문제되는데 이러한 국제표준은행관행이라는 규정이 없다고 하더라도 역시 국제적으로 인정되는 기준인 국제표준은행관행을 원용할 수밖에 없다고 하겠다.

서류심사의 주체는 개설은행, 확인은행 그리고 지정은행(지급, 인수 연지급, 매입은행)이 서류 심사를 행하는 주체로서 명시하고 있다. 그리고 이 심사은행은 서류의 일치여부를 심사하는데 상당한 주의를 기울여 심사해야 한다. 만약에 이들 은행이 서류심사에서 상당한 부주의 있다면 그 불일치 사실에 대해서 책임을 저야 한다. 즉,

불일치서류에 의한 대금지급에 대하여 대금의 상환을 주장할 수 없다고 본다.

2. 서류심사기간

개설은행, 확인은행 또는 지정은행은 서류심사를 위하여 서류 제시일에 이은 최대한 5영업일을 소요한다. 이는 서류 제시일은 제외하고 그에 이어서 5영업일을 최대한 서류심사기준으로 정하고 있다. 이번 6차 개정에서는 제5차 개정에서 7영업일 내에서 상당한 기간을 가진다고 한 것을 5영업일로 단축하고 상당한 기간의 표현을 삭제하고 최대한 서류심사기간으로 한다고 개정하였다. 이는 서류의 심사기간이 5영업일로 단축함으로써 업무의 신속한 처리를 위한 것으로 본다.

이 5영업일은 미국의 통일상법전상 3영업일보다 긴 기간으로 해석된다. 영업일이므로 가운데 공휴일이나 은행휴업이 있을 경우에는 제외되고 서류불일치 통지는 최대한 5영업일 종료일까지 해야 한다고 본다. 이 서류심사기간은 유효기일 또는 서류제시 최종일과는 무관하다. 즉 서류제시시가 유료기일 내이면 서류심사는 유효기일 또는 서류제시일을 경과하여 심사할 수 있다.

3. 심사대상 서류

신용장에서 요구되지 않은 서류는 서류심사 하지 않으며 반송할 수 있다. 따라서 요구되지 않은 서류는 반송할 수도 있고 그대로 개설의뢰인에게 제시될 수 있지만 그 일치여부에 대해서 심사은행은 책임을 지지 않는다.

또한 신용장 조건을 이행하기 위하여 서류의 제시를 요구하지 않고 조건만을 표시하고 있는 비서류적 조건은 신용장 조건으로 보지 아니하고 무시할 수 있다고 하여 비서류적 조건의 유효 또는 무효를 규정하지 않고 무시할 수 있다는 종전의 규정을 그대로 표시하고 있는데 이는 당사자 간에 동의만 있으면 유효한 조건으로 될 수 있다는 I.C.C의 견해에 근거한 것으로 볼 수 있다. 따라서 비서류적 조건에 의한 당사자 간의 분쟁의 소지는 여전히 잔존하고 있다고 할 수 있다.

4. 서류제시 기간

서류제시 기간은 신용장 유효기일 내이어야 하고 서류제시기간의 표시가 없으면 이 통일규칙상의 선적일자 후 월력에 의하여 21일 내이어야 한다. 제시된 서류가 선적일자 후 21일이 경과하여 제시된 서류는 stale B/L로서 하자사유가 된다. 그리고 선적일자 후 21일이 신용장 유효기일을 경과할 경우에는 신용장유효기일 내에 제시되어야 한다. 만약에 신용장에 유효기일 외에 서류제시 기간이 별도로 명시된 경우는 그 기간 내에 제시되어야 한다고 본다.

5. 서류발행일자

서류의 발행일자는 신용장에서 요구되고 있는 일자 또는 그 서류 자체가 발행되어야 할 날짜 또는 국제은행표준 관행상 그 서류가 발행되어야 할 달리 규정된 일자와 일치하여야 한다. 그리고 서류는 신용장 발행일자보다 앞선 일자로 발행될 수 있으나 그 서류 제시일자보다 늦은 날짜로 발행되어서는 안 된다.

6. 서류발행자

운송서류, 보험서류 또는 상업송장 이외의 서류는 서류 발행 당사자와 그 발행 일자를 규정하지 않고 요구될 수 있다. 이러한 서류는 서류의 내용이 요구된 서류의 기능을 충족하고 이 규정 제14조 2항의 발행일자와 일치하면 수리될 수 있다. 이러한 서류는 서류의 발행일자는 문제시하지 않는다는 것이다.

운송서류의 경우는 이 통일규칙 제19조, 20조, 21조, 23조 또는 24조의 조건을 충족하면 운송인, 선장, 용선인이 아닌 당사자 즉 운송중개인에 의하여서도 발행되어질 수 있다고 하였다. 이 규정은 제6차 개정에서 운송 중개인 발행운송서류조항을 삭제하고 운송인이나 운송인의 대리인인 운송중개인이 발행하는 운송서류도 유효한 운송서류로서 규정하고 있다.

이 규정은 당사자 간의 합의만 있다면 운송중개인 운송서류도 제시될 수 있는 것이다. 특히 House B/L, House air way bill이나 FIATA 복합운송서류의 제시가 전혀 인정되지 않는 것은 아니다. 만약에 당사자가 운송중개인 발행운송서류를 원하지 않는다면 신용장에 그 내용을 명시해야 한다.

서류상에 표시된 물품의 선적인 또는 송하인은 신용장상의 수익자일 필요는 없고 수익자 외의 제3자가 발행된 서류도 유효하다. 이 규정은 신설된 규정으로서 신용장상에 제3자 발행서류도 가능하다는 규정이 없더라도 당연히 유효한 것으로 규정한 것은 중개무역이나 제3국 도착 수입, 제3국 인수 수출을 가능하도록 하자는 데 있다.

7. 서류의 상품명세 및 주소

상업송장 외의 서류의 상품명세나 서비스나 용역이행 사항은 신용장의 명세와 일치하지 않는 일반적 용어로 기술 될 수 있다. 그러나 상업송장의 상품명세나 서비스 용역이행서의 내용은 신용장의 명세와 엄격히 일치하여야 하지만 상업송장 외의 기타 서류는 일반적 용어로서 기술해도 된다는 상당일치의 원칙을 표시하고 있다.

서류상에 표시된 수익자나 개설의뢰인의 주소는 신용장에 언급된 주소와 동일국내에 있으면 족하고 신용장이나 다른 서류와 일치할 필요가 없다. 그러나 개설의뢰인의 주소가 운송서류상의 수하인이나 통지처의 내용이 된 경우에는 신용장과 일치하여야 한다. 그리고 수익자나 개설의뢰인의 주소로서 텔렉스번호, 전화번호 그리고 이메일 같은 것은 신용장 조건과 일치하지 않아도 되며, 이를 무시할 수 있다.

4.2 하자 없는 제시서류

Article 15. Complying presentation

a. When an issuing bank determines that a presentation is complying, it must honour.

b. When a confirming bank determines that a presentation is complying, it must honour or negotiate and forward the documents to the issuing bank.

c. When a nominated bank determines that a presentation is complying and honours or negotiates, it must forward the documents to the confirming bank or issuing bank.

제15조 일치하는 서류제시

a. 개설은행은 서류제시가 일치한다고 결정할 때는 결재(honour)해야 한다.

b. 확인은행은 서류제시가 일치한다고 결정할 때는 결재(honour)하거나 매입하고 그 서류를 개설은행에 송부해야 한다.

c. 지정은행은 서류제시가 일치한다고 결정하고 결재(honour) 또는 매입한 때에는 그 서류를 확인은행이나 개설은행에 송부해야 한다.

해설 신용장 조건에 일치하는 서류가 제시된 경우에 개설은행은 결재(honour)해야 한다. 이 결재의 의미는 지급, 연지급 인수 후 만기 지급을 포함한다. 이 3가지 지급을 합하여 이번 6차 개정 통일규칙에서는 결재(honour)로 표시한 것이다.

확인은행의 경우에는 결재(honour)하거나 매입하고 그 서류를 개설은행에 송부해야 한다. 확인은행의 경우에 결재(지급, 연지급, 인수 후 만기 지급) 외에도 매입할 수 있음을 규정하고 있다. 그러나 이 확인은행의 매입은 지정은행의 매입과는 달리 상환청구 불능 조건으로 매입해야 한다.
즉 개설은행이 대금지급을 거절할 경우 확인은행은 수익자에게 대금의 반환청구를 할 수 없다. 지정은행의 경우는 결재(honour)나 매입을 하여 그 서류를 확인은행이나 개설은행에 송부해야 한다. 이때 매입은 상환청구가능한 매입이라고 해야 한다. 즉 개설은행에서 지급거절이 있을 경우 수익자에게 지급된 대금의 반환을 청구할 수 있는 조건으로 매입할 수 있다.

4.3 하자 있는 서류, 권리포기 및 통지

Article 16. Discrepant Documents, Waiver and Notice

a. When a nominated bank acting on its nomination, a confirming bank, if any, or the issuing bank determine that a presentation does not comply, they may refuse to honour or negotiate.
b. When an issuing bank determines that a presentation does not comply, it may in its sole judgement approach the applicant for a waiver of the discrepancies. This does not, however, extend the period mentioned in sub-article 14 (b).
c. When a nominated bank acting on its nomination, a confirming bank, if any, or the issuing bank decide to refuse to honour or negotiate, they must give a single notice to that effect to the presenter.
The notice must state :
 i. that the bank is refusing to honour or negotiate; and
 ii. each discrepancy in respect of which the bank refuses to honour or

negotiate; and

iii. a) that the bank is holding the documents pending further instructions from the presenter; or

b) that the issuing bank is holding the documents until it receives a waiver from the applicant and agrees to accept it, or receives further instructions from the presenter prior to agreeing to accept a waiver; or

c) that the bank is returning the documents; or

d) that the bank is acting in accordance with instructions previously received from the presenter.

d. The notice required in sub-article 16 (c) must be given by telecommunication or, if that is not possible, by other expeditious means no later than the close of the fifth banking day following the day of presentation.

e. A nominated bank acting on its nomination, a confirming bank, if any, or the issuing bank may, after providing notice required by sub-article 16 (c) (iii) (a) or (b), return the documents to the presenter at any time.

f. If an issuing bank or confirming bank fails to act in accordance with the provisions of this article, it shall be precluded from claiming that the documents do not constitute a complying presentation.

g. When an issuing bank refuses to honour or a confirming bank refuses to honour or negotiate and has given notice to that effect in accordance with this article, it shall then be entitled to claim a refund, with interest, of any reimbursement made.

제16조 하자있는 서류, 권리포기 및 통지

a. 지정에 의하여 행동하는 지정은행, 확인은행(확인은행이 있을 때) 또는 개설은행은 제시된 서류가 조건에 불일치한다고 결정한 때는 결재(honour)나 매입을 거절할 수 있다.

b. 개설은행은 제시된 서류가 조건에 불일치한다고 결정한 때는 자신의 단독 판단에 의해서 개설의뢰인에게 하자 주장에 대한 포기(waiver)를 협의할 수

있다. 그러나 이것은 제14조 (b)항에 언급된 기간을 연장하지 않는다.

c. 지정에 의하여 행동하는 지정은행, 확인은행(확인은행이 있을 때) 또는 개설은행은 결제(honour)나 매입을 거절할 때에는 서류제시자에게 단 한 번의 통지를 해야 한다. 그 통지는 다음사항을 명시해야 한다.
  i. 그 은행은 결제(honour) 또는 매입을 거절한다는 것 그리고
  ii. 그 은행이 결제(honour) 또는 매입을 거절하는데 대한 각 하자 사항.
  iii. 그 은행이 제시자로부터 장래 지시가 있을 때까지
    a) 그 서류를 보관하고 있다는 것 또는
    b) 그 개설은행이 개설의뢰인으로부터 하자포기를 수령한 후 그것을 수락할 것을 동의할 때까지 또는 권리포기를 수락할 것을 동의하기 전에 제시인으로부터 추가 지시를 받을 때까지 서류를 보관하고 있다는 것 또는
    c) 그 은행이 서류를 반송하고 있는 중이라는 것 또
    d) 그 은행이 제시인으로부터 미리 받은 지시에 따라서 행동하고 있다는 것

d. 제16조(c)항에서 요청된 통지(지급거절통지)는 전신문이나 그것이 불가능할 때에는 제시일에 이은 5영업일의 종료가 되기 전에 다른 예상되는 수단에 의하여 행하여져야 한다.

e. 지정에 의하여 행동하는 지정은행, 확인은행(확인은행이 있을 때) 또는 개설은행은 제16조(c)항 iii호(a) 또는 (b)에 의하여 요구되는 거절통지를 한 후에는 언제든지 서류를 제시인에게 반송할 수 있어야 한다.

f. 개설은행이나 확인은행이 본 조항의 규정에 따라서 행하지 못한다면 그 은행은 제시된 서류가 일치된 서류제시가 아니라고 주장하지 못한다.

g. 개설은행이 결제(honour)를 거절 하거나 확인은행이 결제(honour) 또는 매입을 거절하고 이 조항에 따라서 그 사실에 대한 통지(지급 또는 매입거절통지)를 할 때에는 이자와 함께 이행된 상환금의 반환을 청구할 권리가 있다.

해설

1. 서류의 결제거절

지정은행, 확인은행 또는 개설은행은 제시된 서류가 신용장조건과 불일치하다고 결

정한 때에는 결제(honour)나 매입을 거절할 수 있다. 개설은행은 서류 불일치 여부를 개설의뢰인과 협의 없이 단독판단에 의하여 결정할 수 있으며, 이것은 개설은행의 지급확약이 최종적이며 1차적인 책임이기 때문이다. 그리고 그 하자 사유에 대하여 개설의뢰인이 권리포기를 서류심사 기간 내에 할 수 있으며 만약에 개설의뢰인이 권리포기를 승인할 경우 서류 심사은행은 서류의 하자수락을 수익자에게 통지해야 한다.

2. 결제거절방법

지정은행, 확인은행 또는 개설은행의 결제 또는 매입거절은 단 1회에 한하여 할 수 있으며 결제거절 또는 매입거절통지는 서류제시일에 이은 5영업일의 종료가 되기 전에 전신문이나 기타 예상된 수단에 의하여야 하며 결제 또는 매입 거절 통지한 후에는 서류를 반송할 수 있어야 한다. 결제거절 통지는 다음과 같은 사항을 포함하고 있어야 한다.

1) 결제 또는 매입을 거절한다는 사실
2) 결제 또는 매입거절에 대한 서류의 모든 하자사유
3) 서류의 행방여부

서류의 보관, 개설의뢰인의 권리포기시까지 서류보관, 서류반송 중, 서류제시인의 지시에 따라서 서류 보관 사실 등.

만약 개설은행과 확인은행이 이러한 결재 또는 매입거절 방법을 지키지 못할 경우 서류의 하자를 주장하여 결제거절 할 수 없다. 매입거절은 개설은 매입을 할 수 없으므로 확인은행의 경우에 적용된다고 봐야 한다.

3. 서류지급거절시 대금상환

개설은행 또는 확인은행이 결제거절 또는 매입거절 후 그 사실에 대한 결제거절의 통지를 할 때는 이미 상환은행을 통해서 지급된 대금과 그 이자를 청구은행에게 청구할 수 있다. 이 규정은 상환은행의 지급은 최종적인 지급이 아니며 개설은행이나 확인은행의 결제가 최종적인 지급이라는 의미이다.

4. 하자주장의 포기 및 통지

개설은행은 서류의 하자유무를 단독으로 결정해야 하는데 서류의 하자사항이 발견될 경우 개설의뢰인과 협의하여 하자주장의 포기를 통지할 수 있는데 이때도 서류심사기간 내에 하여야 한다.

그리고 개설은행이 하자주장의 포기통지를 하지 않을 경우에는 서류심사기간이 경과된 경우 자연히 하자가 치유된다.

제5장 서류

5.1 원본서류와 사본서류

Article 17. Original Documents and Copies

a. At least one original of each document stipulated in the credit must be presented.

b. A bank shall treat as original any document bearing an apparently original signature, mark, stamp, or label of the issuer of the document, unless the document itself indicates that it is not original.

c. Unless a document indicates otherwise, a bank will also accept a document as original if it :

　i . appears to be written, typed, perforated or stamped by the document issuers hand ; or

　ii. appears to be on the document issuers original stationery ; or

　iii. states that it is original, unless the statement appears not to apply to the document presented.

d. If a credit requires presentation of copies of documents, presentation of either originals or copies is permitted.

e. If a credit requires presentation of multiple documents by using terms such as "in duplicate", "in two fold" or "in two copies", this will be satisfied by the presentation of at least one original and the remaining number in copies, except when the document itself indicates otherwise.

제17조 원본서류와 사본서류

a. 신용장에 규정된 각 서류에 대해서는 적어도 한 통의 원본이 제시되어야 한다.

b. 은행은 그 서류 자체에 원본이 아니라고 표시되지 않는 한 서류발생자의 분명한 원본 서명, 마크, 스탬프 또는 라벨이 되어 있는 어떠한 서류도 원본으로 취급한다.

c. 서류에 달리 표시가 없는 한, 은행은 서류가 다음과 같이 표시되어 있다면 역시 원본서류로서 수리한다.

  i. 서류발행자의 수기에 의한 필서, 타이프, 천공 또는 스탬프 된 것으로 보이는 경우.

  ii. 서류 발행자의 원본 서류 용지 위에 작성된 것으로 보이는 경우.

  iii. 원본서류가 제시된 서류에 적용되지 않는 것으로 보이지 않는 한 그것에 원본이라고 명시된 경우

d. 만약에 신용장에 서류의 사본 제시를 요구하고 있다면 원본 또는 사본의 제시가 모두 허용된다.

e. 신용장에 두 통(in duplicate), 두 장(in two fold), 또는 2통의 사본(in to copies) 등의 용어를 사용해서 복수 서류의 제시를 요구하고 있다면 서류자체에서 달리 표시되지 않는 한 적어도 원본 한 통과 나머지 수의 사본서류의 제시로서 충족된다.

해설

1. 원본서류란 무엇인가?

원본서류란 원본표시(original)가 되어 있고 신용장에서 요구하는 서명이 되어 있어야 한다. 서명방법은 육필서명이나 팩시밀리서명, 천공서명, 스탬프, 기호표시 등도 가능하며 전자식·기계식 확인방법에 의한 서명도 가능하다. 여기서 팩시밀리서명이란 서명된 서류를 팩스로 보내는 것이고 팩스로 보낸 서류에 다시 서명하는 것은 아니다. 기호란 관인(chop mark)을 의미하며 카본지로 서명하는 경우에는 여러 통

을 카본지로 베껴서 서명하는 경우인데 이러한 서명은 인정될 수 없다.
그 서류 자체에 원본이 아니라는 표시가 없는 한 서류발행자의 원본 서명, 표시, 스탬프 또는 라벨이 되어 있는 서류는 원본으로 취급된다. 그리고 서류발행자의 수기에 의한 필서, 타이프, 천공 또는 스탬프 표시가 있는 경우, 서류 발행자의 원본 문언이 있는 경우, 그리고 서류에 설명서가 있는 경우, 그 설명서에 원본이라고 표시된 경우는 원본으로 수리된다.

2. **사본서류란 무엇인가**?
원본표시가 없거나 사본이라고 표시된 서류는 사본서류로 보며 이 사본서류는 서명을 요하지 않는다.

3. **서류의 제시**
1) 복수의 서류 요구
서류를 2통, 2부, 정 · 부본 등으로 복수의 서류를 요구할 경우에는 원본서류 1부와 나머지는 사본서류를 제시하면 된다. 다만, 신용장에 원본 몇 통, 사본 몇 통으로 표시된 경우에는 그에 따라야 한다. 그리고 운송서류와 보험서류는 원본서류는 각각 3통, 2통 보내야 하며, 원본 전통(full set)이라고 하면 선하증권의 경우에는 3통 보험서류의 경우에는 2통을 의미하며 항공화물운송장의 경우에는 운송인용 또는 수하인용 1통만 제시하면 된다.
신용장에 규정된 각 서류에 대해서는 한통의 원본이 제시되어야 한다. 만약에 신용장에 서류의 사본제시를 요구하고 있다면 원본 또는 사본의 제시가 허용된다. 즉 사본서류를 요구하고 있는 경우 원본서류를 제시해도 문제가 없다.

5.2 상업송장

Article 2. Commercial Invoice

a. A commercial invoice :

i. must appear to have been issued by the beneficiary (except as provided in article 38)

ii. must be made out in the name of the applicant (except as provided in sub-article 38(g)

iii. must be made out in the same currency as the credit ; and

iv. need not be signed.

b. A nominated bank acting on its nomination, a confirming bank, if any, or the issuing bank may accept a commercial invoice issued for an amount in excess of the amount permitted by the credit, and its decision will be binding upon all parties, provided the bank in question has not honoured or negotiated for an amount in excess of that permitted by the credit.

c. The description of the goods, services or performance in a commercial invoice must correspond with that appearing in the credit.

제18조 상업송장

a. 상업송장은 다음과 같이 표시되어야 한다.

i. 제38조 조항을 제외하고는 수익자에 의하여 발행된 것으로 보여야 한다.

ii. 제38조 (g)항을 제외하고는 개설의뢰인 앞으로 발행된 것으로 보여야 한다.

iii. 신용장과 동일한 통화로 작성되어야 하고, 그리고

iv. 서명될 필요가 없다.

b. 지정에 의하여 행동하는 지정은행, 확인은행(확인은행이 있을 경우) 또는 개설은행은 신용장에서 허용된 금액을 초과한 금액으로 발행된 상업송장을 수리할 수 있다. 그리고 이러한 결정은 당해 은행이 신용장에서 허용된 금액을 초과한 금액을 결제(honour)하거나 매입하지 않는 한 모든 당사자를 구속한다.

c. 상업송장상의 상품, 서비스 또는 용역이행의 명세서는 신용장에 나타난 것과 일치해야 한다.

해설

1. **상업송장의 수리요건**

1) 신용장의 수익자가 발행하여야 한다. 다만 제38조'g'항의 경우는 예외이다.
2) 신용장의 개설의뢰인 앞으로 작성되어야 한다.
3) 서명은 필요 없다. 다만 신용장이 양도된 경우에는 제2수익자가 제1수익자 앞으로 발행하고 제1수익자가 최종적으로 발행하게 되므로 1), 2)의 적용이 없다.
4) 송장금액은 신용장금액을 초과하지 않아야 한다.
5) 물품명세는 신용장명세와 일치하여야 한다.
6) 신용장과 동일한 통화로 작성되어야 한다.

2. **신용장금액을 초과하여 작성된 상업송장**

신용장금액을 초과하여 작성된 상업송장이 제시된 경우 지정은행(지급·인수·매입·연지급 은행)은 수리할 것인지에 대하여 선택권을 가진다. 만약에 지정은행, 확인은행 또는 개설은행이 수리한 경우에는 이후 관계당사자를 구속한다.

다만 수리한 지정은행이 초과금액을 상업송장에만 표시하고 수익자에게 지급되지 않아야 한다. 이때는 어음금액과 신용장금액과 일치하고 상업송장금액과 불일치할 경우 초과금액만큼 추심방식으로 처리하면 문제없다. 이와 같이 어음금액과 신용장금액이 일치하면 개설은행은 어음금액과 상업송장금액의 불일치를 이유로 대금지급을 거절할 수 없다. 이와 같이 송장금액이 신용장 금액을 초과하는 이유는 상품금액에 운송비 또는 중개수수료 등이 추가됨으로서 신용장금액을 초과할 수 있다.

3. **상업송장의 상품명세, 서비스 또는 용역이행명세**

상업송장의 상품명세 및 서비스 또는 용역이행명세는 신용장의 물품명세, 서비스 또는 용역이행명세와 일치하여야 한다. 물품의 명세(Description of Goods)라는 것은 상품명(Name of Goods) 보다 넓은 개념이다. 물품명세를 구성하는 요소는 ① 수량, ② 물품명, ③ 원산지, ④ 단가, ⑤ 가격조건이다.

상업송장의 물품명세가 신용장상의 물품명세와 일치하여야 한다고 해서 상업송장상의 물품명세가 신용장상의 물품명세와 자자구구가 동일하여야 함을 의미하는 것은 아니다. 신용장에 표시되어 있지 않은 문구가 부가되어 있다고 해서 불일치가 되는 것은 아니다.[4] 전체적인 의미에서 상호 모순되지 않고 일치하면 일치된 것으로 본다.

4) ICC에서는 Opinion(1980, 1981) of the ICC Banking Commission, pp. 35-36, 국내 대법원 판결 84다카 697, 85. 5. 28 선고.

상업송장 이외의 기타 서류 즉 B/L, 보험서류, 영사송장, 통관송장, 포장명세서 등은 신용장상의 명세와 "모순되지 않은 일반적인 용어"로 기재할 수 있다. "모순되지 않은 일반적인 용어"라 함은 "Canned white peach"를 "Canned fruit"라고 표시하는 것과 같은 것이다. 모순되지 않는 일반적인 용어냐의 여부는 최종적으로 법원의 판단에 의존할 수밖에 없다.

5.3 복합운송서류

Article 19. Transport Document Covering at Least Two Different Modes of Transport

a. A transport document covering at least two different modes of transport (multimodal or combined transport document), however named, must appear to

  i. indicate the name of the carrier and be signed by

  · the carrier or a named agent for or on behalf of the carrier, or

  · the master or a named agent for or on behalf of the master.

  Any signature of the carrier, master or agent must be identified as that of the carrier, master or agent.

  Any signature by an agent must indicate whether the agent has signed for or on behalf of the carrier, or for or on behalf of the master.

  ii. indicate that the goods have been dispatched, taken in charge or shipped on board by :

  · pre-printed wording, or

  · a stamp or notation indicating the date on which the goods have been dispatched, taken in charge or shipped on board.

  The date of issuance of the transport document will be deemed to be the date of dispatch, taking in charge or shipped on board and the date of shipment, However, if transport document indicates, by stamp or notation, a date of dispatch, taking in charge or shipped on board, in which case this date will be deemed to be the date of shipment.

iii. indicate the place of dispatch, taking in charge or shipment and the place of final destination stated in the credit, even if :

a) the transport document states, in addition, a different place of dispatch, taking in charge or shipment or place of final destination,

b) the transport document contains the indication "intended" or similar qualification in relation to the vessel, or port of loading or port of discharge.

iv. be the sole original transport document or, if issued in more than one original, be the full set as indicated on the transport document.

v. contain terms and conditions of carriage or make reference to another source containing the terms and conditions of carriage (short form or blank back transport document). Contents of terms and conditions of carriage will not be examined.

vi. contain no indication that it is subject to a charter party.

b. For the purpose of this article, transhipment means unloading from one means of conveyance and reloading to another means of conveyance (whether or not in different modes of transport) during the carriage from the place of dispatch,

taking in charge or shipment to the place of final destination stated in the credit.

i. A transport document may indicate that the goods will or may be transshipped provided that the entire carriage is covered by one and the same transport document.

ii. A transport document indicating that transshipment will or may take place is acceptable, even if the credit prohibits transshipment.

제19조 두 개 이상의 다른 운송수단을 이용한 운송서류(복합운송서류)

a. 두 개 이상의 다른 운송수단을 이용한 운송서류(복합운송서류)는 명칭에 상관없이 다음과 같이 표시되어야 한다.

i. 운송인의 명칭을 표시하고 다음과 같은 사람에 의하여 서명되어야 한다.

- 운송인 또는 운송인을 위하여 또는 대리하여 명칭을 표시한 대리인
- 선장 또는 선장을 위하여 또는 대리하여 명칭을 표시한 대리인

운송인, 선장 또는 대리인의 서명은 운송인, 선장 또는 대리인임을 표시하여 그 서명이 구분되지 않으면 안 된다. 대리인의 서명은 그 대리인이 운송인을 위하여 또는 대리하는지 선장을 위하여 또는 대리하는지를 표시하여야 한다.

ii. 물품은 발송 수탁, 본선 적재 되었는지를 다음과 같은 방법에 의하여 표시되어야 한다.

- 사전 인쇄된 문언이나
- 물품이 발송, 수탁, 본선 적재된 날짜를 표시한 스템프 또는 표시문언

운송서류의 발행일자는 물품의 발송, 수탁 또는 본선적재 그리고 선적일자로 간주된다. 그러나 만약에 운송서류가 스템프나 표시문언에 의하여 발송, 수탁, 또는 본선적재 일자를 표시하는 경우에는 그 일자가 선적일자로 간주된다.

iii. 발송, 수탁이나 선적장소와 최종목적지는 신용장에 규정된 대로 표시되어야 한다. 그러나 운송서류에 다음과 같이 표시되어 있더라도 상관없다.

a) 운송서류가 신용장의 장소에 추가하여 또 다른 발송, 수탁 또는 선적장소나 최종목적지를 기재하는 경우

b) 운송서류가 선박이나 선적항 또는 양륙항에 관하여 예정된(intended) 또는 그 유사한 표시를 포함하고 있는 경우

iv. 단 하나의 원본 운송서류나 만약 하나 이상의 원본 서류가 발행된 경우에는 운송서류에 표시된 대로 전통이어야 한다.

v. 운송에 관한 조건을 포함하거나 운송에 관한 조건에 포함된 또 다른 근거조건(약식 또는 뒷면백지 운송서류)을 참조하도록 한 경우, 운송에 관한 조건의 내용은 심사하지 않는다.

vi. 운송서류가 용선계약에 근거한다는 표시가 없어야 한다.

b. 이 조항에서 환적은 신용장에 규정된 물품의 발송, 수탁, 또는 선적장소에서 최종목적지까지 운송 중에 하나의 운송수단으로부터 하역하여 또 다른 운송수단으로 재선적하는 것을 의미한다. 운송수단의 형태는 불문한다.

i. 운송서류는 전 운송이 하나의 그리고 동일한 운송서류로 이행될 경우에는 물품이 환적이 되거나 될 수도 있다는 표시가 있다는 것을 표시할 수 있다.

ii. 비록 신용장에서 환적을 금지하고 있더라도 환적이 되거나 될 수 있다는 것을 표시한 운송서류는 수리될 수 있다.

해설

1. 복합운송서류의 뜻

복합운송서류란 선박, 항공기, 철도 등 두 가지 이상의 서로 다른 운송방법으로 물품이 수탁된 장소로부터 인도하기로 약정된 장소까지 운송되는 경우에 발생되는 운송서류이다.

복합운송서류의 특징은 다음과 같다.

첫째, 두 가지 이상의 다른 운송수단으로 물품이 운송된다.

둘째, 복합운송인이 전구 간 단일책임을 진다.

셋째, 복합운송서류는 물품이 복합운송인에게 수탁된 시점에 발행된다. 따라서 복합운송서류는 원칙적으로 수취선하증권이다.

2. 복합운송서류의 영문명칭은 다음과 같이 사용된다.

(1) multimodal transport bill of lading

(2) combined transport bill of lading

(3) intermodal transport bill of lading

(4) combined transport document

3. 복합운송서류의 수리요건

(1) 서류에 운송인, 운송인을 위한 기명대리인 또는 선장을 위한 기명 대리인의 명칭이 발행인으로 표시되고 서명 또는 확인이 되어야 한다.

(2) 서명이 운송인, 선장 외에 다음과 같은 당사자에 의하여 서명되어 가능하다.

1) 운송인의 대리인

2) 선장을 대행하는 대리인
이들 대리인에 의한 서명은 자기의 명칭을 표시할 뿐 아니라 자신이 대리하는 당사자 족, 운송인, 선장의 성명과 자격도 운송서류에 표시하여야 한다.

(3) 물품이 발송, 수탁 또는 본선적재 되었다는 것을 표시하여야 한다.
복합운송서류는 원칙적으로 수취선하증권이다. 물품을 수탁하였다는 표시를 하고 발행하면 된다. 그러나 본선적재 복합운송서류를 요구하는 경우에는 본선적재 표시를 하고 발행하여야 한다. 물품의 발송, 수탁, 본선적재 표시는 사전 인쇄된 문언이나 날짜를 표시한 스탬프 또는 표시문언으로 할 수 있다.

(4) 1) 선적항, 선적공항 또는 선적지와 다른 L/C에 명시된 수탁지를 표시하고, 양륙항, 양륙공항 또는 양륙지와 다른 L/C에 명시된 최종도착지를 표시하며,
2) 선박, 선적항 또는 양륙항과 관련하여 "예정된"이라는 표시가 있는 복합운송서류라도 수리할 수 있다.

(5) 한 통의 복합운송서류 원본 또는 원본이 한 통 이상 발급되었다면 원본 전통이 제시되어야 한다.

(6) 약식 또는 뒷면백지, 복합운송서류도 수리할 수 있다. 그러나 운송에 관한 조건 내용은 심사하지 않는다.

(7) 기타 신용장의 다른 모든 명시사항을 충족시키고 있어야 한다.

(8) 용선계약 복합운송서류가 아니어야 한다.

4. 환적에 관한 특칙

복합운송은 당연히 환적을 수반하기 때문에, 전체 운송과정이 하나의 그리고 동일한 복합운송서류에 의해서 운행된다면 은행은 환적이 되거나 될 수 있다는 문언이 있어도 무시하고 수리할 수 있다. 신용장에 환적금지 문언이 있더라도 환적되거나 될 수 있다는 운송서류는 수리될 수 있다.

5. 선적일자

L/C가 특별한 명시 없이 복합운송서류를 요구하였다면 발행일을 물품의 발송, 수탁, 본선적재 그리고 선적일자(shipping date)로 간주한다. 그러나 본선적재 복합운송서류(on board multimodal transport B/L)를 요구하였다면 스탬프나 표시문언에 의하여 본선적재부기가 된 복합운송서류로서 본선적재 부기일자를 선적일자로 간주한다.

5.4 해상선하증권

Article 20. Bill of Lading

a. A bill of lading, however named, must appear to :

i . indicate the name of the carrier and be signed by :

the carrier or a named agent for or on behalf of the carrier, or.

the master or a named agent for or on behalf of the master.

Any signature by the carrier, master or agent must be identified as that of the carrier, master or agent.

Any signature by an agent must indicate whether the agent has signed for or on behalf of the carrier or for or on behalf of the master.

ii. indicate that the goods have been shipped on board a named vessel by :

· pre-printed wording, or

· an on board notation indicating the date on which the goods have been shipped on board.

The date of issuance of the bill of lading will be deemed to be the date of shipment unless the bill of lading contains an on board notation indicating the date of shipment, in which case the date stated in the on board notation will be deemed to be the date of shipment.

If the bill of lading contains the indication "intended vessel" or similar qualification in relation to the name of the vessel, an on board notation indicating the date of shipment and the name of the actual vessel is required.

iii. indicate shipment from the port of loading to the port of discharge stipulated in the credit.

If the bill of lading does not indicate the port of loading stated in the credit as the port of loading, or if it contains the indication "intended" or similar qualification in relation to the port of loading, an on board notation indicating the port of loading as stated in the credit, the date of shipment and the name of the vessel is required. This provision applies even when loading on board or shipment on a named vessel is indicated by pre-printed wording on the bill of lading.

iv. be the sole original bill of lading or, if issued in more than one original, be the full set as indicated on the bill of lading.

v. contain terms and conditions of carriage or make reference to another source containing the terms and conditions of carriage (short form or blank back bill of lading). Contents of terms and conditions of carriage will not be examined.

vi. contain no indication that it is subject to a charter party.

b. For the purpose of this article, transshipment means unloading from one vessel and reloading to another vessel during the carriage from the port of loading to the port of discharge stipulated in the credit.

c. i. A bill of lading may indicate that the goods will or may be transshipped provided that the entire carriage is covered by one and the same bill of lading.

ii. A bill of lading indicating that transshipment will or may take place is acceptable even if the credit prohibits transshipment if the goods have been shipped in a container, trailer or LASH barge as evidenced by the bill of lading.

d. Clauses in a bill of lading stating that the carrier reserves the right to transship will be disregarded.

제20조 선하증권

a. 선하증권은 그 명칭에 불구하고, 다음과 같이 표시되어야 한다.

i. 운송인의 명칭을 표시하고 다음과 같은 사람에 의하여 서명되어야 한다.

• 운송인 또는 운송인을 위하여 또는 대리하여 명칭을 표시한 대리인

• 선장 또는 선장을 위하여 또는 대리하여 명칭을 표시한 대리인 운송

인, 선장 또는 대리인의 서명은 운송인, 선장, 또는 대리인임을 표시하여 그 서명이 구분되어야 한다. 대리인의 서명은 그 대리인이 운송인을 위하거나 대리하는지, 선장을 위해서 또는 대리하는지를 표시하여야 한다.

ii. 물품은 다음과 같은 방법에 의하여 기명된 선박의 본선에 적재되었음을 표시하여야 한다.

- 사전에 인쇄된 문언이나
- 물품이 본선에 적재된 일자를 표한 본선적재 표시

선하증권의 발행일자는 선적일자로 간주된다. 그러나 선하증권에 선적일자를 표시한 본선적재 표시가 있을 경우에는 본선적재 표시에 언급된 일자가 선적일자로 간주된다. 만약에 선하증권에 선박명에 관하여 "예정된 선박(intended vessel) 또는 그 유사한 표시가 있는 경우에는 선적일자와 실제 선적된 선박명을 표시한 본선적재 표시가 요구된다. 그리고 신용장에 규정된 선적항으로부터 양륙항까지 선적을 표시하여야 한다.

iii. 만약에 선하증권에 선적항으로서 신용장에 규정된 선적항을 표시하지 않거나 선적항에 관한 예정된(intended) 또는 그 유사한 표시를 포함하고 있을 경우에는 신용장에 나타난 선적항, 선적일자, 그리고 선박명을 표시한 본선적재 표시가 요구된다.

이 조항은 비록 본선적재 또는 기명된 선박에 선적된 선하증권상에 사전 인쇄된 문언에 의하여 선적이 표시된 경우에도 적용된다.

iv. 단 하나의 선하증권 원본이나 하나 이상의 원본이 발행된 경우에는 선하증권상에 표시된 대로 전통(full set)이어야 한다.

v. 운송에 관한 조건을 포함하고 있거나 운송에 관한 조건에 포함된 다른 근거(약식 또는 뒷면 백지 선하증권)를 참조하도록 표시된 경우에는 운송에 관한 조건의 내용은 심사하지 않는다.

vi. 선하증권이 용선계약에 근거한다는 표시가 없어야 한다.

b. 이 규정에서 환적은 신용장에 나타난 선적항에서 양륙항까지 운송 중에 하나의 선박에서 하역하여 다른 선박에 재선적하는 것을 의미한다.

c. i. 선하증권은 전체 운송이 하나의 동일한 선하증권에 의해서 수행되는 한 그 물품이 환적될 수 있다는 표시를 할 수 있다.

ii. 환적이 되거나 될 수 있다는 표시를 하고 있는 선하증권은 신용장에서 환적을 금지하고 있다고 하드라도 만약에 물품이 선하증권에 나타난 대로 컨테이너, 트레일러, 또는 래시바지선에 선적된 경우에는 수리될 수 있다.

d. 운송인이 환적할 권리를 갖고 있다는 표시가 있는 선하증권의 조항은 무시한다.

해설

1. 해상선하증권의 의의

해상선하증권이란 해상운송인, 선장 또는 그 대리인이 화물이 수취 또는 본선적재 되었음을 증명하고 그 화물인도청구권을 표시하는 유가증권을 말한다. 해상운송인(carrier)이란 해상운송계약을 이행할 책임을 자기 스스로 부담하는 자를 말하며 대리인이라 이러한 운송인의 위임을 받아 대행하는 자를 말한다.

해상선하증권은 물품이 수취 또는 본선적재 되었음을 증명하는 서류이다. 따라서 해상선하증권은 물품이 수취된 상태에서도 발행될 수 있고 수취뿐만 아니라 목적지까지 운항할 본선에 적재된 상태에서도 발행될 수 있다. 수하인이 목적지에서 물품을 인도 받으려면 반드시 선하증권을 제시하여야 한다. 따라서 선하증권은 인도청구권을 표시하고 있는 서류이며 양도가 가능한 유가증권이다.

2. 해상선하증권으로 표시방법은 다음과 같다.

(1) marine bill of lading
(2) coean bill of lading
(3) on board bill of lading
(4) shipped bill of lading
(5) port-to-port bill of lading
(6) bill of lading(운송출발지점으로 항구명 또는 항구소재지명을 표시하는 경우)

3. 해상선하증권의 수리 요건

1) 명칭에 관계없음

L/C가 운송서류로서 해상선하증권을 요구하였다면 L/C에 별도의 명시가 없을 경우 명칭에 관계없이 다음의 서류를 수리한다. 명칭에 상관이 없다는 것은 제시되는 운

송서류의 표제(title) 보다는 운송서류의 실제성질을 중요시한다는 것을 뜻한다.

2) 운송인 또는 선장, 그 대리인의 명칭표시 및 서명

자기의 명칭을 표시하고 있는 운송인, 운송인의 대리인, 선장 또는 선장의 대리인이 발행, 서명하여야 한다. 따라서 단순한 운송중개인(freight forwarder, forwarding agent)이 발행한 서류는 L/C에서 허용하고 있지 않다면 수리거절 한다. 운송중개인이라도 운송인으로서(acting as a carrier) 또는 운송인의 대리인(as agent for carrier)으로서 발행하였다면 수리할 수 있다.

운송인 또는 선장의 모든 서명이나 진정성 표시는 그것이 운송인 또는 선장임을 밝힐 수 있는 것이어야 한다. 운송인이나 선장을 대리해서 서명하거나 진정성을 표시하는 대리인도 그가 대행하고 있는 당사자 즉 운송인이나 선장의 명칭과 자격을 표시하여야 한다.

3) 본선적재 또는 본선적재부기가 있을 것

(1) 본선적재의 의의 – 물품이 기명된 선박(a named vessel)에 본선적재 또는 선적되었음을 표시하여야 한다. 수취선하증권은 본선적재부기(on board notation)가 있어야 하며, 그렇지 않으면 선적선하증권을 사용하여야 한다.

그러나 선적선하증권을 사용하였더라도 적재선박명이 불명료하거나 적재선박 대체유보문언(shut-out clause)이 있는 경우에는 별도 본선적재부기가 있어야 한다. 여기서 "기명된" 선박이란 개설의뢰인이 선박을 지명하여야 한다는 뜻은 아니고 선하증권에 선박명을 표시하고 있다는 뜻이다.

(2) 본선적재부기 방법 – 본선적재부기의 방법은 물품이 본선에 적재되었다는 뜻과 본선적재일자를 별도로 표시한다는 것이다. 이는 선하증권상에 사전에 인쇄된 문언이나 본선적재 된 일자를 포함한 본선적재표시 스탬프로 표시할 수 있다.

종전의 통일규칙에서 요구하였던 운송인 또는 그 대리인의 정식 또는 약식서명이라는 요건은 삭제되었다. 서명이 있더라도 본선적재부기상의 서명은 선하증권의 서명과 일치할 필요가 없다.

선하증권에"예정된 선박(intended vessel)"이라는 표시가 있었다면 물품이"예정된 선박"으로 기명된 선박에 적재되었더라도 본선적재부기상에 물품이 적재된 선박명을 추가로 표시하여야 한다.

4) 신용장에 명시된 선적항 또는 양륙항 표시

(1) 선적항과 다른 수탁지 또는 하역항과 다른 최종목적지를 표시하고 있는 경우라도

신용장의 선적항 및 하역항과 운송서류상의 선적항 및 하역항은 반드시 일치하여야 한다.

(2) 서류에 L/C에서 명시한 선적항 또는 하역항을 표시하고 있으면 선적항 또는 하역항에"예정된"이라는 표시가 있는 것은 상관없다.

5) 원본전통제시

한 통의 선하증권 원본 또는 한 통이 넘는 원본이 발급되었으면 발급된 원본전통이 제시되어야 한다.

6) 약식선하증권의 수리

약식선하증권(short form B/L, blank back B/L)도 수리할 수 있다. 단, 약식선하증권이 수리되려면 운송조건의 일부 또는 전부가 운송서류 자체 이외의 운송에 관한 조건에 근거하고 있다는 문구가 운송서류에 표시되어 있어야 한다. 전혀 아무런 언급이 없으면 약식선하증권에 속하지 않기 때문에 수리 거절된다는 점에 유의하여야 한다.

7) 신용장의 다른 모든 조건을 충족시켜야 한다.

용선계약선하증권(Charter party B/L)과 같이 운송조건이 용선계약(charter party)에 따르는 선하증권은 수리 거절된다.

4. 해상선하증권의 환적

1) 환적(transshipment)의 의미

환적이란 신용장에 명시된 선적항으로부터 하역항까지 해상운송도중에 한 선박에서 하역하여 다른 선박으로 물품을 다시 적재하는 것을 의미한다. 신용장에서 별도로 허용한다는 문언이 없는 한 환적은 원칙적으로 금지되는 것으로 해석한다.

2) 환적이 허용되는 경우

해상선하증권의 경우 다음과 같은 경우는 환적 되었다 또는 환적 될 것이다라는 표현이 있더라도 수리될 수 있다.

(1) 신용장에 환적금지 문언이 없는 경우 : 전 해상구간이 하나의 그리고 동일한 해상선하증권으로 통용이 되는 경우에는 신용장상 환적금지 문언이 없으면 환적이 허용된다.

(2) 신용장에 환적금지 문언이 있는 경우 :

(a) 전 해상구간이 하나의 그리고 동일한 해상선하증권으로 통용되고, 화물이 컨

테이너, 트레일러 및 래시바지선으로 운송될 경우에는 신용장상에 환적금지 문언이 있더라도 환적이 허용된다.

(b) 운송인이 환적 할 권리를 가지고 있다는 명시조항은 무시한다.

5. **선적일자 해석**

L/C에서 해상선하증권을 요구하였으면 다음의 날짜가 선적일자이다.

첫째, 선적선하증권은 B/L 발행일(단, 본선적재 부기가 있는 경우에는 그 부기일자)자가 선적일자이고

둘째, 본선적재선하증권은 B/L 발행 상의 본선적재 부기일자가 선적일자가 된다.

이러한 선적일자가 문제되는 경우는 서류제시기간 또는 어음만기일 계산의 경우 선적일자 또는 서류발행일로부터 며칠 내에 제시하거나 만기일이 된다고 표시하고 있는 경우가 많으므로 선적일자가 언제인가가 중요하기 때문이다.

5.5 비유통해상운송장

Article 21. Non-Negotiable Sea Waybill

a. A non-negotiable sea waybill, however named, must appear to :

i . indicate the name of the carrier and be signed by :

· the carrier or a named agent for or on behalf of the carrier, or the master or

· a named agent for or on behalf of the master.

Any signature by the carrier, master or agent must be identified as that of the carrier, master or agent.

Any signature by an agent must indicate whether the agent has signed for or on behalf of the carrier or for or on behalf of the master.

ii. indicate that the goods have been shipped on board a named vessel at the port of loading stated in the credit by :

· pre-printed wording, or

· an on board notation indicating the date on which the goods have been shipped on board.

The date of issuance of the non-negotiable sea waybill will be deemed to be the date of shipment unless the non-negotiable sea waybill contains an on board notation indicating the date of shipment, in which case the date stated in the on board notation will be deemed to be the date of shipment.

If the non-negotiable sea waybill contains the indication "intended vessel" or similar qualification in relation to the name of the vessel, an on board notation indicating the date of shipment and the name of the actual vessel is required.

iii. indicate shipment from the port of loading to the port of discharge stated in the credit.

If the non-negotiable sea waybill does not indicate the port of loading stated in the credit as the port of loading, or if it contains the indication "intended" or similar qualification in relation to the port of loading, an on board notation indicating the port of loading as stated in the credit, the date of shipment and the name of the vessel is required. This provision applies even if loading on board or shipment on a named vessel is indicated by pre-printed wording on the non-negotiable sea waybill.

iv. be the sole original non-negotiable sea waybill or, if issued in more than one original, be the full set as indicated on the non-negotiable sea waybill.

v. contain terms and conditions of carriage or make reference to another source containing the terms and conditions of carriage (short form or blank back non-negotiable sea waybill). Contents of terms and conditions of carriage will not be examined.

vi. contain no indication that it is subject to a charter party.

b. For the purpose of this article, transshipment means unloading from one vessel and reloading to another vessel during the carriage from the port of loading to the port of discharge stipulated in the credit.

c. i. a non-negotiable sea waybill may indicate that the goods will be transshipped provided that the entire carriage is covered by one and the same non- negotiable sea waybill.

ii. A non-negotiable sea waybill indicating that transshipment will or may take place is acceptable even if the credit prohibits transshipment, if the goods are shipped in a container, trailer or LASH barge as evidenced by the non-negotiable sea waybill.

d. Clauses in a non-negotiable sea waybill stating that the carrier reserves the right to transship will be disregarded.

제21조 비유통 해상운송장

a. 비유통 해상운송장은 명칭에 불문하고 다음과 같이 표시되어야한다.

i. 운송인의 명칭을 표시하고 다음과 같은 사람에 의하여 서명되어야 한다.

- 운송인 또는 운송인을 위하여 또는 운송인을 대리하여 명칭을 표시한 대리인
- 선장 또는 선장을 위하여 또는 선장을 대리하여 명칭을 표시한 대리인

운송인, 선장 또는 대리인의 서명은 운송인, 선장 또는 대리인임을 표시하여 그 서명이 구분되어야 한다. 대리인의 서명은 그 대리인이 운송인을 위하거나 운송인을 대리하여 또는 선장을 위하거나 선장을 대리하여 서명한 것인지 표시하여야 한다.

ii. 물품이 다음에 의하여 신용장에 명시된 선적항에서 지정된 선박의 본선에 적재되었는지를 표시하여야 한다.

- 미리 인쇄된 문언에 의하거나
- 물품이 본선에 적재된 날짜를 지정한 본선 적재표시.

비유통 해상운송장의 발행일자는 선적일자로 간주된다. 그러나 비유통 해상운송장이 선적일자를 표시한 본선적재표시를 포함하고 있을

경우에는 그 본선적재표시에 언급된 일자가 선적일자로 간주된다. 만약에 비유통 해상운송장이 선박명에 관하여 “예정된 선박(intended vessel)” 또는 유사한 표시를 하고 있는 경우에 선적일자를 표시하고 실재 선박명을 표시한 본선적재 표시가 요구된다.

iii. 신용장에 규정된 선적항으로부터 하역항까지 선적을 표시해야 한다. 만약에 비유통 해상운송장이 선적항으로 신용장에 규정된 선적항을 표시하고 있지 않거나 또는 선적항에 관하여 “예정된(intended)” 또는 유사한 표시를 포함하고 있는 경우에는 신용장에 규정된 선적항 선적일자와 선박명을 표시된 본선적재표시가 요청된다.

이 조항은 비록 지정된 선박에 본선적재나 선적이 비유통 해상운송장에 사전 인쇄된 문언에 의하여 표시된 경우에도 적용된다.

iv. 단 하나의 비유통 해상운송장이나 하나 이상의 원본이 발행된 경우에는 비유통 해상운송장에 표시된대로 전통(full set)이어야 한다.

v. 운송에 관한 조건을 포함하고 있거나 운송의 조건에 포함된 또 다른 근거(약식형태나 뒷면 백지 비유통 해상운송장)를 참조하도록 표시되어 있는 경우에는 운송의 조건의 내용은 심사하지 않는다.

vi. 비유통 해상운송장에 용선계약에 근거한다는 표시가 없어야 한다.

b. 이 조항에 있어서 환적은 신용장에 규정된 선적항으로부터 하역항까지 운송 중에 한 선박으로부터 하역하여 또 다른 선박에 재선적하는 것을 의미한다.

c. i. 비유통 해상증권은 만약에 전 운송이 하나의 그리고 동일한 해상운송장에 의하여 실행된다면 물품이 환적될 것이라는 것을 표시할 수 있다.

ii. 비록 신용장이 환적을 금지하고 있더라도 물품이 비유통 해상운송장에 나타난 대로 컨테이너, 트레일러나, 혹은 래시바지선으로 선적된 경우에는 환적이 되거나 될 수 있다고 표시된 비유통 해상운송장은 수리될 수 있다.

d. 운송인이 환적할 권리를 갖고 있다는 것이 언급된 비유통 해상운송장의 조항은 무시된다.

해설

1. 해상운송장의 의의

해상운송장(sea waybill)이란 근래 유럽 스칸디나비아, 북미 및 극동 일부지역에서 사용되기 시작한 해상운송서류 또는 해상운송을 포함한 복합운송서류로서 사용할 수 있는 유가증권이 아닌 기명식으로 발행되는 비유통운송증권이다.

운송방법이 해상운송 또는 해상운송을 포함하는 복합운송이라는 점을 제외하고는 항공운송장과 거의 같은 화물수취증으로 운송인과 송화인 사이의 운송계약을 증빙하는 서류이다.

이 해상운송장은 수하인이 목적지의 선박회사 대리점에서 수하인 신분만 확인이 되면 물건을 찾을 수 있고 기명식으로 발행됨으로 해서 유통이 불가능한 단순한 화물수취증에 불과하다. 따라서 신속한 물품인도, 초과정박 등을 방지할 수 있고 EDI 거래에 쉽게 이용될 수 있으므로 향후 이용이 급증할 것으로 본다.

일반 해상선하증권과는 달리 권리증권이 아니므로 진본확인과 권리이동 관계에 대한 진정성 확인이 불필요하므로 전자거래에 많이 사용될 것이다.

2. **해상운송장의 수리요건**

신용장에서 운송서류로서 항구 간 운송을 나타내는 해상운송장을 요구하였을 경우, 그 수리요건은 이미 설명한 통일규칙 제20조(선하증권)와 똑같다. 다만, 해상운송장은 복합운송에도 사용될 수 있으므로 항구 간 운송에 있어서 해상운송장을 요구하는 신용장거래에서 수리되려면 신용장에서 명시한 선적항부터 양륙항까지 반드시 해상운송 되어야 한다.

다만, 선적 이전과 양륙 이후에는 다른 운송방법을 사용할 것이라는 표시가 있어도 당연히 수리할 수 있다.신용장상 구체적인인 수리요건은 다음과 같다.

1) 명칭에 관계없다

신용장에 비유통 해상운송장을 요구하고 있다면 그 명칭이 반드시 sea way bill로 표시될 필요가 없이 그 내용이 해상운송장의 성질을 가지고 있으면 충분하다.

2) 운송인 또는 선장, 그 대리인의 명칭표시와 서명

해상운송장을 발행하는 운송인, 선장 또는 그 대리인의 명칭을 표시하여야 하고 그 자격 즉 운송인(carrier), 선장(master) 또는 그 대리인(As agent for) 등을 표시하여야 한다. 특히 대리인에 의한 해상운송장의 발행의 경우에는 대리인의 명칭, 대리한다는 표시 외에도 운송인 또는 선장의 명칭과 자격도 표시되어야 한다. 다만 운송인의 경우에는 해상운송장에 인쇄된 문언으로 그 명칭이 표시되어 있을 경우에는 그 자격(carrier)의 표시만으로 충분하다는 것이 I.C.C의 견해이다.

3) 물품의 본선적재표시가 있어야 한다.

본선적재표시 방법은 증권 상에 사전에 인쇄된 문언에 의하여 선적선하증권임을 표시하든지 또는 단순히 수취한 후 발행되는 수취선하증권을 경우에는 증권 상에 선적일자와 함께 본선적재표시 스탬프 등 부기 방법으로 할 수 있다.
증권 상에 선박명에 관하여 "예정된(intended)" 또는 이와 유사한 표시가 있을 경우에는 본선적재표시상에 실제 선적된 선박명의 표시가 있어야 한다. 즉 이때는 선적일자, 선박명 그리고 본선적재표시 스탬프가 있어야 한다.
선적항에 관하여 신용장에 규정된 선적항을 표시하지 않든가 선적항에 "예정된(intended)" 또는 그 유사한 표시가 있을 경우에는 신용장에 나타난 선적항, 선적일자 그리고 선박명을 표시한 본선적재 표시가 있어야 한다. 이 조항은 사전 인쇄된 문언에 의한 선적 선하증권의 경우에도 본선적재표시에 적용된다.

4) 원본전통의 제시
단 하나의 비유통해상운송장이나 하나 이상의 원본이 발행된 경우에는 발행된 원본전통이 제시되어야 한다.

5) 약식증권의 수리
운송에 관한 조건을 포함하고 있거나 운송인의 조건에 포함된 또 다른 근거(약식형태나 뒷면공백 해상운송장)를 참조하도록 표시된 경우에도 수리된다. 이때는 그 근거가 되는 운송에 관한 조건의 내용은 심사하지 않는다.

6) 용선계약에 근거한다는 표시
용선계약에 근거하여 발행되는 해상운송장은 제외된다.

7) 환적조항
신용장에 환적금지조항이 없는 경우에는 전 운송이 하나의 그리고 동일한 해상운송장에 의하여 실행될 경우에는 "환적될 것이다."라는 표시가 있어도 수리된다. 그러나 화물이 컨테이너, 트레일러 혹은 래시바지선으로 선적될 경우에는 신용장에 환적금지조항이 있더라도 환적될 것이라는 표시가 있는 해상운송장이 수리된다. 운송인이 환적할 권리는 유보하고 있다는 증권상의 조항은 무시된다.

3. 해상선하증권 대신에 해상운송장의 제시
신용장에서 해상선하증권(ocean B/L)을 요구하였을 경우 신용장에서 별도로 허용하지 않았다면 해상운송장을 대신 제시할 수 없다. 왜냐하면 해상선하증권은 유가증권이고 해상운송장은 단순한 화물수취증에 불과하기 때문이다.

4. 해상운송장통일규칙

국제해사법회(CMI : Comite' Maritime International)은 1990년에 파리에서 열린 만국해사법회 총회에서 해상운송장통일규칙을 채택하였다. 이 규칙은 계약자유의 원칙에 의해 각 해상운송인이 통일규칙의 일부 또는 전부를 운송계약에 포함시켜 자율적으로 채택할 수 있게 되어 있다.

5. 해상운송장이 가능한 거래

이 해상운송장은 본지사간 거래, 해상교역 즉 바다에서 직접 물품 판매하는 거래, 원양어선의 거래, 신뢰관계가 있는 매매계약자간의 거래 등에서 사용될 것이다. 신용장 개설은행은 자기은행을 수하인으로 한 신용장을 개설하여, 실제 수하인인 신용장 개설의뢰인이 개설은행에 대금을 지급하면, 물품인도지시서(release order)를 교부하여, 신용장 개설의뢰인이 운송인으로부터 물품을 직접 인도 받을 수 있게 하고 있다.

5.6 용선계약선하증권

Article 22. Charter Party Bill of Landing

a. A charter party bill of lading, however named, which contains an indication that it is subject to a charter party, must appear to :

i. be signed by :

- the master or a named agent for or on behalf of the master, or
- the owner or a named agent for or on behalf of the owner, or
- the charterer or a named agent for or on behalf of a charterer.

Any signature by the master, owner, charterer or agent must be identified as that of the master, owner, charterer or agent.

Any signature by an agent must indicate whether the agent has signed for or on behalf of the master, owner or charterer.

An agent signing for or on behalf of the owner or a charterer must indicate the name of the owner or a charterer.

ii. indicate that the goods have been shipped on board a named vessel by :

· pre-printed wording, or

· an on board notation indicating the date on which the goods have been shipped on board.

The date of issuance of the charter party bill of lading will be deemed to be the date of shipment unless the charter party bill of lading contains an on board notation, indicating the date of shipment in which case the date stated in the on board notation will be deemed to be the date of shipment.

iii. indicate shipment from the port of loading to the port of discharge stated in the credit. The port of discharge may also be shown as a range of ports or a geographical area, as stated in the credit.

iv. be the sole original charter party bill of lading or, if issued in more than one original, be the full set as indicated on the charter party bill of lading.

b. A bank will not examine charter party contracts even if they are required to be presented by the terms of the credit.

제22조 용선계약부 선하증권

a. 용선계약부 선하증권은 명칭에 불구하고 용선계약에 의한다는 표시를 포함하고 있으며, 다음과 같이 표시되어야 한다.

i. 다음과 같은 사람에 의하여 서명되어야 한다.

- 선장이나 선장을 위하여 또는 선장을 대리하는 명칭을 표시한 대리인
- 선주나 선주를 위하여 또는 선주를 대리하는 명칭을 표시한 대리인
- 용선인이나 용선인을 위하여 또는 용선인을 대리하는 명칭을 표시한 대리인
- 선장, 선주, 용선인이나 대리인의 서명은 선장, 선주, 용선인이나 대리

인임을 표시하여 구분될 수 있어야 한다.

대리인의 서명은 그 대리인이 선장, 선주나 용선인을 위하여 또는 대리하여 서명하였다는 것을 표시해야 한다.

ii. 물품은 다음과 같이 지정된 선박에 본선적재 되었다는 것을 표시하여야 한다.

- 사전 인쇄된 문언이나
- 물품이 본선에 적재된 날짜를 표시한 본선적재표시.

용선계약부 선하증권의 발행일자는 선적일자로 간주된다. 그러나 용선계약부 선하증권이 선적일자를 표시한 본전적재표시를 포함하고 있을 경우에는 본선적재 표시에 언급된 일자가 선적일자로 간주한다.

iii. 신용장에 명시된 선적항으로부터 하역항까지 선적을 표시하여야 한다. 하역항의 표시는 신용장에 명시된 대로 어느 항구의 범위, 지리적 장소로 표시될 수 있다.

iv. 하나의 유일한 원본이나 용선계약부 선하증권이나 하나 이상의 원본이 발행된 경우에 용선계약부 선하증권에 표시된 대로 전통(full set)이어야 한다.

b. 은행은 용선계약부 선하증권이 신용장의 조건에 의하여 제시되었다고 하더라도 용선계약서는 심사하지 않는다.

해설

1. 용선계약 선하증권의 뜻

용선계약 선하증권이란 화물의 적재선박이 다른 선주로부터 빌린 선박(용선)의 경우에 발행되는 선하증권을 말한다. 용선선하증권은 B/L 뒷면에 약관이 기재되지 않은 약식선하증권 양식을 사용하는 경우가 많다. 물론 다른 형태의 용선선하증권 양식도 사용되고 있다.

용선에는 하주용선과 운송인용선이 있다. 하주용선이란 수출자 또는 수입자가 선복(ship's space)을 이용할 목적으로 맺는 운송계약(contract of affreightment)인 용선계약이다.

하주는 원유, 철광성, 석탄 등의 대량화물을 수송하는 경우에 용선을 하게 된다. 운송인용선이란 운송인이 자기소유의 선박에 화물을 다 실을 수 없을 때 용선을 하는 것을 말한다. 해운업계에서 일반적으로 말하는 용선계약은 운송인 용선계약이다.

2. 용선계약 선하증권의 수리요건

첫째, B/L에 용선계약에 따른다는 표시가 있어야 한다.

둘째, 선장, 선장의 대리인, 선주, 선주의 대리인 또는 용선인, 그 대리인이 서명하거나 확인하여야 한다. 선장, 선주 또는 용선인의 서명이나 진정성 증명은 그것이 선장, 선주 또는 용선인임을 밝힐 수 있어야 한다. 대리인이 서명하거나 확인할 때에는 그가 대행하고 있는 선장이나 선주 또는 용선인의 성명과 자격을 표시하여야 한다. 이번 6차 개정에서 용선인 또는 그 대리인에 의하여 서로 선하증권을 발행할 수 있게 개정되었다.

셋째, 운송인명칭을 반드시 기재할 필요는 한 것이 아니다. 이렇게 규정하게 된 이유는 용선계약에 의한 운송계약은 선하증권에 의해서만 성립되는 것이 아니고 용선계약도 포함하고 있으며, 용선계약서에 운송인명칭이 기재되는 경우가 많기 때문이다.

넷째, 상품이 지명된 선박에 선적 또는 본선적재 되었다는 표시가 있어야 한다. 본선적재표시는 사전 인쇄된 문언이나 날짜를 표시한 본선적재표시로 한다.

다섯째, L/C에 명시된 선적항과 하역항을 표시하여야 한다. 하역항의 표시는 신용장에 규정된 어느 항구의 범위, 또는 지리적 장소로 표시될 수 있다. 하역항의 표시를 이와 같이 특정항구가 아닌 일정한 범위와 장소를 표시해도 가능한 것으로 한 것이 이번 6차 개정의 내용이다. 이는 하역항을 특정 시키지 않고도 운송증권을 발행할 수 있도록 하였다.

여섯째, 한 통의 선하증권 원본 또는 원본이 한 통 이상 발급된다면, 발급된 원본 전통(fullset)을 제시해야 한다.

일곱째, 기타 L/C의 다른 모든 명시사항을 충족시켜야 한다.

여덟째, 용선계약 선하증권의 경우 용선계약서 내용은 은행이 심사하지 않는다.

3. 해상선하증권과 용선계약 선하증권의 차이점

1) 선주 또는 그 대리인이 발행한 운송서류도 수리된다. 그리고 용선인 또는 그 대리인이 발행한 운송서류도 포함된다.
2) 운송인의 명칭표시가 반드시 필요한 것은 아니다.
3) 선적항과 다른 수탁지, 하역항과 다른 최종목적지 표시가 인정되지 않는다.
4) 예정된 선박(intended vessel), 예정된 선적항(intended loading port)의 표시는 인정되지 않는다.

5) 환적관련 조항이 없다. 용선계약 선하증권에서는 신용장에 환적금지 조항이 있으면 어떠한 경우에도 환적이 인정되지 않는다.

5.7 항공운송서류

Article 23. Air Transport Document

a. An air transport document, however named, must appear to

i. indicate the name of the carrier and be signed by

· the carrier, or

· a named agent for or on behalf of the carrier.

Any signature by the carrier or agent must be identified as that of the carrier or agent.

Any signature by an agent must indicate whether the agent has signed for or on behalf of the carrier.

ii. indicate that the goods have been accepted for carriage.

iii. indicate the date of issuance. This date will be deemed to be the date of shipment unless the air transport document contains a specific notation of the actual date of shipment, in which case this date will be deemed to be the date of shipment.

Any other information appearing on the air transport document relative to the flight number and date will not be considered in determining the date of shipment.

iv. indicate the airport of departure and the airport of destination stipulated in the credit.

v. be the original for consignor or shipper, even if the credit stipulates a full set of originals.

vi. contain terms and conditions of carriage or make reference to another source containing the terms and conditions of carriage. Contents of terms and conditions of carriage will not be examined.

b. For the purpose of this article, transshipment means unloading from one aircraft and reloading to another aircraft during the carriage from the airport of departure to the airport of destination stipulated in the credit.

c. i . An air transport document may indicate that the goods will or may be transshipped, provided that the entire carriage is covered by one and the same air transport document.

ii. An air transport document indicating that transshipment will or may ta place is acceptable, even if the credit prohibits transshipment.

제23조 항공운송서류

a. 항공운송서류는 그 명칭에 불구하고 다음과 같이 표시되어야 한다.

i . 운송인의 명칭을 표시하거나 다음과 같은 사람에 의하여 서명되어야 한다.

- 운송인 또는
- 운송인을 위하여 또는 대리한 명칭을 표시한 대리인

운송인이나 대리인에 의한 서명은 운송인 또는 대리인을 표시하여 구분되어야 한다.

대리인에 의한 서명은 그 대리인이 운송인을 위하여 또는 대리하여 서명하였는지를 표시하여야 한다.

ii. 물품은 운송을 위하여 수령되었다는 것을 표시하여야 한다.

iii. 발행일자를 표시하여야 하며 이 날짜는 선적일자로 간주된다. 그러나 항공운송서류가 실제 선적일자의 특별한 표시를 포함하고 있는 경우에는 이 날짜가 선적일자로 간주된다.

항공번호와 일자에 관한 항공운송서류에 나타난 또 다른 정보는 선적일자를 결정하는데 고려되지 않는다.

iv. 신용장에 기재된 출발공항과 도착공항을 표시하여야 한다.

v. 비록 신용장이 원본 전통(full set)을 규정하고 있더라도 송하인 또는 선적인용 원본이어야 한다.

vi. 운송의 조건을 포함하고 있거나 운송의 조건에 포함된 또 다른 근거를 참조하도록 표시된 경우에는 운송의 조건의 내용은 심사하지 않는다.

b. 이 조항에서 환적은 신용장에 규정된 출발공항에서 도착지 공항까지 운송 중에 한 항공기로부터 하역하여 또 다른 항공기로 재선적하는 것을 의미한다.

c. i. 항공운송 서류는 전체운송이 하나의 동일한 항공운송서류에 의하여 수행될 경우에는 물품이 환적이 일어나거나 일어날 수 있다고 표시할 수 있다.

ii. 비록 신용장에서 환적이 금지되고 있더라도 환적이 되거나 될 수 있다고 표시된 항공운송서류는 수리될 수 있다.

해설

1. **항공운송장의 특성**

1) 항공운송장은 항공기에 화물의 탑재를 증명하는 것은 아니다.

국제항공운송에 관한 와르소조약(Warsaw Convention)에서는 “항공운송장은 반증이 없는 한, 계약의 체결, 화물의 수탁 및 운송조건에 관한 증명력이 있다”고 규정하고 있다. 따라서 항공운송장은 선적운송증권이 아니고 수취운송증권이다.

2) 항공운송장은 유가증권이 아니고 단순한 화물수취증에 불과하다. 따라서 양도 불가능하고 항공운송장의 양도가 화물의 양도를 의미하지 않는다.

3) 항공운송장은 기명식으로 발행된다.

수화인란에 수입회사 또는 개설은행명을 기재하고 지시식으로 발행되어서는 안 된다.

4) 항공운송장의 종류는 다음과 같다.

(1) Master Air waybill 은

발송인이 수출자(송하인)으로 된 항공운송장이고

(2) House Air waybill 은

발송인이 수출자가 아닌 운송중개인(consolidator) 명의로 발행된 항공운송장이다.

5) 항공운송장과 선하증권의 차이점

항 공 운 송 장	해 상 선 하 증 권
단순한 운송화물의 수취증	유가증권
수하인을 기명식으로만 기재할 수 있기 때문에 배서나 교부에 의해서 수하인의 권리가 양도될 수 없다.	수하인을 지시식과 소지인식으로 기재할 수 있기 때문에 배서나 교부에 의해서 수하인의 권리가 양도 가능하다.
수취식(received bill) 이다.	수취식(received B/L)인 경우도 있으나 일반적으로 본선적재식(on board B/L)이다.

2. 항공운송장의 수리요건

1) 운송인의 명칭이 표시되고 운송인 또는 그 대리인에 의하여 서명 또는 확인되어야 한다.

   운송인의 모든 서명이나 확인은 운송인임을 밝혀야 한다. 운송인을 대리해서 서명하거나 확인하는 대리인도 그가 대행하고 있는 당사자 즉 운송인의 명칭과 자격을 표시하여야 한다.

   따라서 단순한 운송중개인이 발행한 운송서류(house air waybill)은 신용장에 허용되지 않는 한 수리될 수 없다.

2) 화물이 운송을 위해서 수령되었음을 표시하여야 한다.

   항공운송서류는 화물이 항공기에 탑재되었다는 것을 증명하는 서류가 아니기 때문에 신용장에 별도의 명시가 없다면 항공운송서류에 화물이 수령된 사실만 표시되면 수리할 수 있고, 비행기에 탑재된 것을 표시할 필요가 없다.

3) 신용장에 실제의 발송일자를 요구하였다면 이러한 날짜의 명확한 표시가 있어야 한다.

   여기서 항공편 번호 및 날짜와 관련해서 항공운송서류의 "운송업자용" 해당란에 기재된 정보는 발송일자의 명확한 표시로 간주하지 않는다. 왜냐하면 그것은 운송인의 내부통제용에 불과하므로 운송서류에 표시된 어떤 사항을 변경시키거나 추가시키는 것이 아니기 때문이다.

4) 신용장에 명시된 출발공항과 도착공항을 표시하여야 한다.

5) L/C가 원본 전통을 요구하더라도 송하인용 또는 수하인용 원본 1통만 제시하면 된다.

   왜냐하면 이미 설명한 바와 같이 항공운송서류는 원본이 3통 발행되더라도 송하인은 송하인용 또는 선적인용 원본 1통만 교부 받으므로 원본 전통을 제시하는 것은 불가능하기 때문이다.

6) 운송조건의 전부 또는 일부를 항공운송서류 이외의 다른 근거 또는 서류를 참조하라고 표시한 항공운송서류도 수리할 수 있다. 그러나 은행은 이러한 조건을 심사할 의무는 없다.
7) 신용장의 다른 모든 명시사항을 충족시켜야 한다.

3. **선적일자**

원칙적으로 항공운송서류에 표시된 발송일자를 선적일자로 간주한다. 그러나 신용장에 실제의 발송일자를 요구하였다면 항공운송서류에 표시된 발송일자를 선적일자로 간주한다.

단, 항공운송서류의 "운송업자용" 해당란에 기재된 날짜는 발송일자로 간주하지 않는다. 항공운송서류상에 실제 선적일자를 특별히 표시하고 있을 때는 이 날짜가 선적일자로 간주된다.

4. **L/C의 환적금지조건**

항공운송은 직항노선이 많지 않은 관계로 기본적으로 환적을 전제로 한다. 따라서 L/C가 환적을 금지하더라도 전체 운송이 하나의 그리고 동일한 항공운송서류로 이행되면 환적이 허용된다.

그럼에도 불구하고 신용장 개설의뢰인이 환적을 금지하려면, L/C에 신용장통일규칙 제23조 C항의 적용을 배제시키면서 환적을 금지시켜야 한다.

5.8 도로, 철도 또는 내륙수로 운송서류

Article 24. Road, Rail or Inland Waterway Transport Documents

a. A road, rail or inland waterway transport document, however named, must appear to :
   i. indicate the name of the carrier and
      · be signed by the carrier or a named agent for or on behalf of the carrier,

or

· indicate receipt of the goods by signature, stamp or notation by the carrier or a named agent for or on behalf of the carrier.

Any signature, stamp or notation of receipt of the goods by the carrier or agent must be identified as that of the carrier or agent.

Any signature, stamp or notation of receipt of the goods by the agent must indicate that the agent has signed or acted for or on behalf of the carrier.

If a rail transport document does not identify the carrier, any signature or stamp of the railway company will be accepted as evidence of the document being signed by the carrier.

ii. indicate the date of shipment or the date the goods have been received for shipment, dispatch, carriage at the place stated in the credit. Unless the transport document contains a dated reception stamp, an indication of the date of receipt or a date of shipment, the date of issuance of the transport document will be deemed to be the date of shipment.

iii. indicate the place of shipment and the place of destination stated in the credit.

b. i. A road transport document must appear to be the original for consignor or shipper or bear no marking indicating for whom the document has been prepared.

ii. A rail transport document marked "duplicate" will be accepted as an original.

iii. A rail or inland waterway transport document will be accepted as an original whether marked as an original or not.

c. In the absence of an indication on the transport document as to the number of originals issued, the number presented will be deemed to constitute a full set.

d. For the purpose of this article, transshipment means unloading from one means of conveyance and reloading to another means of conveyance, in different modes of transport, during the carriage from the place of shipment to the place of destination stipulated in the credit.

e. i . A road, rail or inland waterway transport document may indicate that the goods will or may be transshipped provided that the entire carriage is covered by one and the same transport document.

ii. A road, rail or inland waterway transport document indicating that transshipment will or may take place is acceptable, even if the credit prohibits transshipment.

제24조 도로, 철도, 또는 내륙 수로 운송서류

a. 도로, 철도 또는 내륙수로 운송서류는 명칭에 불구하고 다음과 같이 표시되어야 한다.

i . 운송인의 명칭이 표시되어야 하고

- 운송인이나 운송인을 위해서 또는 대리하여 명칭을 기재한 대리인에 의하여 서명되었거나 또는
- 운송인이나 운송인을 위해서 또는 대리하여 명칭을 기재한 대리인에 의한 서명, 스탬프 또는 부기에 의하여 물품의 수령을 표시하여야 한다.
  운송인 또는 대리인에 의한 서명, 스탬프 또는 상품수령의 표시는 그 운송인이나 대리인임을 표시하여 구분될 수 있어야 한다.
  대리인에 의한 서명, 스탬프나 상품수령의 표시는 그 대리인이 운송인을 위하여 또는 대신하여 서명하였거나 행하였다는 것을 나타내야 한다.
  만약에 철도운송서류가 운송인을 표시하지 않고 있다면, 철도회사의 서명이나 스탬프로서 운송인에 의하여 서명된 서류의 증거로서 수리된다.

ii. 선적일자나 신용장에서 명시된 장소에서 물품이 선적, 발송, 운송을 위하여 수령되었다는 일자를 표시하여야 한다. 그러나 운송서류에 일자를 표시한 수령 스탬프, 수령일자 표시나 선적일자가 없다면 운송서류의 발행일자가 선적일자로 간주된다.

iii. 신용장에 명시된 선적장소와 목적장소를 표시하여야 한다.

b. i. 도로운송서류는 송하인이나 선적인용 원본으로 표시되어야 하나 누구를 위하여 그 서류가 준비되었는지를 나타내는 표시는 없을 수도 있다.
ii. 부본(duplicate)라고 표시된 철도운송서류는 원본으로 수리된다.
iii. 도로, 철도 내륙 수로 운송서류는 원본 표시 유무에 불구하고 원본으로 간주된다.

c. 운송서류상에 발행된 원본의 부수가 표시되지 않은 경우에는 제시된 부수가 전통(full set)으로 간주된다.

d. 이 조항에서 환적은 신용장에 규정된 선적장소로부터 목적장소까지 운송 중에 하나의 운송수단으로부터 하역하여 또 다른 운송수단에 재선적하는 것을 의미한다.

e. i. 도로 철도 내지 내륙수로운송서류는 전체운송이 하나의 동일한 운송서류에 의하여 수행된다면 물품이 환적이 되거나 될 수 있다는 표시를 할 수 있다.
ii. 비록 신용장에서 환적을 금지하고 있더라도 환적이 되거나 될 수 있다는 표시를 하고 있는 도로, 철도 내륙수로운송서류는 수리될 수 있다.

해설

1. 철도 · 도로 · 내륙수로 운송서류의 수리요건

1) 운송인의 명칭이 표시되고 운송인 또는 그 대리인에 의한 서명, 확인이 되어야 한다. 대리인에 의한 서명은 그 명칭을 표시하여야 하고 대행하는 당사자인 운송인의 명칭과 자격이 표시되어야 한다.

물품수령 표시는 운송인이나 그 대리인에 의하여 서명, 스탬프, 또는 수령 표시로서 나타내야 한다.

운송인이나 그 대리인에 의한 물품수령표시는 운송인이나 그 대리인임을 구분하여 표시하여야 한다. 대리인에 의한 물품수령표시는 운송인을 위하여 또는 운송인을 대리하여 행하여진 것을 나타내야 한다. 다만 철도 운송서류의 경우에는 철도회사의 서명이나 스탬프로서 운송인이 서명한 운송서류로서 수리된다. 철도회사 명칭이 없더라도 철도회사의 서명 또는 스탬프로서 충분하다.

2) 물품이 선적, 발송 또는 운송을 위하여 수취되었거나 이와 유사한 문언에 의하여 수령되었다는 일자를 표시하여야 한다. 그러나 운송서류에 일자를 표시한 수령

스탬프, 수령일자 표시나 선적일자가 없다면 운송서류의 발행일자가 선적일자로 된다.

3) 기타 신용장의 명시적인 조건을 충족한 서류

4) 신용장에 규정된 선적장소와 도착장소를 표시하여야 한다.

2. 원본 전통 제시

운송서류 발행부수의 표시가 없을 때에는 은행에 제시된 것을 전통(full set)으로 보고 수리한다.

운송서류는 원본표시 유무에 불구하고 원본으로 수리한다. 이는 신용장 거래상 특칙으로서 원칙적으로 원본표시가 없는 것은 사본으로 보아야 하는데, 도로 · 철도 · 내지수로 운송서류의 경우는 원본표시 유무에 불구하고 원본으로 본다고 한 것이다.

운송서류는 송하인 선적인용 등 그 대상용도를 표시하여야 하나 그 대상용도 없이 발행될 수 있다.

3. 환적

전 운송구간이 하나의 동일한 운송서류로 구성되어 있을 경우에는 신용장에 환적을 금지하는 문언이 있더라도 환적이 허용된다. 환적이 금지되어 있더라도 환적될 수 있다는 표시를 한 운송서류도 수리될 수 있다.

5.9 특사배달, 우편수취증 또는 우편증명서

Article 25. Courier Receipt, Post Receipt or Certificate of Posting

a. A courier receipt, however named, evidencing receipt of goods for transport, must appear to :

i . indicate the name of the courier service and be stamped, signed states by the named courier service at the place from which the credit stipulates the goods are to be shipped and

ii. indicate a date of pick-up or of receipt or wording to this effect. This date will be deemed to be the date of shipment.

b. A requirement that courier charges are be paid or prepaid, may be satisfied by a transport document issued by a courier service evidencing that courier charges are for the account of a party other than the consignee.

c. A post receipt or certificate of posting, however named, evidencing receipt of goods for transport, must appear to be stamped, signed and dated in the place from which the credit states the goods are to be shipped. This date will be deemed to be the date of shipment.

제25조 특사배달 수취증, 우편수취증 또는 우편증명서

a. 특사배달 수취증은 그 명칭에 불구하고 우송을 위하여 화물을 수령하였다는 증거를 다음과 같이 표시하여야 한다.

i. 특사배달업체의 명칭을 표시해야 하고 기명된 특사배달업체에 의하여 신용장에 명시된 장소에서 화물이 선적될 것이라는 것을 스탬프 하거나, 서명되어야 한다. 그리고,

ii. 집배 또는 수령 또는 이러한 사실을 기재한 문언의 일자를 표시해야 하며, 이 날짜가 선적일자로 간주된다.

b. 신용장이 특사배달 수수료가 지불이 되었거나 지불 될 것을 요구하고 있다면, 특사배달 수수료가 수하인 이외의 당사자 부담이라고 표시하는 특사배달업체가 발행한 운송서류에 의하여 충족될 수 있다.

c. 우편수취증 또는 우편증명서는 명칭에 불구하고 운송을 위하여 화물을 수령했다는 증거가 되며, 신용장에서 명시된 장소에서 화물이 선적될 것이라는 것을 스탬프하거나 서명하거나 일부 표시가 되어야 하며, 이 날짜가 선적일자로 간주된다.

해설

1. **우편수취증 또는 우편증명서**

우편수취증은 은행(개설은행) 또는 수입자에게 송부될 소포에 대하여 우체국이 발행한 수취증이다. 여기에는 신용장에서 물품이 선적 또는 발송되도록 명시한 지점에서 발송일자를 나타내는 우체국의 스탬프와 송하인과 수하인의 주소 및 성명이 기재되어 있어야 한다.

신용장에서 항공우편으로 송부할 것을 요구한 경우에는 수취증에 'airmail'이라는 스티커가 붙어 있거나 'air parcel'이라는 스탬프가 찍혀 있어야 한다. 또한 신용장의 다른 명시사항을 충족시켜야 한다.

우편수취증의 스탬프 날자 또는 다르게 신용장에 규정된 장소에서 화물이 선적될 것임을 검인하고 일부 표시한 경우 그 날짜가 신용장 선적일자 또는 발송일자로 간주한다.

2. **특사배달 수취증**

신용장이 특사배달 또는 속달서비스업체가 발행한 서류를 요구한다면 신용장에 달리 명시되지 않은 한, 명칭에 상관없이 다음 서류를 수리한다.

첫째, 문면상 특사배달/속달서비스업체의 명칭을 표시하고 이러한 자기의 명칭을 표시한 특사배달/속달서비스업체가 스탬프날인, 서명 또는 달리 진정성 확인을 하여야 한다.

신용장이 특별히 지명된 특사배달/속달서비스업체가 발급한 서류를 요구하지 않으면, 어떠한 특사배달/속달서비스업체가 발행한 서류도 수리한다.

둘째, 수취일자의 표시가 있어야 한다. 특사배달업체의 수취일자(the date of receipt) 또는 집배일(the date of pick-up)은 선적일 또는 발송일자로 간주한다.

셋째, 신용장에 특사배달 수수료가 지불되었거나 지불될 것이라고 요구하고 있다면 은행은 특사배달 수수료가 수하인 이외의 당사자 부담이라고 표시하는 특사배달업체 발행운송서류를 수리한다.

타 신용장의 다른 모든 명시사항을 충족시켜야 한다.

5.10 갑판적재, 내용물부지조항과 추가운임조항

Article 26. "On Deck", "Shipper's Load and Count" Said by Shipper to Contain and Charges Additional to Freight

a. A transport document must not indicate that the goods are or will be loaded on deck. A clause on a transport document stating that the goods may be loaded on deck is acceptable.

b. A transport document bearing a clause such as "shipper's load and count" and "said by shipper to contain" is acceptable.

c. A transport document may bear a reference, by stamp or otherwise, to charges additional to the freight.

제26조 "갑판적재", "내용물 부지약관", "선적인의 신고내용에 따름" 그리고 운임에 대한 비용

a. 운송서류는 물품이 갑판상에 적재되었거나 될 것이라고 표시해서는 안 된다. 그러나 물품이 갑판상에 적재될 수도 있다고 표시한 운송서류상의 조항은 수리될 수 있다.

b. "선적인에 의한 적재 및 수량확인(shipper's load and count)" 그리고 "선적인에 의한 신고한 내용물에 따름(said by shipper to contain)"과 같은 조항을 표시한 운송서류는 수리될 수 있다.

c. 운송서류는 운임에 대한 추가요금에 대해서 스탬프나 또는 다른 방법으로 언급할 수 있다.

해설

1. 갑판적재 선하증권 또는 갑판적재 복합운송서류

해상운송 또는 해상운송을 포함한 복합운송에서 화물이 갑판에 적재되거나 적재될 것이라는 표시가 있는 운송서류는 신용장에서 허용하지 않으면 수리 거절된다. 본선 적재 운송서류에는 “the goods are loaded on dect”라는 표시가 되고, 수취운송서류에는 “the goods will be loaded on dect”라는 표시가 된다. 그러나 갑판적재 유보약관이 있는 운송서류는 수리된다. 갑판적재유보약관이란 갑판적재 되어 운송될 수도 있다는 운송약관이다.

2. **부지약관 운송서류**(unknown clause transport document)
운송서류에 “shipper's load and count”(선적인에 의한 적재수량 확인) 또는 “said by shipper to contain”(선적인에 의한 신고내용에 따름)이나 이와 유사한 문구가 있는 운송서류는 신용장에서 금지하는 문구가 없는 한 수리된다.

3. **추가운임 비용**
운송서류는 운임에 대한 추가요금에 대하여 스탬프나 다른 방법에 의하여 표시할 수 있다. 예를 들면 CIF F.I, CIF F.O, CIF, FIO, CIF berthterms 등으로 목적지까지의 운임에 추가하여 선적비용이나 하역비용을 추가하는 문언이 있는 경우이다. berthterms는 선적비용과 하역비용을 모두 운송인이 부담하는 조건이고, F · I(Free In) 조건은 선적비용은 화주가 부담하고 하역비용은 운송인이 부담한다. F · O(Free Out) 조건은 선적비용은 운송인이 부담하고 하역비용은 화주가 부담하고, F · I · O(Free In Out) 조건은 선적비용과 하역비용 모두 화주가 부담한다.

5.11 물품의 하자표시 없는 운송서류

Article 27. Clean Transport Document

A bank will only accept a clean transport document. A clean transport document is one bearing no clause or notation expressly declaring a defective condition of the goods or their packaging. The word "clean" need not appear on a transport document even if a credit has a requirement for that transport document to be "clean on board"

제27조 무고장운송서류

은행은 오로지 무고장운송만을 수리한다. 무고장운송서류는 물품이나 포장에 대한 하자상태를 분명히 나타내는 조항이나 부기가 없는 운송서류이다. "무고장(clean)"이라는 단어는 비록 신용장에서 그 운송서류가 "무고장본선적재(clean on board)" 될 것을 요구하고 있더라도 운송서류 상에 나타날 필요가 없다.

해설

1. **무고장운송서류** (clean transport document)

무고장운송서류란 물품 또는 포장에 하자가 있다는 표시가 없는 운송서류를 의미한다. 즉 운송서류상에 포장이나 물품의 손상이나 변형, 내용물 유출 등에 관한 하자사항에 대한 표시가 없는 운송서류를 말한다.

2. **상품 및 포장의 하자표시의 예**

다음과 같은 표시가 운송서류에 나타난 경우에는 고장부 운송서류(foul transport document)로 본다.

1) Contents leaking(내용물 누출)
2) Packaging soiled by contents(포장이 내용물에 의해서 오염)
3) Packaging broken/holed/torn/damaged(포장 손상)
4) Packaging contaminated(포장 오염)
5) Goods damaged/scrached(물품의 손상, 긁힘)
6) Goods chafed/torn/deformed
7) Packaging badly dented(포장의 심한 손상)
8) Packaging damaged-contents exposed(포장손상 내용물노출)
9) Insufficient packaging(불충분한 포장)

3. **무고장본선적재 운송서류**(clean on board transport document)

무고장본선적재 운송서류란 운송서류에 "clean on board"라는 표시를 할 필요는 없고 그 운송서류가 신용장통일규칙 제19조, 20조 21조, 22조, 23조, 24조 또는 25조를 충족시키면 된다.

간혹 은행에서 운송서류에 "clean on board"라는 문구를 표시하도록 요구하여 분쟁이 발생하는 예가 있으나 본 조는 이를 분명히 하여 별도로 운송서류상에 무고장(clean)표시가 없더라도 상기 조항의 요건을 충족시킨 경우는 무고장본선적재 운송서류로 본다고 하였다.

"무고장"(clean)이라는 단어는 신용장에서 그 운송서류가 "무고장본선적재"(clean on board)될 것을 요구하고 있더라도 운송서류상에 나타날 필요는 없다. 파손화물보상장(Letter of indemnity)이란 하자있는 화물에 대하여 운송 중 화물이 파손되어 운송인이 수하인에게 변상하였을 경우 송하인이 책임지고 운송인에게 변상하겠다는 약정서이다. 이러한 파손화물보상장을 제출하고 무고장 운송서류를 발급 받을 수 있는데 이 파손화물보상장은 경우에 따라서 무효가 될 수 있으므로 발급에 신중을 기해야 한다.

5.12 보험서류의 종류와 부보범위

Article 28. Insurance Document and Coverage

a. An insurance document, such as an insurance policy, an insurance certificate or a declaration under an open cover, must appear to be issued and signed by an insurance company, an underwriter or their agents or proxies.
any signature by on agent or proxy has signed for or on behalf of the insurance company or underwriter.

b. Where the insurance document indicates it has been issued in more than one original, all originals must be presented.

c. Cover notes will not be accepted.

d. An insurance policy is acceptable in lieu of an insurance certificate or a declaration under an open cover.

e. The date of the insurance document must be no later than the date of shipment, unless it appears from the insurance document that the cover is effective no later than the date of shipment.

f. i. The insurance document must indicate the amount of insurance coverage and be in the same currency as the credit.

ii. A requirement in the credit for insurance coverage to be for a percentage of the value of the goods, of the invoice value or similar is deemed to be the minimum amount of coverage required.

If there is no indication in the credit of the insurance coverage required, the amount of insurance coverage must be 110% of the CIF or CIP value of the goods.

When the CIF or CIP value cannot be determined from the documents, the amount of insurance coverage must be calculated on the basis of the amount for which honour or negotiation is requested, or the gross value of the goods as shown on the invoice, whichever is greater.

iii. The insurance document must indicate that risks are covered at least between the place of taking in charge or shipment and the place of discharge or final destination as stated in the credit.

g. A credit should state the type of insurance required and, if any, the additional risks to be covered. An insurance document will be accepted without regard to any risks that are not covered, if the credit uses imprecise terms such as "usual risks" or "customary risks".

h. Where a credit requires insurance against "all risks" and an insurance document is presented containing any "all risks" notation or clause, whether or not bearing the heading "all risks", the insurance document will be accepted without regard to any risks stated to be excluded.

i. An insurance document may contain reference to any exclusion clause.

j. An insurance document may indicate that the cover is subject to a franchise or excess(deductible).

제28조 보험서류 및 보험부담

a. 보험증권, 보험증서 또는 포괄예정보험계약에 의한 보험확인서는 보험회사 또는 보험인수업체, 또는 그 대리인이나 수탁자(proxies)들에 의하여 발행되고 서명되어야 한다. 대리인 또는 수탁자(proxies)에 의한 서명은 보험회사 또는 보험중개인을 대리하여 서명했는지의 여부를 표시하여야 한다.

b. 보험서류 상에 한 통 이상의 원본이 발행되었다는 표시가 있는 경우에는 모든 원본서류가 제시되어야 한다.

c. 보험중개업자의 부보각서(잠정적 보험영수증)는 수리되지 않는다.

d. 보험증권은 보험증서나 포괄보험계약에 의한 보험확인서를 대신하여 수리될 수 있다.

e. 보험서류의 일자는 선적일 보다 늦어서는 안 된다.
그러나 보험서류상에 보험의 최소한 부담이 선적일자 이전에 유효하다는 표시가 있으면 그러하지 아니하다.

f. ⅰ. 보험서류를 보험부담금액을 표시해야 하고 신용장과 동일한 통화로 표시 되어야 한다.

ⅱ. 신용장에서 보험의 부담에 대해서 물품가격, 송장가격 또는 이와 유사한 것의 부담가액의 백분율을 요구하고 있다면 그것은 요구된 보험부담의 최소한의 금액으로 간주된다.
만약에 신용장에서 보험부담금액의 요구표시가 없다면 보험부담 금액은 물품의 CIF 가격이나 CIP 가격의 110%가 되어야 한다.
운송서류로부터 CIF나 CIP 가격을 결정할 수 없을 때는 보험부담 금액은 요청된 결재(honour) 또는 매입금액이나 송장에 나타난 물품의 총가격 중에서 큰 금액을 기준으로 산출된다.

ⅲ. 보험서류는 적어도 신용장에 언급된 수탁지 또는 선적지와 신용장에 언급된 양륙지 또는 최종목적지 사이에 발생한 위험이 부보되고 있다는 것을 표시해야 한다.

g. 신용장은 요구된 보험의 종류를 명시하여야 하고, 부보될 추가위험이 있다면 그것도 명시하여야 한다.
보험서류는 만약에 신용장에 "보통의 위험(usual risks)" 또는 "관례적인 위험(customary risks)"와 같은 부정확한 용어를 사용하고 있다면 부보되지 않은 어떠한 특정 위험에도 불구하고 수리된다.

h. 신용장에서 "전위험에 대한 보험(all risks)" 조건으로 보험을 요구하는 경우, 보험서류상에 "전위험(all risks)"이라는 제목에 상관없이 "전위험(all risks)" 표시나 문구를 포함하고 있으면 그 보험서류는 제외되는 어떠한 위험이 있음에도 불구하고 수리된다.

i. 보험서류는 어느 제외문구(exclusion clause)에 대한 언급을 포함시킬 수 있다.

j. 보험서류는 부보조건이 비공제소손해면책약관(franchise) 또는 공제소손해면책약관(excess, dedutible)의 적용을 받는다는 것을 표시할 수 있다.

해설

1. 보험서류 발행자, 서명자 및 원본 제출

보험서류는 문면상 보험회사, 보험인수업자 또는 그 대리인이 발행하고 서명하여야 한다. 보험중개인이 발행한 부보각서(cover note)는 신용장에서 허용하지 않는 한, 수리할 수 없다.

보험회사 또는 그 대리인의 서명이 미리 인쇄되어 있다는 점은 보험서류의 거절사유가 안 된다.[5] 보험서류상에 한 통 이상의 원본이 발행된 것이 표시된 경우 원본전통을 제시하여야 한다.

2. 보험증권의 대체수리성

L/C에서 특별히 보험증명서(insurance certificate) 또는 보험확인서(declaration)를 요구하더라도 은행은 그 대신 제시된 보험증권(insurance policy)을 수리할 수 있다. 이렇게 규정한 이유는 보험증권이 보험증명서 또는 보험확인서보다 더 완전한 보험서류이기 때문이다.

보험확인서란 선박회사가 일정한 물품이 선적되었음을 통지하고 있는 서류에 보험회사가 포괄보험증권 하에서 개별보험이 확정되었음을 배서로 확인한 서류를 가리킨다.

3. 보험서류의 부보일자

CIF 조건에서는 본선 적재 후, CIP 조건에서는 운송인에게 화물이 수탁된 후 수입업

5) Meeting on 14 Mar. 1977, ICC Documents 470/304, 470/309 Decisions(1975-1979), pp.67-70, R37.

자가 위험을 부담하므로, CIF 조건에서는 늦어도 본선 적재 일까지, CIP 조건에서는 늦어도 운송인의 화물수탁일까지 보험에 부보 되어야 수입업자의 화물멸실 또는 손상에 따른 위험부담이 없어진다.

이러한 이유 때문에 신용장통일규칙에서는 신용장에서 본선적재운송서류(CIF가격조건에서 일반적으로 요구하는 운송서류임)를 요구하는 경우에는 늦어도 본선 적재 일까지, 신용장에서 수탁운송서류(CIP가격조건에서 일반적으로 요구된다)를 요구하는 경우에도 늦어도 운송인에게 수탁일까지 수출회사가 해상보험에 부보 할 것을 요구하고 있다.

4. 보험부담금과 표시통화

보험서류는 신용장과 같은 통화로 보험부담금액을 표시하여야 한다. 신용장에서 보험부담에 대해서 상품가격, 송장가격 또는 이와 유사한 것으로 부담비율을 표시하고 있다면 그것은 보험부담의 최소금액으로 간주한다. 만약에 신용장에서 보험부담의 표시가 없다면 보험부담의 최소한의 금액은 상품의 CIF가격이나 CIP가격의 110%가 되어야 한다.

운송서류로부터 CIF나 CIP 가격을 결정할 수 없을 때는 보험부담의 최소한의 금액은 요청된 결제 또는 매입금액의 110%나 송장에 나타난 물품의 총 가격의 110%중에서 큰 것으로 한다. 보험서류는 적어도 신용장에서 언급된 수탁지 또는 선적지와 양륙지 또는 최종 목적지 사이에 위험이 부보되고 있다는 것을 표시해야 한다.

5. 보험에 관한 불명료한 용어

신용장에서는 부보를 요하는 보험의 종류를 명시하여야 하는 것이나 간혹 불명료한 용어 즉, “usual risks”, “customary risks” 등 불명확한 용어를 사용하는 경우가 있는데 이러한 용어를 사용해서는 안 된다.

보통의 위험이라고 했을 때 어떤 범위가 보통의 위험인지 실체 파악이 어렵기 때문이다. 그럼에도 불구하고 사용된 경우 은행은 수익자가 제시하는 서류를 수리하며 어떤 위험이 부보되어 있지 않더라도 책임을 지지 않는다.

신용장 부보조건과 형태에 대하여 명시가 없으면 은행은 수익자가 제시하는 서류를 수리하며 일부 위험이 커버되지 않더라도 은행은 책임을 지지 않는다.

6. 비공제면책비율/공제면책비율

신용장에서 위험이 면책비율 부적용조건(면책비를 부적용조건, irrespective of percentage)으로 발행되어야 한다는 특기가 없는 한 공제면책비율 또는 비공제면책 비율의 적용을 받는다는 것을 표시하고 있는 부보조건도 수리할 수 있다.

먼저 소손해면책비율(franchise)이란 보험회사가 적은 손해(petty claim)에 대하여 담보를 하지 않는 관습이 있는데 적은 손해까지 모두 커버하면 여러 가지 비용이 발생하므로 일정비율이하의 손해에 대해서는 담보하지 않는 특권을 가지고 있는 것을 말한다.

이러한 부담보 특권의 비율에는 3% 품목과 5% 품목이 있는데 5% 품목은 설탕, 연초, 대마, 아마와 피혁이고 3% 품목은 분손부담보품목, 즉 어류, 과일, 밀가루 및 종자와 5% 품목을 제외한 품목이다.

비공제면책비율이란 franchise 또는 non-deductible franchise라고 하며 특정인정비율 이상의 손해가 나면 예컨대 3% 품목에서 5%의 손해가 나면 특권에 속하는 3%를 공제하지 않고 5% 전부를 담보하는 것이며 공제면책비율을 excess 또는 deductible(or deductible franchise)이라고 하며 위의 예에서 특권에 속하는 3%를 공제하고 2%만 보상하는 것을 말한다. 다만 3% 이하의 손해에 대해서는 전부 면책을 받는 조건이다.

I.S.B.P에서는 신용장이 면책비율 적용을 금지하고 있다면 보험서류는 보험커버가 비공제 또는 공제 소손해 면책약관을 표시하는 문구를 포함해서는 안 된다[6]라고 규정하고 있다.

7. **전위험보험**(All Risk)

신용장에서 보험조건을 “insurance against all risks”라고 표시하고 있는 경우에는 보험서류에 “all risks”라는 표시가 있기만 하면 수리하며 ① “all risk”의 표제로 표시하거나 않거나 관계가 없으며, ② 일부위험이 제외되었다고 표시하고 있더라도 제시된 대로 수리하며 특정위험이 담보되어 있지 않더라도 책임을 지지 않는다.

---

6) I.S.B.P 제192조.

제6장 잡칙

6.1 신용장 유효기일 및 연장

Article 29. Extension of Expiry Date or Last Day for Presentation

a. If the expiry date of a credit or the last day for presentation falls on a day when the bank to which presentation is to be made is closed for reasons other than those referred to in article 36, the expiry date or the last day for presentation, as the case may be, will be extended to the first following banking day.
b. If presentation is made on the first following banking day, a nominated bank must provide the issuing bank or confirming bank with a statement on its covering schedule that the presentation was made within the time limits extended in accordance with sub-article 29(a).
c. The latest date for shipment will not be extended as a result of sub-article 29 (a).

제29조 유효기일 또는 서류제시의 최종일의 연장

a. 신용장의 유효기일이나 서류제시의 최종일은 서류가 제시된 은행이 제36조에서 언급된 이외의 사유로 휴업인 날이면 유효기일이나 서류제시의 최종일은 경우에 따라서 최초의 다음 은행영업일까지 연장된다.

b. 만일 제시가 그 다음 첫 영업일에 이루어지는 경우, 지정은행은 개설은행 또는 확인은행에 제시가 제29조(a)항에 따라 연장된 기간 내에 이루어졌음을 기재한 표시서류를 제공하여야 한다.

c. 선적을 위한 최종일은 제29조(a)의 결과로 연장되지 않는다.

해설

1. 유효기간의 자동연장

L/C의 유효기일과 서류제시기간의 최종일이 은행 휴업 일에 해당되는 경우에는 자동적으로 다음 최초의 은행영업일까지 연장된다.

은행휴업일이란 제36조에서 규정하는 이유 이외의 공휴일(official holidays) 및 기타 통상적인 휴일(weekends)을 의미하며 제36조의 불가항력적 사유(천재지변, 폭동, 내란, 전쟁, 동맹파업 또는 직장폐쇄 등)로 인한 은행업무의 중단은 본 조에서는 포함되지 않는다.

최초의 영업일은 은행이 업무를 취급하는 최초의 영업일을 의미하며 익일과는 다른 개념이다. 3차 개정(39조)하에서는 신용장의 유효기일만 자동적으로 연장되고 서류제시기일은 연장되지 않는 것으로 유권해석 되었으나 신용장의 유효기일과 서류제시기일은 다 같이 시간 제한적인 성격을 갖고 있으며 둘 다 수익자의 잘못이 아닌 단순히 은행이 휴무한다는 이유 때문에 야기되는 문제이므로 똑같은 취급을 받아야 한다는 것이 은행기술 및 실무위원회의 유권해석이다.

2. 선적기일의 자동연장 불인정

신용장의 유효기일과 운송서류 제시기간의 최종일이 자동연장 된다고 해서 선적기일(본선적재일, 발송일 또는 수탁을 위한 최종일)이 자동적으로 연장되는 것은 아니다.

1) 보통 신용장에서 유효기일은 있고 최종선적기일의 명시가 없으면 유효기일 자체가 최종선적 가능일자로 간주되므로 특히 유효기일까지 발급된 선적서류는 유효하나 그 이후에 발급된 것은 하자 있는 서류가 된다. 이러한 선적일은 제29조 a항의 규정에 따라 비록 유효기일이 연장된다고 해도 자동적으로 연장되지 않는다. 그러나 제29조 a항에 의한 유효기일의 자동연장은 발행의뢰인의 지시에 따라 발행은행의 정식 조건변경으로 이루어진 유효기간의 연장과 똑같이 취급되지 않는다. 즉, 정식조건 변경에 의해 유효기일만 연장된 경우 최종선적기일도 자동적으로 유효기일까지 연장되지 않는다.

2) 최종 선적기일을 신용장 거래에서 이렇게 엄격히 다루는 것은 여러 가지 이유가 있겠으나 선주들의 권익을 위한 조항이란 것이 지배적인 견해이다. 선박은 막대한 자본이 투입된 재화인데 이렇게 비싼 선박이 특정항구의 공휴일 관계로 하루 더 정박한다는 것은 선주에게 막대한 손실을 가져오게 한다.

3. **자동연장 제시기일에 대한 은행확인**

이와 같이 다음 최초의 영업일에 서류제시를 받은 은행은 이에 대한 확인(statement)을 다음과 같이 하게 되며 서명은 없어도 된다.[7)]

"The documents were presented within the time limits extended in accordance with sub-article 29(a) of the Uniform Customs and Practice for Documentary Credits, 2007 revision, ICC Publication No. 600".

6.2 과부족 허용 조항

Article 30. Tolerance in Credit Amount, Quantity and Unit Prices

a. The words "about" or "approximately" used in connection with the amount of the credit or the quantity or the unit price stated in the credit are to be construed as allowing a tolerance not to exceed 10% more or 10% less than the amount, the quantity or the unit price to which they refer.
b. A tolerance not to exceed 5% more or 5% less than the quantity of the goods is allowed, provided the credit does not state the quantity in terms of a stipulated number of packing units or individual items and the total amount of the drawings does not exceed the amount of the credit.
c. Even where partial shipments are not allowed, a tolerance not to exceed 5% less than the amount of the credit is allowed, provided that the quantity of the

7) I.C.C. Doc No.470/581.

goods, if stated in the credit, is shipped in full and a unit price, if stated in the credit, is not reduced or that sub-article 30 (b) is applicable. This tolerance does not apply when the credit stipulates a specific tolerance or uses the expressions referred to in sub-article 30 (a).

제30조 신용장 금액, 수량과 단가의 과부족 허용

a. 신용장 금액이나 신용장에 표시된 수량, 단가에 관련하여 사용된 "about(약)" 또는 "approximately(대강)" 등의 표현은 신용장에서 언급한 금액, 수량 또는 단가의 10% 과부족을 넘지 않는 과부족을 허용하는 것으로 해석한다.
b. 신용장에서 포장단위나 개별품목의 규정된 수량표시가 없고 어음의 총금액이 신용장 금액을 초과하지 않는다면 물품수량보다 5%를 초과하지 않는 범위 내에서 과부족이 허용된다.
c. 분할선적이 허용되지 않더라도 상품수량이 전량 선적되고 신용장에 표시되었다면 단가가 인하되지 않거나 30조(b)가 적용될 수 있다면 신용장 금액보다 5% 부족 범위 내에서 차액은 허용된다. 이 과부족허용은신용장에 특별히 과부족허용조항이 규정되어 있을 때와 또는 제30조(a)에 언급된 표현을 사용할 때는 적용되지 않는다.

해설

1. about 등의 용어가 사용된 경우 과부족 허용

신용장금액, 수량 또는 단가와 관련하여 "about", "approximately" 등의 용어가 사용된 경우 10%의 과부족을 허용하는 것으로 해석한다.

이 과부족 허용문언은 신용장금액, 수량 또는 단가에만 적용되며 수량에만 표시가 되고 금액에는 표시가 없는 경우 금액에 대해서는 과부족 허용이 안 된다.

2. 5% 과부족 허용

신용장상 수량에 관해서 과부족을 불허한다는 조항이 없는 한, 어음발행 금액은 신용장 금액 내에서 5% 과부족이 허용된다. 이 조항은 수량이 포장단위(packing unit) 또는 개별품목(individual items)로 표시된 경우에는 적용되지 않는다. 포장단위로는 용기, 상자, 드럼 등의 표시가 있고 개별품목 표시는 pcs, dozens, gross 등의 표시가 있다.

이 조항의 적용요건은 다음과 같다.

1) 신용장상에 과부족 금지문언이 없어야 한다.
2) 어음발행 금액이 신용장 금액을 초과하지 않아야 한다.
3) 수량표시가 포장단위, 개별품목으로 표시되지 않아야 한다.

3. 단가표시가 있는 경우

신용장상에 분할선적을 금지하고 있더라도 L/C상 표시된 포장단위나 개별품목의 수량 또는 단가와 일치되게 선적된 경우에는 어음의 5%감액 발행을 허용하고 있다. 구 규칙에서는 허용범위가 명시되지 않았으나 이번에 명확하게 규정되었다. 다만 5%의 감액발행은 about 등 10% 과부족을 허용하는 표현이 있는 경우는 적용되지 않는다.

이 조항의 적용조건은 다음과 같다.

1) 분할선적금지 규정이 있을 것, 즉 전량이 선적될 것
2) 제30조 (b)를 적용할 수 없는 경우일 것
   포장단위, 개개품목으로 수량표시하고 있어야 한다.
3) 신용장에 단가가 명시되어 있고 단가의 변동이 없을 것
   즉, 수량 × 단가하면 신용장 금액과 일치해야 한다.
4) "about" 등의 표시가 있어 제30조(a)가 적용되는 경우는 제외되며,
   이 효과는 어음금액은 신용장 금액보다 5% 범위 내에서 감액하여 발행할 수 있고 증액발행은 불가하다.

6.3 분할어음 또는 분할선적

Article 31. Partial Drawings or Shipments

a. Partial drawings or shipments are allowed.

b. A presentation consisting of more than one set of transport documents evidencing shipment commencing on the same means of conveyance and for the same journey, provided they indicate the same destination, will not be regarded as covering a partial shipment, even if they indicate different dates of shipment or different ports of loading, places of taking in charge or dispatch. If the presentation consists of more than one set of transport documents, the latest date of shipment as evidenced on any of the sets of transport documents will be regarded as the date of shipment.
A presentation consisting of one or more sets of transport documents evidencing shipment on more than one means of conveyance within the same mode of transport will be regarded as covering a partial shipment, even if the means of conveyance leave on the same day for the same destination.

c. A presentation consisting of more than one courier receipt, post receipt or certificate of posting will not be regarded as a partial shipment if the courier receipts, post receipts or certificates of posting appear to have been stamped or signed by the same courier or postal service at the same place and date and for the same destination.

제31조 분할어음 청구 또는 분할선적

a. 분할어음 청구와 분할선적은 허용된다.

b. 동일한 운송수단과 동일한 항로에 대해서 선적되었음을 표시한 두 통 이상의 운송서류의 제시는 그 운송서류가 동일한 목적지를 표시하고 있다면 비록 선적일자가 다르거나 선적항, 수탁지 또는 발송지가 다르다고 하더라도 분할선적으로 간주되지 않는다.
만약에 제시가 두 통 이상의 선적서류로 되어 있다면 그 중 어느 통의 선적서류에 표시된 가장 늦은 선적일자가 선적일로 간주된다.
동일한 운송형태에서 둘 이상의 운송수단에 선적을 나타내는 한 통 이상의 운송서류의 제시는 비록 운송수단이 동일한 목적지로 동일한 날짜에 출항한다고 하더라도 분할선적으로 간주된다.

c. 두통 이상의 특사배달 영수증, 우편영수증 또는 우편발송확인서의 제시는 비록 특사배달영수증, 우편영수증 또는 우편발송확인서 상에 동일장소, 동일일자에서 선적되고, 그리고 동일목적지로 발송되었다는 동일한 특사배달업체, 우편서비스업체에 의하여 스탬프가 찍히거나 서명된 경우에는 분할선적으로 보지 않는다.

해설

1. 분할선적, 분할어음발행

분할선적(partial shipment)이란 신용장금액 범위 내에서 몇 번이고 나누어 선적하고 어음도 분할된 금액으로 발행하는 것을 말한다. 분할회수 및 분할금액은 수출자가 임의로 결정한다.

분할어음 발행은 분할된 선적분에 해당하는 어음을 발행함으로써 신용장금액이 수회 나누어 어음이 발행되는 것을 말한다. 신용장상에 분할선적에 관해서 아무런 언급이 없으면 분할선적이 허용되는 것으로 본다.

2. 동일항해, 동일 선박 상에 이루어진 수회의 선적

동일항해, 동일운송수단으로 이루어진 여러 개의 선적항이나 수탁지, 발송지에서 수회의 선적을 하고 서로 다른 선적 일을 표시하더라도 분할선적으로 간주하지 않는다. 다만 이러한 종류의 선적은 4차 개정 시에는 해상운송 또는 해상운송을 포함하는 복합운송을 중심으로 기술하였으나 5차 개정에서 모든 우송수단(means of conveyance)으로 확대되었다.

위의 경우에 만약에 선적서류가 두 통 이상의 서류로 제시되었다면 그 중에서 가장 늦은 선적일자가 표시된 운송서류의 선적일자가 선적일자로 간주된다.

동일한 운동 형태에서 하나 이상의 운송수단에 선적을 표시한 한통 이상의 운송서류의 제시는 운송수단이 동일한 목적지로 동일한 날짜에 출항하더라도 분할선적이 된다. 즉, 해상운송에서 두 척 이상의 선박에 서로 다른 항구에서 또는 서로 다른 선적 일에 선적된 한통 이상의 운송서류를 제시하는 경우는 동일한 목적지로 동일한 날짜에 출항하더라도 분할 선적이 된다. 선박이 동일할 경우에는 분할선적이 안된 선박이 각각 다른 선박에 실은 화물일 경우에는 분할선적이 된다.

3. 특사배달 및 우편발송의 해석

우편 또는 특사배달에 의한 수회의 선적에 대하여는, 신용장에서 발송지로 명시하고 있는 장소에서 같은 일자에 선적을 하고 동일한 목적지로 발송되었다는 동일한 특사배달업체 우편서비스업체에 의하여 스탬프로 찍었거나 서명된 경우에는 분할선적으로 보지 않는다.

6.4 할부어음청구 또는 할부선적

Article 32. Instalment Drawings or Shipments

If a drawing or shipment by instalments within given periods is stipulated in the credit and any instalment is not drawn or shipped within the period allowed for that instalment, the credit ceases to be available for that and any subsequent instalment.

제32조 할부어음 청구 또는 할부선적

신용장에서 주어진 기간 내에 할부에 의한 어음청구나 선적이 이루어지도록 명시된 경우 어느 할부분이 그 할부분에 허용된 기간 내에 어음청구이나 선적이 되지 않는다면 신용장은 그 해당 할부분과 연속된 할부분에 대해서 더 이상 이용될 수 없다.

해 설

1. 할부선적, 할부어음 발행의 의의

할부선적은 신용장금액 범위 내에서 분할하여 선적될 금액 및 선적 일을 미리 정해두는 경우이다. 즉, 신용장금액에 해당하는 선적 량을 몇 회로 나누어 언제까지 그 할부선적분을 선적하도록 미리 정해두는 것을 할부선적이라고 한다.

2. **할부선적 위반의 효과**

1) 할부선적 기간을 엄수하여야 한다.

2) 할부선적 수량도 과부족이 없어야 한다.

3) 할부어음 발행도 기간, 금액 등이 준수되어야 한다.

만약 위의 조건을 위반한 때에는 위반된 할부선적분 이하 모든 선적분이 무효되어 대금청구를 할 수 없다. 즉 할부선적 위반이 있으면 그 후 위반하지 않은 할부선적분도 모두 무효가 된다.

6.5 서류제시시간

Article 33. Hours of Presentation

A bank has no obligation to accept a presentation outside of its banking hours.

제33조 서류제시시간

은행은 은행의 영업시간 이외에 제시된 서류를 수리할 의무가 없다.

해설

1. **서류제시시간**

은행은 은행의 영업시간(banking hours : office hours) 이외의 시간에 제시된 서류는 수리할 의무를 부담하지 않는다. 혹시 이를 수리하더라도 이것은 은행의 호의에 불과하며 서류 제시자는 이를 강요할 수 없다.

2. 서류제시기일의 만료시간

유효기일의 만료는 만료일의 자정까지가 아니고 해당일의 은행영업 마감시간까지를 뜻하는 것이다. 은행영업의 종료시간도 국가에 따라서 다르므로 이에 대한 확인이 필요하다. 은행휴업에 해당하는 날도 국가에 따라서 국경일이 다르므로 해당은행이 휴업일인지 여부도 당해국가의 월력표를 구해서 확인해 볼 수밖에 없다. 이러한 서류제시일의 만료시간은 유효기일, 서류제시기일, 또는 어음만기일을 산정하는데 참작해야 한다.

제7장 은행의 면책사항

7.1 서류의 효력에 관한 면책

Article 34. Disclaimer on Effectiveness of Documents

A bank assumes no liability or responsibility for the form, sufficiency, accuracy, genuineness, falsification or legal effect of any document, or for the general or particular conditions stipulated in a document or superimposed thereon; nor does it assume any liability or responsibility for the description, quantity, weight, quality, condition, packing, delivery, value or existence of the goods, services or other performance represented by any document, or for the good faith or acts or omissions, solvency, performance or standing of the consignor, the carrier, the forwarder, the consignee or the insurer of the goods or any other person.

제34조 서류의 효력에 관한 면책

은행은 어떤 서류의 형식, 충분성, 정확성, 진정성, 위조 또는 법적 효력에 대하여 또는 그 서류에 명시된 일반조건이나 특별조건 또는 부가조건에 대하여 어떠한 의무나 책임을 지지 않는다. 그리고 은행은 서류에 나타난 물품명세, 수량, 중량, 품질상태, 포장 인도, 물품의 가치 또는 실존여부, 서비스나 또 다른 이행여부에 대하여, 송하인, 운송인, 운송중개인, 물품의 수하인 또는 보험자나 기타 다른 관계인의 선의 여부나 작위 또는 부작위, 지급능력, 의무이행 또는 지위(status)에 대하여 어떤 의무나 책임을 지지 않는다.

해설

1. 서류의 진정성에 대한 면책

은행은 어떠한 서류이든 문면 상 신용장조건에 일치하는지 여부만 심사하고 그 서류의 실질적 유효성 즉, 그 형식, 충분성, 정확성, 진정성, 위조 또는 법적 효력에 대하여는 심사할 의무가 없으며 이러한 사유로부터 면책된다.

이 조항은 은행이 제출된 서류의 심사시 서류의 외관에 나타난 문언의 내용이 신용장 내용과 일치하는지 여부에 대한 형식적인 심사만 하는 것이고, 서류 자체의 실질적인 내용 즉, 그 서류의 형식, 충분성, 정확성, 진정성, 위조, 변조, 법적효력에 대한 심사는 하지 않는다는 의미이다.

이 중에서 신용장의 진정성 유무에 대해서는 그 통지은행이 책임을 지지만 제출 서류의 진정성은 그것을 알고 있는 수출자나 서류발행인이 책임을 저야 할 것이다. 위조 및 법적효력은 서류발행 당사자의 책임이며 법적효력은 발행인이 무능력자 유무의 문제로서 해당국가의 법에 따라서 결정되어야 할 것이다.

2. 서류상의 특별조건에 대한 면책

은행은 서류에 명시된 일반 및 특정조건이나 부가조항에 대하여 의무나 책임이 없다. 이는 특히 운송서류상의 운송에 관한 일반약관, 특별약관, 보험에 관한 일반약관 등에 관한 조항이나 기타 용선계약서 내용 등 그 발행근거가 되는 조건 내용에 대하여 심사도 하지 않을 뿐만 아니라 책임도지지 않는다는 의미이다.

3. 서류상의 표시, 물품 등의 실질내용으로부터 면책

은행은 서류상에 표시된 물품의 명세, 수량, 중량, 품질, 포장, 인도, 가치의 실존여부 등에 대하여 책임이 없다.

이 조항은 신용장의 추상성의 원칙과도 관계있는 조항으로서 은행은 서류의 형식적 일치만을 심사하고 그 서류의 내용의 일치성에 대해서는 심사를 할 수도 없고 하지도 않는다는 것이다. 이러한 내용에 대한 분쟁은 심사은행을 상대로 할 수 없고 수출회사와 매매계약에 근거하여 클레임을 제기해야 할 것이다.

4. 관계당사자의 능력행위에 대한 면책

은행은 물품송화인, 운송중개인, 수하인, 보험자 또는 기타 모든 관계자의 성실성이나 작위 및 부작위, 지급능력, 의무이행, 지위 등에 관하여 전혀 책임이 없다. 이 조항에서 운송중개인의 경우에는 운송인의 대리인이 아닌 운송인 자격이 없는 순수한 운송중개인이 발행하는 서류에 대해서는 이번 6차 개정 신용장에서 삭제되었으므로 원칙적으로 운송서류로서 인정을 하지 않겠다는 것이다.
다만 당사자 간의 합의에 의하여 운송중개인 발행 운송서류를 허용할 경우에는 그 운송중개인 발행서류도 허용할 수 있으나 그 책임은 수출자 또는 해당 운송중개인이 져야 할 것이다.
이러한 은행의 면책도 고의나 과실이 없을 경우에 한하여 면책이 되며 은행이 이러한 사실을 사전에 알았거나 부주의로 알지 못한 경우에는 책임을 져야 한다는 것이 국제 상공회의소의 견해이다.[8]

7.2 서류전송 및 번역에 대한 면책

Article 35. Disclaimer on Transmission and Translation

A bank assumes no liability or responsibility for the consequences arising out of delay, loss in transit, mutilation or other errors arising in the transmission of any messages or delivery of letters or documents, when such messages, letters or documents are transmitted or sent according to the requirements stated in the credit, or when the bank may have taken the initiative in the choice of the delivery service in the absence of such instructions in the credit.

If a nominated bank determines that a presentation is complying and forwards the documents to the issuing bank or confirming bank, whether or not the nominated bank has honoured or negotiated, an issuing bank or confirming bank must honour or negotiate, or reimburse that nominated bank, even when

8) ICC Pub 419 Case No. 59.

the documents have been lost in transit between the nominated bank and the issuing bank or confirming bank, or between the confirming bank and issuing bank.

A bank assumes no liability or responsibility for errors in translation or interpretation of technical terms and may transmit credit terms without translating them.

제35조 서류의 전송과 번역에 대한 면책

은행은 전문이나 편지 또는 서류가 신용장에 명시된 요구조건에 따라서 전달되거나 발송될 경우에 신용장에 지시가 없을 경우에 은행이 자신의 판단에 의하여 인도서비스의 선택을 한 경우에도 어느 메시지의 전달이나 편지나 서류의 전달 과정에서 발생한 지연, 전달 중의 분실 또는 훼손 또는 다른 실수에 의한 결과에 대해서 어떤 의무나 책임을 지지 않는다.

만일, 지정은행이 서류의 제시가 조건에 일치한다고 판단하고 그 서류를 지정은행의 결제(honour)나 매입여부에 불문하고 개설은행이나 확인은행에 송부할 경우에는 개설은행이나 확인은행은 비록 그 서류가 지정은행과 개설은행 사이 또는 확인은행 사이 또는 확인은행과 개설은행 사이에 전달 중에 분실되었다 하더라도 개설은행 또는 확인은행은 결제(honour), 매입하거나 또는 그 지정은행에게 상환해야 한다.

은행은 기술적인 용어의 번역이나 해석상 오류에 대하여 어떠한 의무나 책임을 지지 않으며 또한 신용장 조건을 번역하지 않고 전달할 수 있다.

해설

1. 서류분실과 번역에 대한 은행면책

은행은 고객을 위하여 여러 가지 통보, 서신, 서류, 전문 등에 관한 업무를 취급하고 이들을 전달하는 등 여러 가지 서비스를 제공한다. 이들 서비스를 제공함에 있어서 다음 사항에 대하여는 책임을 지지 않는다.

1) 통보, 서신 또는 서류의 송부 중의 지연 또는 분실

2) 전문통신의 송신 중 발생하는 지연, 훼손 또는 기타 오류
3) 기술적 용어의 번역이나 해석상 오류

2. **면책의 예외**

개설은행과 확인은행간 송달 중 서류분실에 관해서는 면책적용이 안 된다. 그리고 지정은행과 개설은행 또는 확인은행 간에 서류 송달이나 확인은행과 개설은행 간에 서류송달 중에 관련서류가 분실되었을 경우에는 개설은행과 확인은행은 서류분실 유무에도 불구하고 지급, 매입 또는 상환 책임이 있다. 서류송달 중 분실에 대해서 지정은행이 아닌 자유매입신용장의 경우의 매입은행이 개설은행 확인은행에 송달 중 분실에 대하여 책임여부에 대한 규정이 없다.

물론 이와 같은 경우에 그 서류 송달은행은 그 서류에 대해서 재발급하여 제시하든가 기타 그 서류에 대한 증명할 수 있는 자료를 제출하여야 할 것이다. 이 조항은 이번 제6차 개정에서 신설된 조항이다.

7.3 불가항력 사유에 대한 면책

Article 36. Force Majeure

A bank assumes no liability or responsibility for the consequences arising out of the interruption of its business by Acts of God, riots, civil commotions, insurrections, wars, acts of terrorism, or by any strikes or lockouts or any other causes beyond its control.

A bank will not, upon resumption of its business, honour or negotiate under a credit which expired during such interruption of its business.

제36조 불가항력

은행은 천재지변, 폭동, 소요, 내란, 전쟁, 테러행위 또는 어떤 파업이나 직장폐쇄 또는 기타 자신의 통제 불능의 원인에 의한 업무중단으로 발생하는 결과에 대하여 어떠한 의무나 책임을 지지 않는다.

은행은 업무를 재개할 때는 은행의 업무 중단된 중에 유효기간이 만료된 신용장에 대하여 결제(honour) 또는 매입을 하지 않는다.

해설 은행은 천재지변 등 불가항력 또는 동맹파업 또는 직장폐쇄 그리고 테러행위로 인한 업무중단에서 발생하는 결과에 대하여 책임을 부담하지 않는다. 은행은 수권이 없는 한 이러한 업무중단으로 인하여 유효기일이 만료된 신용장에 의하여 지급, 매입 또는 상환 등을 하지 않는다. 이러한 불가항력적 사류로 신용장의 유효기일 또는 서류 제시기일은 자동적으로 휴업 다음 영업일까지 연장하지 않는다.

7.4 지시받은 당사자의 행위에 대한 면책

Article 37. Disclaimer for Acts of an Instructed Party

a. A bank utilizing the services of another bank for the purpose of giving effect to 1074 the instructions of the applicant does so for the account and at the risk of the applicant.

b. An issuing bank or advising bank assumes no liability or responsibility should the instructions it transmits to another bank not be carried out, even if it has taken the initiative in the choice of that other bank.

c. A bank instructing another bank to perform services is liable for any commissions, fees, costs or expenses ("charges") incurred by that bank in connection with its instructions.

If a credit stipulates that charges are for the account of the beneficiary and charges cannot be collected or deducted from proceeds, the issuing bank remains liable for payment of charges.

A credit or amendment should not stipulate that the advising to a bene-ficiary is conditional upon the receipt by the advising bank or second advising bank of its charges.

d. The applicant shall be bound by and liable to indemnify a bank against all obligations and responsibilities imposed by foreign laws and usages.

제37조 지시받은 당사자의 행위에 대한 면책

a. 개설의뢰인의 지시를 이행하기 위하여 다른 은행의 서비스를 이용한 은행은 그 개설의뢰인의 비용과 위험부담으로 행한다.

b. 개설은행이나 통지은행은 비록 그들 자신의 판단 하에 그러한 다른 은행을 선정하였더라도 그들이 다른 은행에 전달하도록 한 지시가 수행되지 않은 경우에 어떠한 의무나 책임을 지지 않는다.

c. 다른 은행에게 서비스를 할 것을 지시한 은행은 그 지시와 관련해서 지시받은 은행에 의하여 발생된 요금, 보수, 경비 또는 비용(이하 "수수료"라 한다)에 대하여 책임을 진다.

신용장이 수수료가 수익자 부담으로 기재되어 있거나 그 수수료가 수출대전으로부터 징수되거나 공제될 수 없다면 개설은행이 그 수수료에 대하여 책임을 진다.

신용장이나 조건변경서는 수익자에 대한 개설의뢰인의 통지가 수익자의 비용으로 통지은행이나 제2통지은행에 의한 수령을 조건으로 한다는 것을 규정해서는 안 된다.

d. 개설의뢰인은 외국의 법률과 관습에 의하여 부과되는 모든 의무나 책임에 구속되며 이에 대하여 은행에 보상의무와 책임이 있다.

해설

1. 다른 은행을 이용한 은행의 책임

은행은 신용장관련 업무를 수행하기 위하여 다른 은행을 선정하여 이용하였으나 그 전달 지시가 수행되지 않은 경우 어떠한 책임도 지지 않는다.

이는 신용장관련 업무수행을 원활히 하고 개설은행 등 신용장관련 은행을 보호하기 위한 것이다. 지시받은 은행은 주로 중개은행으로서 지급 매입 그리고 상환 등의 지정은행이나 통지은행(제2통지은행 포함) 그리고 확인은행 등의 행위를 말한다.

이러한 지정은행으로부터 지급, 매입 도는 상환이나 확인 또는 통지가 이루어지지 않았을 경우에는 개설은행이 최종적으로 책임을 진다. 그러나 이는 지정은행의 선정에서 개설의뢰인의 동의 없이 개설은행이 주도적으로 은행이 선정했을 경우에도 책임이 없다.

2. 다른 은행선정 이용에 따른 수수료 부담

다른 은행 서비스이용에 따른 비용과 위험부담은 개설의뢰인 부담으로 한다. 다른 은행을 선정하여 지시한 은행은 지시받은 은행의 업무에 관련하여 발생한 비용에 대하여 책임을 진다.

비록 이러한 비용이 개설의뢰인이 아니고 다른 당사자의 부담으로 되어 있는 경우에도 지정된 당사자가 비용지급을 하지 않을 경우에는, 지시한 은행이 부담한다. 이때 지시은행이 비용부담을 한 경우 개설의뢰인에게 상환 청구할 수 있다.

이번 6차 개정에서는 다른 은행 선정에 따른 비용부담을 수익자가 부담하도록 되어 있을 경우에 그 비용이 수출대전에서 사후 지급 되거나 감액하여 정리될 수 없다면 개설은행이 최종적으로 책임을 진다고 하였다.

그리고 신용장이나 조건변경의 통지 수수료가 통지은행이나 제2통지은행이 수익자로부터 영수하는 조건으로 신용장이나 조건변경서에 규정해서는 안 된다고 하였다. 즉, 신용장이나 조건변경서의 통지수수료만은 개설은행 및 개설의뢰인이 부담해야 하고 수익자에게 전가하지 못하도록 하였다.

3. 외국법률 관습에 의한 추가부담금

개설의뢰인은 외국법률 관습에 따라서 추가 부담해야 할 비용을 부담해야 하며, 이로 인하여 개설은행 등이 미리 지급한 비용은 보상해 주어야 한다.

제8장 신용장 양도

8.1 신용장 양도와 권리관계

Article 38. Transferable Credits

a. A bank is under no obligation to transfer a credit except to the extent and in the manner expressly consented to by that bank.

b. For the purpose of this article :

Transferable credit means a credit that specifically states it is "transferable" A transferable credit may be made available in whole or in part to another beneficiary("second beneficiary") at the request of the beneficiary("first beneficiary").

Transferring bank means a nominated bank that transfers the credit or, in a credit, available with any bank a bank that is specifically authorized by the issuing bank to transfer and that transfers the credit. An issuing bank may be a transferring bank.

Transferred credit means a credit that has been made available by the transferring bank to a second beneficiary.

c. Unless otherwise agreed at the time of transfer, all charges(such as commissions, fees, costs or expenses) incurred in respect of a transfer must be paid by the first beneficiary.

d. A credit may be transferred in part to more than one second beneficiary provided partial drawings or shipments are allowed.

A transferred credit cannot be transferred at the request of a second beneficiary to any subsequent beneficiary. The first beneficiary is not considered to be a subsequent beneficiary.

e. Any request for transfer must indicate if and under what conditions amendments may be advised to the second beneficiary. The transferred credit must clearly indicate those conditions.

f. If a credit is transferred to more than one second beneficiary, rejection of an amendment by one or more second beneficiary does not invalidate the acceptance by any other second beneficiary, with respect to which the transferred credit will be amended accordingly. For any second beneficiary that rejected the amendment, the transferred credit will remain unamended.

g. The transferred credit must accurately reflect the terms and conditions of the credit, including confirmation, if any, with the exception of :

- the amount of the credit,
- any unit price stated therein,
- the expiry date,
- the period for presentation, or
- the latest shipment date or given period for shipment,

any or all of which may be reduced or curtailed.

The percentage for which insurance cover must be effected may be increased to provide the amount of cover stipulated in the credit or these articles.

The name of the first beneficiary may be substituted for that of the applicant in the credit,

If the name of the applicant is specifically required by the credit to appear in any document other than the invoice, such requirement must be reflected in the transferied credit.

h. The first beneficiary has the right to substitute its own invoice and draft, if any, for those of a second beneficiary for an amount not in excess of that stipulated in the credit, and upon such substitution the first beneficiary can draw under the credit for the difference, if any, between its invoice and the invoice of a second beneficiary.

i. If the first beneficiary is to present its own invoice and draft, if any, but fails to do so on first demand, or if the invoices presented by the first beneficiary create discrepancies that did not exist in the presentation made by second beneficiary and the first beneficiary fails to correct them on first demand, the transferring bank has the right to present the documents as received from the second beneficiary to the issuing bank, without further responsibility to the first beneficiary.

j. The first beneficiary may, in its request for transfer, indicate that honour or negotiation is to be effected to a second beneficiary at the place to which the credit has been transferred, up to and including the expiry date of the credit. This is without prejudice to the right of the first beneficiary in accordance with sub-article 38(h).

k. Presentation of documents by or on behalf of a second beneficiary must be made to the transferring bank.

제38조 양도가능신용장

a. 은행은 그 은행에 의하여 명시적으로 동의한 범위와 방식 이외로는 신용장을 양도할 의무가 없다.

b. 이 조항에서 양도가능신용장은 신용장에 "양도가능(transferable)"이라고 특별히 명시되어 있는 신용장을 의미한다. 양도가능신용장은 수익자(제1수익자)의 요청에 의하여 또 다른 수익자(제2수익자)에게 전부 또는 일부가 사용될 수 있는 신용장을 의미한다.

양도은행은 신용장을 양도하도록 지정된 은행을 의미한다. 또는 어느 은행에서나 이용될 수 있는 신용장에서는 개설은행에 의하여 특별히 신용장을 양도하도록 수권 받고 신용장을 양도하는 은행을 의미한다. 개설은행은 양도은행이 될 수 있다.

양도된 신용장은 양도은행에 의하여 제2수익자에게 이용가능 하도록 된 신용장을 의미한다.

c. 양도 시에 달리 합의가 없으면, 양도에 관하여 발생된 모든 수수료(요금, 보수나 경비 또는 비용)는 제1수익자가 지급해야 한다.

d. 신용장은 분할어음 발행이나 분할선적이 허용될 경우에는 두 사람 이상의 제2수익자에게 부분적으로 양도될 수 있다.
양도된 신용장은 제2수익자의 요청으로 그 다음의 연속된 수익자에게 양도될 수 없다. 제1수익자는 제2수익자의 연속된 수익자로 간주되지 않는다.

e. 양도 요청은 조건변경이 어떠한 조건으로 제2수익자에게 통지될 수 있는지를 표시해야 하며, 양도된 신용장은 그러한 조건을 분명히 표시해야 한다.

f. 신용장이 두 사람 이상의 제2수익자에게 양도될 경우에 한 사람 또는 둘이상의 제2수익자에 의한 조건변경의 거절은, 양도된 신용장이 그에 따라서 조건 변경되는 점에서 어느 다른 제2수익자에 의한 수락은 무효가 되지 않는다.
조건변경을 거절한 제2수익자에게는 양도된 신용장이 변경되지 않는 것으로 된다.

g. 양도된 신용장은 필요한 경우 다음과 같은 사실을 제외하고 확인을 포함하여 신용장의 거래조건에 정확하게 영향을 미친다.
- 신용장 금액
- 신용장에 표시된 단가
- 유효기일
- 제시기간 또는
- 최종선적일 또는 선적기간

위의 내용 중 일부 또는 전부가 감액되거나 단축될 수는 있다.
보험의 부보와 유효한 부보비율은 원신용장이나 이러한 조항에 규정된 부보금액에 따라서 증액될 수 있다.
제1수익자의 명칭은 신용장 개설의뢰인의 명칭으로 대체될 수 있다. 그러나 개설의뢰인의 명칭이 원신용장에 의하여 송장 이외의 어느 서류에 특별히 표시되도록 요구된 경우에는 그러한 요구사항은 양도된 신용장에도 반영되어야 한다.

h. 제1수익자는 자신의 송장과 어음으로 필요하다면 신용장에 규정된 금액을 초과하지 않는 금액으로 제2수익자의 송장과 어음을 대체할 수 있다. 그리고 그러한 대체가 이루어진 경우에 제1수익자는 필요하다면 자신의 송장과

제2수익자의 송장 간에 차액에 대하여 신용장에 근거하여 청구어음을 발행할 수 있다.

i. 제1수익자는 자신의 송장과 환어음을 제시하려고 하였으나 만약, 첫 번째 요청 시에 이를 이행하지 못한 경우 또는 제1수익자가 제시한 송장들이 제2수익자에 의하여 제시된 서류에 존재하지 않는 하자를 발생시키고 제1수익자가 첫 번째 요청 시에 그 하자를 치유하지 못한다면, 양도은행이 제2수익자로부터 수령한대로 그 서류를 제1수익자의 더 이상 책임 없이 개설은행에게 제시할 권리를 가진다.

j. 제1수익자는 양도 요청에 따라서 결제(honour)나 매입이 신용장이 양도된 장소에서 신용장의 유효기일까지 제2수익자에게 이루어질 수 있도록 지시할 수 있다. 이러한 지시는 제38조(h)에 따라서 제1수익자의 권리를 침해하지 않고 이루어져야 한다.

k. 제2수익자에 의하여 또는 대리한 운송서류의 제시는 양도은행에 대하여 이루어져야 한다.

해설

1. 양도신용장의 의의

양도가능신용장은 제1수익자가 개설은행으로부터 양도할 수 있도록 수권 받은 양도지정은행에게 신용장을 제2수익자에게 양도해주도록 요청할 수 있는 신용장이다. 즉 신용장에서 "양도가능(trasferable)"이라고 특별히 명시되어 있고 제1수익자의 요청에 의하여 제2수익자가 신용장금액의 전부 또는 일부를 사용할 수 있는 신용장을 의미한다. 제1수익자는 신용장을 양도하도록 요청할 수 있는 권리는 있으나 의무를 부담하는 것은 아니고, 양도은행도 양도를 해 주어야 할 의무가 있는 것은 아니다. 양도은행은 미리 개설은행으로부터 양도할 수 있도록 지정받은 은행이다. 즉 지급·인수·매입제한 은행일 수도 있고 자유매입신용장의 경우에는 양도은행으로 지정받은 통지은행이 양도를 할 수 있고 그 외의 은행은 양도를 할 수 없다. 그리고 양도는 신용장 전부 또는 일부에 대하여 양도가 가능하다. 양도된 신용장은 양도은행에 의하여 제2수익자가 이용할 수 있도록 된 신용장을 의미한다.

2. 양도신용장의 문언

양도가능신용장의 표시문언으로는 transferable credit이다. 이 transferable이란 용어 대신 이와 유사한 “divisionable”, “fractionable”, “assignable”, “transmissible” 등과 같은 표현을 사용하여서는 안 된다.

3. 양도은행의 의무

원수익자는 은행에다가 양도를 해주도록 의뢰를 할 수 있으나 이런 의뢰를 받은 은행(양도은행)은 그 지시에 무조건 응할 의무가 있는 것은 아니다. 이것은 양도은행이 원신용장을 확인했든지 안했든지 여부와는 하등의 관계가 없다. 양도은행이 확인은행일지라도 양도절차에 대해서는 자동으로 의무를 지은 것은 아니다. 그리고 양도은행은 그 은행이 명백히 동의한 범위와 방법에 의하지 않고는 양도해 줄 의무가 없다.

4. 신용장 양도 후 조건변경서의 통지

신용장이 양도된 후 조건변경서의 통지방법에 대하여 제2수익자에게 직접 통지할 것인지 아니면 제1수익자를 경유하여 제2수익자에게 통지할 것인지를 지시할 수 있는 권리를 제1수익자에게 부여하였다. 따라서 양도은행은 양도 이후의 조건변경서의 통지방법에 의한 제1수익자의 지시내용을 양도 시에 제2수익자에게 반드시 통보할 의무가 있다. 제2수익자는 양도된 신용장과 조건변경서에 대한 제1수익자의 특별지시내용을 잘 알고 있어야 한다.

즉 양도은행이 신용장 양도 이후의 조건변경서를 제2수익자에게 일반적으로 자동 통지하는데 동의하는지 거절하는지 여부를 양도인인 제1수익자가 분명히 하여야 한다. 그리고 제1수익자의 이러한 조건변경지시는 취소할 수 없도록 하였다.

5. 양도된 신용장의 조건변경

신용장이 2인 이상의 다수의 당사자에게 분할하여 양도된 경우에 조건변경서의 통지에 대하여 제2수익자 전원이 동의하지 않고 일부는 동의하고 일부는 거절한 경우에 조건변경에 동의한 제2수익자에게만 효력이 있고 조건변경을 거절한 제2수익자에게는 조건 변경되지 않은 상태로 유효하다. 이로 말미암아 통지은행은 조건변경서에 대한 제2수익자의 동의여부를 개설은행에 통보할 필요가 있으며 이는 개설은행에 제시되는 서류에 대한 지급거절 여부에 대한 중대한 영향을 미치게 된다.

6. 양도수수료

신용장 양도에 따른 제비용(수수료, 요금, 대가나 경비 등)은 신용장에 별도의 명시가 없는 한 원칙적으로 제1수익자의 부담이다. 은행은 그 수수료를 징수하지 않고는 양도를 취급할 의무가 없다. 이번 6차 개정에서는 양도은행의 비용 명세를 구체적으로 열거하였다.

7. 신용장 양도 회수 및 분할양도

양도가능 신용장의 양도는 한번만 할 수 있으며 제2수익자는 다른 제3수익자에게 재양도(retransfer) 할 수 없으며 제2수익자가 원수익자에게 양도환원(transfer back) 하는 것은 양도의 취소로 간주하여 2차 양도로 보지 않는다. 그러나 신용장하에서 분할어음청구나 분할선적이 금지되어 있지 않는 한 L/C금액을 초과하지 않는 범위 내에서 복수의 제2수익자에게 분할양도가 가능하다.

따라서 양도은행은 양도 이후의 조건변경서의 통지방법에 의한 제1수익자의 지시내용을 양도시에 제2수익자에게 반드시 통보할 의무가 있다. 제2수익자는 양도된 신용장과 조건변경서에 대한 제1수익자의 특별지시내용을 잘 알고 있어야 한다. 즉 양도은행이 신용장 양도 이후의 조건변경서를 제2수익자에게 일반적으로 자동 통지하는데 동의하는지 거절하는지 여부를 양도인인 제1수익자가 분명히 하여야 한다. 그리고 제1수익자의 이러한 조건변경지시는 취소할 수 없도록 하였다.

8. 신용장의 양도조건

양도되는 신용장의 조건은 원신용장에 표시된 조건대로 양도되어야 하나 다음과 같은 예외사항이 허용된다.

1) 신용장의 금액이나 단가가 원신용장 금액이나 단가보다 적을 수 있다. 따라서 단가가 원신용장 금액보다 많으면 안 된다.
2) 신용장의 유효기일, 서류제시기간의 최종일 및 선적일은 원신용장에 명시된 이들 기일보다 단축될 수는 있다.
3) 보험을 원신용장에 명시된 금액으로 부보할 수 있도록 중액할 수 있다.

   제1수익자의 명칭은 신용장개설의뢰인의 명칭으로 대체될 수 있다. 그러나 개설의뢰인의 명칭이 신용장에 의하여 송장 외의 다른 서류에 나타나도록 원 신용장에서 특별히 요구하고 있다면 이러한 요구사항은 양도된 신용장에 의하여 실행되어야 한다.

9. 제1수익자의 송장 및 어음대체권

양도된 신용장의 금액과 단가가 원신용장의 금액과 단가보다 적을 때는 제1수익자는 차액에 대해서 어음을 발행하여 중간이익을 갖도록 규정한 것이다. I.C.C. Publication No.290에서는 송장대체에 대해서만 언급하고 있었으나 Publication No.400에서는 어음이 개설의뢰인 앞으로 작성된 경우 이러한 어음도 자기 것으로 대체할 수 있는 내용을 추가하였다.

그러나 제1수익자가 송장 및 환어음 대체의 요구를 받고도 이를 이행하지 못하면 양도은행 즉, 지급·인수·매입은행은 제1수익자의 송장 및 환어음의 제출을 무한정 기다릴 수 없기 때문에 제2의 수익자로부터 받은 서류를 그대로 발행은행에 송부할 원리를 가진다.

그리고 제1수익자가 제시한 송장들이 제2수익자의 서류에 존재하지 않는 하자 사항을 만들고 제1수익자가 첫 번째 요청시에 그 하자 사항을 치유하지 못하는 경우에도 양도은행(지급·인수·매입은행)은 제2수익자의 서류를 그대로 개설은행에 제시할 수 있다.

10. 양도된 신용장의 사용 장소 지정

신용장에 특별한 다른 단서가 없는 한, 원수익자는 자신의 편의를 위하여 양도은행에 대하여 신용장을 양도한 장소에서 지급 또는 매입이 가능하도록 요청할 수 있도록 하였다. 그러나 원 L/C에서 지급 또는 매입장소를 지정한 경우에는 그러하지 아니하다.

제2수익자가 원신용장의 유효기일을 최대한 이용하여도 양도은행에 서류도착이 그만큼 늦어지면 제1수익자는 원신용장의 유효기일 내에 송장대체 및 차액분에 대한 어음발행(어음이 필요한 경우)이 불가능하게 되므로 양도신용장의 유효기일 또는 서류제시기간을 단축할 수 있게 하였으며 원신용장의 유효기일이내라면 제1수익자는 송장을 대체하거나 추가어음을 발행할 수 있도록 하였다.

그러므로 원신용장의 개설의뢰인도 접수한 서류 중에 제1수익자의 송장 또는 어음 작성일자가 원신용장의 유효기일 이내의 것이고 신용장의 양도가 이루어졌다는 것이 명백할 경우에는 이들 서류를 거절할 수 없다. 양도신용장의 사용 장소가 정해진 경우는 제2수익자나 제2수익자를 대리하여 행한 서류의 제시는 양도은행에 하여야 한다.

8.2 신용장 대금의 양도

Article 39. Assignment of Proceeds

The fact that a credit is not stated to be transferable shall not affect the right of the beneficiary to assign any proceeds to which it may be or may become entitled under the credit, in accordance with the provisions of applicable law. This article relates only to the assignment of proceeds and not to the assignment of the right to perform under the credit.

제39조 대금의 양도

신용장이 양도 가능한 것으로 명시되어 있지 않았다고 하더라도 수익자가 적용법규에 따라 신용장에서 그가 받을 자격이 있거나 받아야 할 자격을 가지게 될 대금을 양도할 수 있는 권리에 영향을 받지 않는다. 이 조항은 오직 대금의 양도에 관련되며, 해당신용장에 따라서 행사하는 권리의 양도에 관한 것은 아니다.

해설

1. 신용장상 대금의 양도

비록 신용장이 양도가능신용장이 아니라고 하더라도 수익자는 국내법의 규정에 의하여 채권양도 방식으로 신용장에 의하여 받을 수 있는 대금을 제3자에게 양도할 수 있다.

다만, 이 규칙의 적용은 관계 당사국의 법률이 국제상업회의소의 규칙에 우선하기 때문에 당사자의 국내법에 저촉되지 않는 범위 내에서만이 이행되어야 한다. 이러한 신용장 자체의 양도가 아닌 신용장 대금의 양도에 관한 상관습은 각 국가에 따라 인정되거나 부인될 수가 있다.

2. 신용장 대금양도와 신용장 양도

신용장의 양도는 양도가능신용장의 경우에만 가능하며 신용장의 양도는 신용장에 의한 권리 · 의무가 전부 양수인에게 이전되는데 반하여 신용장의 대금양도는 신용장의 대금수령권만 이전되고 신용장상의 권리·의무는 그대로 양도인에게 남는다. 신용장 대금양도는 사전에 개설은행의 동의를 받아야 하고 양도된 사실을 통지해 주어야 나중에 개설은행에게 대항할 수 있다.

Appendix

부　록

부록1. 영국물품매매법 1979

부록2. Incoterms® 2020

1. 영국물품매매법 1979 (Sale of Goods Act 1979)

영국물품매매법의 기초법안(Sale of Goods Bill)은 1888년 M. Chalmers경에 의하여 처음으로 작성되었으며, 이 법안은 Herchell경에 의하여 1889년과 1891년에 귀족원의 특별위원회(Select Committee)에 상정되고 1892에는 그 적용범위를 잉글랜드, 웨일즈 및 아일랜드뿐만 아니라 스코틀랜드에도 확대하도록 한 최종법안을 확정하여 1893년 드디어 "物品賣買에 관한 法律을 규정한 法"으로 귀족원을 통과함으로써 제정되었다. 이 법은 1894년 1월 1일부터 시행되어 오다가 1979년 12월 6일에 귀족원의 동의를 얻어 전면적으로 개정된 후 1980년 1월 1일부터 그 효력을 발생하여 시행되고 있다.[9)]

PART Ⅰ. CONTRACTS TO WHICH ACT APPLIES (제1장 本法의 適用)

1. Contracts to which Act applies

(1) This Act applies to contracts of sale of goods made on or after (but not to those made before) 1 January 1894.

(2) In relation to contracts made on certain dates, this Act applies subject to the modification

9) M.D. Chalmers, *The sale of Goods Act 1893*, London, 1920 =, p7; A.G. Guest, Benjamin's Sale of Goods, 3rd ed., London, 1987, pp.3-4.

of certain of its sections as mentioned in Schedule 1 below.

(3) Any such modification is indicated in the section concerned by a reference to Schedule 1 below.

(4) Accordingly, where a section does not contain such a reference, this Act applies in relation to the contract concerned without such modification of the section.

제1조 適用되는 契約

(1) 本法은 1894년 1월 1일 또는 그 이후에 체결된 물품매매계약(다만 그 이전에 체결된 것은 제외하고)에 적용한다.

(2) 특정기일에 체결된 계약에 관하여, 本法은 下記 제 1부칙에 명시된 바에 따라 각 조항을 일정하게 변경하여 적용한다.

(3) 下記 제 1부칙에 관련된 각 조항에는 그러한 변경에 대하여 참조규정을 두고 있다.

(4) 따라서 각 조항에 그러한 참조규정을 명시하지 아니한 경우에는, 本法은 그 조항을 변경하지 아니하고 해당되는 계약에 적용한다.

PART Ⅱ. FORMATION OF THE CONTRACT Contract of Sale (제2장 契約의 成立)

Contract of sale (賣買契約)

2. Contract of sale

(1) A contract of sale of goods is a contract by which the seller transfers or agrees to transfer the property in goods to the buyer for a money consideration, called the price.

(2) There may a contract of sale between one part owner and another.

(3) A contract of sale may be absolute or conditional.

(4) Where under a contract of sale the property in the goods is transferred from the seller to the buyer the contact is called a sale.

(5) Where under a contract of sale the transfer of the property in the goods is to take place at a future time or subject to some condition later to be fulfilled the contract is called an agreement to sell.

(6) An agreement to sell becomes a sale when the time elapses or the conditions are fulfilled subject to which the property in the goods is to be transferred.

제2조 賣買와 賣買의 合意

(1) 物品賣買契約은 매도인이 대금이라는 금전상의 약인을 대가로 매수인에게 물품의 소유권을 이전하거나 또는 이전할 것을 약정하는 계약이다.

(2) 동일물품의 지분소유자간에도 매매계약은 체결할 수 있다.

(3) 매매계약은 절대적 또는 조건부로 할 수 있다.

(4) 매매계약에 의하여 물품의 소유권이전이 매도인으로부터 매수인에게 이전되는 경우에 그 계약은 賣買라고 칭한다.

(5) 매매계약에 의하여 물품의 소유권이전이 장래에 이행되거나 또는 계약 이후에 충족되어야 할 일정한 조건을 전제로 한 경우에 그 계약은 賣買의 合意라고 칭한다.

(6) 매매의 합의는 물품의 소유권이 이전되는데 필요한 시간이 경과되거나 또는 그 조건이 충족된 당시에 매매로 된다.

---

3. Capacity to buy and sell

(1) Capacity to buy and sell is regulated by the general law concerning capacity to contract and to transfer and acquire property.

(2) Where necessaries are sold and delivered to a minor or to a person who by reason of mental incapacity or drunkenness is incompetent to contract, he must pay a reasonable price for them.

(3) In subsection (2) above 'necessaries' means goods suitable to the condition in life of the minor or other person concerned and to his actual requirements at the time of the sale and delivery.

제3조 賣買의 能力

(1) 賣買의 能力은 계약의 능력, 소유권 이전 및 취득의 능력에 관한 일반법에 의하여 정한다.

(2) 필수품이 미성년자에게 또는 심신박약 또는 滿醉의 사고로 인하여 계약의 능력이 없는 자에게 매각되고 또한 인도된 경우에는, 그 자는 이를 대가로 상당한 대금을 지급하여야 한다.
(3) 上記 제 2항에 있어서 "必需品"이란 미성년자 또는 기타 해당자의 생활상태에 적합하고 또한 매매 및 인도시에 그 자의 현실적인 요건에 적합한 물품을 의미한다.

Formalities of Contract
(契約의 形式)

4. How contract of sale is made

(1) Subject to this and any other Act, a contract of sale may be made in writing (either with or without seal), or by word of mouth, or partly in writing and partly by word of mouth, or may be implied from the conduct of the parties.
(2) Nothing in this section affects the law relating to corporations.

제4조 賣買契約의 方式

(1) 本法 및 기타 여하한 법에 규정이 없는 한, 매매계약은 (날인된 또는 날인되지 아니한) 書面, 또는 口頭의 표현, 또는 일부서면 및 일부구두의 표현으로 하거나, 또는 당사자들의 행위에 의하여 묵시적으로 체결할 수 있다.
(2) 本條의 규정은 결코 법인에 관한 법률에 영향을 미치지 아니한다.

Subject-Matter of Contract
(契約의 目的物)

5. Existing or future goods

(1) The goods which form the subject of a contract of sale may be either existing goods, owned or possessed by the seller, or goods to be manufactured or acquired by him

after the making of the contract of sale, in this Act called future goods.

(2) There may be a contract for the sale of goods the acquisition of which by the seller depends on a contingency which may or may not happen.

(3) Where by a contract of sale the seller purports to effect a present sale of future goods, the contract operates as an agreement to sell the goods.

제5조 現物 또는 先物

(1) 매매계약의 목적을 구성하는 물품은 매도인이 소유 또는 점유하는 現物이거나, 또는 매매계약의 체결 이후에 매도인이 제조 또는 취득하는 물품, 즉 本法에서 정하는 先物이어야 한다.

(2) 매도인이 물품을 취득할 수 있는지의 여부가 발생할 수도 있고 또는 아니할 수도 있는 우연한 사고에 달려 있는 경우에는 그 물품에 대해서도 매매계약은 체결할 수 있다.

(3) 매매계약에 의하여 매도인이 선물을 현재 매매하려는 경우에는, 그 계약은 물품을 매매하는 합의로서 효력이 있다.

---

6. Goods which have perished

Where there is a contract for the sale of specific goods, and the goods without the knowledge of the seller have perished at the time when a contract is made, the contract is void.

제6조 契約當時에 消滅된 物品

특정한 물품의 매매계약이 존재하더라도, 물품이 契約의 締結當時에 이미 消滅되고, 또 매도인이 이를 알지 못한 경우에는, 그 계약은 무효이다.

---

7. Goods perishing before sale but after agreement to sell

Where there is an agreement to sell specific goods and subsequently the goods, without any fault on the part of the seller or buyer, perish before the risk passes to the buyer, the agreement is avoided.

제7조 賣買合意後에 消滅된 物品

특정한 물품을 매매하는 합의가 존재하고, 또 그 후 위험이 매수인에게 이전하기 이전에 물품이 매도인 또는 매수인의 일방의 과실 이외의 원인으로 소멸된 경우에는, 그 합의는 무효가 된다.

The Price
(代金)

---

8. Ascertainment of price

(1) The price in a contract of sale may be fixed by the contract, or may be left to be fixed in a manner agreed by the contract, or may be determined by the course of dealing between the parties.
(2) Where the price is not determined as mentioned in subsection (1) above the buyer must pay a reasonable price.
(3) What is a reasonable price is a question of fact dependent on the circumstances of each particular case.

제8조 代金의 確定

(1) 매매계약의 代金은 계약에 의하여 *確定*하거나, 또는 이에 합의된 방법으로 확정하거나 또는 당사자간의 거래관행에 의하여 결정할 수 있다.
(2) 대금이 上記 제 1항의 규정에 의하여 결정되지 아니한 경우에는, 매수인은 상당한 대금을 지급하여야 한다.
(3) 相當한 代金에 관한 문제는 각 특정한 경우의 사정에 따라야 할 사실의 문제이다.

---

9. Agreement to sell at valuation

(1) Where there is an agreement to sell goods on the terms that the price is to be fixed by the valuation of a third party, and he cannot or does not make the valuation, the

agreement is avoided; but if the goods or any part of them have been delivered to and appropriated by the buyer he must pay a reasonable price for them.

(2) Where the third party is prevented from making the valuation by the fault of the seller or buyer, the party not at fault may maintain an action for damages against the party at fault.

Implied terms etc.

제9조 評價를 요하는 賣買의 合意

(1) 제 3자의 평가에 의하여 대금이 확정되는 것을 내용으로 하는 매매의 합의가 존재하고, 또 그 자가 평가할 수 없거나 또는 평가하지 아니한 경우에는, 그 합의를 무효가 된다. 다만 물품의 전부 또는 일부가 매수인에게 인도되고 또한 그에 의하여 충당된 경우에는, 매수인은 이를 대가로 상당한 대금을 지급하여야 한다.

(2) 제 3자가 매도인 또는 매수인의 과실로 인하여 평가를 할 수 없게 된 경우에는, 과실이 없는 당사자는 과실이 있는 당사자에 대하여 손해배상의 소송권을 유보한다.

conditions and warranties
(條件 및 擔保)

10. Stipulations about time

(1) Unless a different intention appears from the terms of the contract, stipulations as to time of payment are not of the essence of a contract of sale.

(2) Whether any other stipulation as to time is or is not of the essence of the contract depends on the terms of the contract.

(3) In a contract of sale 'month' prima facie means calendar month.

제10조 時期에 관한 約定

(1) 계약의 조항에 별도의 의사표시가 없는 한, 지급의 時期에 관한 약정은 매매계약의 요소가 되지 아니한다.

(2) 기타 時期에 관한 어떠한 약정이 계약의 요소인지의 여부는 계약의 조항에 달려

있다.

(3) 매매계약에 있어서 "月"이란 歷月을 의미하는 것으로 추정한다.

11. When condition to be treated as warranty

(1) This section does not apply to Scotland.

(2) Where a contract of sale is subject to a condition to be fulfilled by the seller, the buyer may waive the condition, or may elect to treat the breach of the condition as a breach of warranty and not as a ground for treating the contract as repudiated.

(3) Whether a stipulation in a contract of sale is a condition, the breach of which may give rise to a right to treat the contract as repudiated, or a warranty, the breach of which may give rise to a claim for damages but not to a right to reject the goods and treat the contract as repudiated, depends in each case on the construction of the contract; and a stipulation may be a condition, though called a warranty in the contract.

(4) Subject to section 35A below where a contract of sale is not severable and the buyer has accepted the goods or part of them, the breach of a condition to be fulfilled by the seller can only be treated as a breach of warranty, and not as a ground for rejecting the goods and treating the contract as repudiated, unless there is an express or implied term of the contract to that effect.

(6) Nothing in this section affects a condition or warranty whose fulfilment is excused by law by reason of impossibility or otherwise.

(7) Paragraph 2 of Schedule 1 below applies in relation to a contract made before 22 April 1967 or (in the application of this Act to Northern Ireland) 28July 1967.

제11조 擔保로 취급되는 條件

(1) 下記 제2항 내지 제4항 및 제7항은 스코틀랜드에 적용하지 아니하고, 또 下記 제5항은 스코틀랜드에서만 적용한다.

(2) 매매계약이 매도인에 의하여 충족되어야 할 조건을 전제로 한 경우에는, 매수인은 그 조건을 포기하거나, 또는 그 條件의 위반을 擔保의 위반으로 취급하면서 또한 계약의 이행거절의 사유로 취급하지 아니할 수 있다.

(3) 매매계약에 있어서 어떠한 약정이 그 위반으로 인하여 계약의 이행거절로 취급하는 권리를 발생하게 하는 條件(condition)인가, 아니면 그 위반으로 인하여 손해

배상의 청구권을 발생하게 하지만 물품의 거절권 및 계약의 이행거절로 취급하는 권리를 발생하게 하지 아니하는 擔保(warranty)인가의 여부는, 각 경우에 있어서 계약의 해석 여하에 달려 있다. 그리고 어떠한 약정은 계약에 있어서 擔保로 칭하는 경우 일지라도 條件이 될 수 있다.

(4) 매매계약이 분리가능하지 아니하고 또한 매수인이 물품의 전부 또는 일부를 인수한 경우에는, 매도인에 의하여 충족되어야 할 條件의 위반은 다만 擔保의 위반으로 취급될 수 있으나, 결코 물품의 거절 및 계약의 이행거절의 사유로 취급될 수는 없다. 다만 그 효력에 대하여 명시적 또는 묵시적인 계약의 조항이 존재하는 경우에는 예외이다.

(5) 스코틀랜드에 있어서, 매도인이 매매계약의 어느 主要部分을 이행하지 아니한 것은 계약의 위반이 되며, 그 경우에 매수인은 인도 후 상당한 기간내에 물품을 거절하고 또한 계약의 이행거절로 취급하거나, 또는 물품을 유보하고 또한 그러한 主要部分의 不履行을 계약위반으로 취급하여 損害賠償을 청구할 수 있다.

(6) 本條의 규정은 불가능성 또는 기타의 사유에 의하여 법률상 그 충족이 면제되는 조건 또는 담보에 대하여 적용하지 아니한다.

(7) 下記 제 1부칙의 제 2조는 1967년 4월 22일 또는 (북아일랜드에 있어서) 1967년7월 28일 이전에 체결된 계약에 대하여 적용한다.

12. Implied terms about title, etc.

(1) In a contract of sale, other than one to which subsection (3) below applies, there is an implied term on the part of the seller that in the case of a sale he has a right to sell the goods, and in the case of an agreement to sell he will have such a right at the time when the property is to pass.

(2) In a contract of sale, other than one to which subsection (3) below applies, there is also an implied term that—

(a) the goods are free, and will remain free until the time when the property is to pass, from any charge or encumbrance not disclosed or known to the buyer before the contract is made, and

(b) the buyer will enjoy quiet possession of the goods except so far as it may be disturbed by the owner or other person entitled to the benefit of any charge or encumbrance so disclosed or known.

(3) This subsection applies to a contract of sale in the case of which there appears from the contract or is to be inferred from its circumstances an intention that the seller should transfer only such title as he or a third person may have.

(4) In a contract to which subsection (3) above applies there is an implied term that all charges or encumbrances known to the seller and not known to the buyer have been disclosed to the buyer before the contract is made.

(5) In a contract to which subsection (3) above applies there is also an implied term that none of the following will disturb the buyer's quiet possession of the goods, namely—

(a) the seller;

(b) in a case where the parties to the contract intend that the seller should transfer only such title as a third person may have, that person;

(c) anyone claiming through or under the seller or that third person otherwise than under a charge or encumbrance disclosed or known to the buyer before the contract is made.

(6) Paragraph 3 of Schedule 1 below applies in relation to a contract made before 18 May 1973.

12. 物權 등에 관한 默示擔保

(1) 下記 제3항이 적용되는 이외의 매매계약에 있어서, 매도인측은 물품의 매매인 때에는 賣却權을 유보하고, 또한 매매의 합의인 때에는 소유권이 이전할 당시에 그러한 권리를 유보한다는 묵시적인 조건이 존재한다.

(2) 下記 제3항이 적용되는 이외의 매매계약에 있어서, 다음의 묵시적인 擔保가 또한 존재한다.

(a) 물품은 계약의 체결 이전에 매수인에게 통지 또는 고지되지 아니한 여하한 채무 또는 부담으로부터 영향을 받지 아니하고 또한 소유권이 이전될 당시에도 영향을 받지 아니하며, 또한

(b) 매수인은 물품의 단순점유를 향유할 수 있다. 다만 그것이 통지 또는 고지된 여하한 부담 또는 채무의 수익권을 갖는 소유자 또는 기타 자에 의하여 침해되는 경우에는 예외이다.

(3) 본항은 매도인이 자신 또는 제3자가 유보하는 물권만을 이전할 것이라는 의사표시를 계약상에 명시하거나 또는 그러한 사정으로부터 추정할 수 있는 경우의 매매계약에 적용한다.

(4) 上記 제3항이 적용되는 계약에 있어서, 매도인에게 고지되고 또한 매수인에게 고

지되지 아니한 모든 부담 또는 부담 또는 채무는 계약의 체결 이전에 매수인에게 도 通知되었다는 묵시적인 담보가 존재한다.

(5) 上記 제3항이 적용되는 경우에 있어서, 또한 다음의 여하한 자도 매수인의 물품에 대한 單純占有를 침해하지 아니한다는 묵시적인 담보가 또한 존재한다. 즉

(a) 賣渡人,

(b) 매도인이 제3자가 유보하는 물권만을 이전할 것의 의사표시를 하는 계약당사자가 있는 경우에는, 그러한 者,

(c) 매도인 도는 제3자를 통하여, 계약의 체결 이전에 매수인에게 통지 또는 고지되었어야 할 부담 또는 채무 이외의 배상을 청구하는 者.

(6) 下記 제1부칙의 제3조는 1973년 3월 18일 이전에 체결된 계약에 대하여 적용한다.

13. Sale by description

(1) Where there is a contract for the sale of goods by description, there is an implied term that the goods will correspond with the description.

(2) If the sale is by sample as well as by description it is not sufficient that the bulk of the goods corresponds with the sample if the goods do not also correspond with the description.

(3) A sale of goods is not prevented from being a sale by description by reason only that, being exposed for sale or hire, they are selected by the buyer.

(4) Paragraph 4 of Schedule 1 below applies in relation to a contract made before 18 May 1973.

제13조 明細書에 의한 賣買

(1) 명세서에 의한 물품의 매매계약이 존재한 경우에는, 그 물품은 明細書와 일치한다는 묵시적인 담보가 존재한다.

(2) 매매가 명세서와 함께 견본에 의하는 경우에는, 그 물품은 명세서와 일치하지 아니하는 한 見本과 일치한다는 사실은 충분하지 못하다.

(3) 물품의 매매를 위한 제시 또는 대차로 인하여 매수인이 물품의 매매를 지정하였다는 사유만으로, 그 매매가 明細書에 의한 매매로 될 수 없는 것은 아니다.

(4) 下記 제 1부칙의 제 4조는 1973년 3월 18일 이전에 체결된 계약에 대하여 적용한다.

14. Implied terms about quality or fitness

(1) Except as provided by this section and section 15 below and subject to any other enactment, there is no implied term about the quality or fitness for any particular purpose of goods supplied under a contract of sale.

(2) Where the seller sells goods in the course of a business, there is an implied term that the goods supplied under the contract are of merchantable quality, except that there is no such condition—

(a) as regards defects specifically drawn to the buyer's attention before the contract is made; or

(b) if the buyer examines the goods before the contract is made, as regards defects which that examination ought to reveal.

(3) Where the seller sells goods in the course of a business and the buyer, expressly or by implication, makes known—

(a) to the seller, or

(b) where the purchase price of part of it is payable by instalments and the goods were previously sold by a credit-broker to the seller, to that credit-broker, any particular purpose for which the goods are being bought, there is an implied term that the goods supplied under the contract are reasonably fit for that purpose, whether or not that is a purpose for which such goods are commonly supplied, except where the circumstances show that the buyer does not rely, or that it is unreasonable for him to rely, on the skill or judgment of the seller or credit-broker.

(4) An implied term about quality or fitness for a particular purpose may be annexed to a contract of sale by usage.

(5) The preceding provisions of this section apply to a sale by a person who in the course of a business is acting as agent for another as they apply to a sale by a principal in the course of a business, except where that other is not selling in the course of a business and either the buyer knows that fact or reasonable steps are taken to bring it to the notice of the buyer before the contract is made.

(6) As regards England and Wales and Northern Ireland, the terms implied by subsections (2) and (3) above are conditions.

(7) Paragraph 5 of Schedule 1 below applies in relation to a contract made on or after

18 May 1973 and before the appointed day, and paragraph 6 in relation to one made before 18 May 1973.

(8) In subsection (7) above and paragraph 5 of Schedule 1 below references to the appointed day are to the day appointed for the purposes of those provisions by an order of the Secretary of State made by statutory instrument.

제14조 品質 또는 適格性에 관한 默示擔保

(1) 本條 및 下記 제 15조의 규정 및 기타 여하한 법령에 규정이 없는 한, 매매계약에 의하여 제공된 물품이 어느 특정의 목적에 적합한 品質 또는 適格性을 갖추어야 한다는 묵시적인 조건 또는 담보가 존재하지 아니한다.

(2) 매도인이 영업중에 물품을 매각한 경우에는, 계약에 의하여 제공된 물품은 매매에 適合한 品質이어야 한다는 묵시적인 조건이 존재한다. 다만 다음의 경우는 그러한 조건이 존재하지 아니한다.

(a) 계약의 체결 이전에 현저하게 매수인이 인지한 瑕疵, 또는

(b) 계약의 체결 이전에 매수인이 물품을 검사한 경우에는, 그 검사에 의하여 당연히 발견되었어야 할 瑕疵.

(3) 매도인이 영업중에 물품을 매각하고 또한 매수인이 명시적으로 또는 묵시적으로 다음의 자에게 알려진 경우에는,

(a) 賣渡人, 또는

(b) 물품대금의 전부 또는 일부가 분할지급될 수 있고 또한 그 물품이 사전에 신용매매중개인에 의하여 매도인에게 매각되었던 때에는, 그 信用賣買仲介人, 그 물품이 매입되는 어떠한 특정의 목적에 있어서, 계약에 의하여 제공되는 물품은 그러한 목적에 합리적으로 適合하다는 묵시적인 조건이 존재한다. 다만 그것이 물품을 통상적으로 제공하기 위한 목적인지의 여부는 불문하며, 또한 매수인이 매도인 또는 신용매매중개인의 기교 및 판단에 응하지 아니하거나 또는 그에 응하는 것이 불합리하게 된 사정이 밝혀진 경우는 제외한다.

(4) 특정의 목적에 적합한 품질 또는 적격성에 관한 묵시적인 조건 또는 담보는 관례에 의하여 매매계약에 추가할 수 있다.

(5) 本條의 전항[(1)~(4)]의 규정은 영업중에 있으며 제 3자를 위한 대리인으로서 행동하는 자에 의한 매매에 대해서도 영업중에 있는 본인에 의한 매매에 적용되는 바와 동일하게 적용한다. 다만 그 자가 영업중에 있어서 매각하지 아니하고 또한 그 사실을 계약의 체결 이전에 매수인이 알고 있거나 또는 합리적인 조치를 통하

여 매수인에게 통지된 경우에는 예외이다.

(6) 모든 종류의 물품은 그것이 명세서, 대금(해당된 경우) 및 기타 모든 관련된 사정에 따라 합리적으로 기대된 바 대로의 통상적인 매입목적에 적합한 경우에 上記 제2항에서 의미하는 매매에 적합한 품질로 본다.

(7) 下記 제 1부칙의 제 5조는 1973년 3월 18일 또는 그 이후 및 지정일 이전의 계약에 대하여 적용하며, 또 그 제6조는 1973년 3월 18일 이전에 체결된 계약에 대하여 적용한다.

(8) 上記 제 7항 및 下記 제 1부칙의 제 5조에 있어서의 지정일은 국무성의 법령서에 의한 제규정을 위하여 지정된 일자를 말한다.

Sale by Sample
(見本賣買)

15. Sale by sample

(1) A contract of sale is a contract for sale by sample where there is an express or implied term to that effect in the contract.

(2) In the case of a contract for sale by sample there is an implied term—

(a) that the bulk will correspond with the sample in quality;

(b) that the goods will be free from any defect, making their quality unsatisfactory, which would not be apparent on reasonable examination of the sample.

(3) As regards England and Wales and Northern Ireland, the term implied by subsection (2) above is a condition.

(4) Paragraph 7 of Schedule 1 below applies in relation to a contract made before 18 May 1973.

제15조 見本에 의한 賣買

(1) 계약상에 견본매매로 한다는 명시적 또는 묵시적인 조항이 존재한 경우에는, 그 매매계약은 見本에 의한 매매계약이라 한다.

(2) 견본에 의한 매매계약의 경우에는 다음과 같은 묵시적인 담보가 존재한다.

(a) 현품은 품질에 있어서 見本과 일치하여야 하고,

(b) 매수인은 현품을 견본과 대조하는데 상당한 機會를 가져야 하고,
(c) 물품은 견본이 정당한 검사에 의해서도 발견되지 아니하고 매매에 부적합한 것으로 간주되는 그러한 瑕疵에 해당되지 아니하여야 한다.
(3) 上記 제 2항 제 c호에 있어서 “賣買에 不適合한”이란 上記 제 14조 제 6항에 준하여 해석되어야 한다.
(4) 下記 제 1부칙의 제 7조는 1973년 3월 18일 이전에 체결된 계약에 대하여 적용한다.

PART Ⅲ. EFFECTS OF THE CONTRACT
(제3장 契約의 效力)

Transfer of property as between seller and buyer
(賣渡人과 買受人間의 所有權移轉)

16. Goods must be ascertained

where there is a contract for the sale of unascertained goods no property in the goods is transferred to the buyer unless and until the goods are ascertained.

제16조 不確定物의 確定

불확정물의 매매계약이 존재한 경우에는, 그 물품이 확정되지 아니하는 한 確定되기까지 결코 물품의 所有權은 매수인에게 이전하지 아니한다.

17. Property passes when intended to pass

(1) Where there is a contract for the sale of specific or ascertained goods the property in them is transferred to the buyer at such time as the parties to the contract intend it to be transferred.
(2) For the purpose of ascertaining the intention of the parties regard shall be had to the

terms of the contract, the conduct of the parties and the circumstances of the case.

제17조 特定物의 所有權移轉

(1) 특정물 또는 확정물의 매매계약이 존재한 경우에는, 물품의 所有權은 계약당사자가 그 이전의 意思表示를 한 당시에 매수인에게 이전한다.

(2) 당사자의 意思表示를 확정하고자 할 경우에는, 계약의 조항, 당사자의 행위 및 그 경우의 사정을 고려하여야 한다.

---

18. Rules for ascertaining intention

Unless a different intention appears, the following are rules for ascertaining the intention of the parties as to the time at which the property in the goods is to pass to the buyer.

Rule 1.—Where there is an unconditional contract for the sale of specific goods in a deliverable state the property in the goods passes to the buyer when the contract is made, and it is immaterial whether the time of payment or the time of delivery, or both, be postponed.

Rule 2.—Where there is a contract for the sale of specific goods and the seller is bound to do something to the goods for the purpose of putting them into a deliverable state, the property does not pass until the thing is done and the buyer has notice that it has been done.

Rule 3.—Where there is a contract for the sale of specific goods in a deliverable state but the seller is bound to weigh, measure, test, or do some other act or thing with reference to the goods for the purpose of ascertaining the price, the property does not pass until the act or thing is done and the buyer has notice that it has been done.

Rule 4.—When goods are delivered to the buyer on approval or on sale or return or other similar terms the property in the goods passes to the buyer:—

(a) when he signifies his approval or acceptance to the seller or does any other act adopting the transaction;

(b) if he does not signify his approval or acceptance to the seller but retains the goods without giving notice of rejection, then, if a time has been fixed for the return of the goods, on the expiration of that time, and, if no time has been fixed, on the expiration of a reasonable time.

Rule 5.

(1) Where there is a contract for the sale of unascertained or future goods by description, and goods of that description and in a deliverable state are unconditionally appropriated to the contract, either by the seller with the assent of the buyer or by the buyer with the assent of the seller, the property in the goods then passes to the buyer; and the assent may be express or implied, and may be given either before of after the appropriation is made.

(2) Where, in pursuance of the contract, the seller delivers the goods to the buyer or to a carrier or other bailee or custodier (whether named by the buyer or not) for the purpose of transmission to the buyer, and does not reserve the right of disposal, he is to be taken to have unconditionally appropriated the goods to the contract.

제18조 意思表示의 確定規則

별도의 의사표시가 없는 한, 물품의 所有權이 매수인에게 이전하는 시기에 관하여 당사자의 意思表示를 확정할 때에는 다음의 규칙에 따른다.

規則 1 - 인도가능한 상태에 있는 특정물의 무조건부의 매매계약이 존재한 경우에는, 물품의 소유권은 계약의 체결당시에 매수인에게 이전하며, 또한 지급의 시기, 인도의 시기, 또는 그 양자가 연기되는지 여부는 중요하지 아니하다.

規則 2 - 특정물의 매매계약이 존재하고 또한 매도인이 그 물품에 대하여 인도가능한 상태로 하기 위한 일정한 행위의 의무가 있는 경우에는, 소유권은 그러한 행위가 이행되고 또한 매수인이 그 행위의 완료를 통지하기 전까지는 이전하지 아니한다.

規則 3 - 인도가능한 상태에 있는 특정물의 매매계약이 존재하고, 반면에 대금을 확정하기 위하여 매도인이 물품에 관한 중량, 용적, 실험 또는 기타 일정한 행위를 이행하여야 할 의무가 있는 경우에는, 소유권은 그러한 행위 또는 조치가 이행되고 또한 매수인이 그 이행의 완료를 통지받기 전까지는 이전하지 아니한다.

規則 4 - 물품이 승인조건부 또는 잔품반환조건부 또는 기타 이와 유사한 조건부의 계약에 따라 매수인에게 인도된 경우에는, 그 물품의 소유권은 다음의 시기에 이전한다.

(a) 매수인이 매도인에게 승인 또는 승낙의 표시를 하거나 또는 그 거래를 수락하는 기타의 행위를 할 때,

(b) 매수인이 매도인에게 승인 또는 표시를 하지 아니하고 또한 거절의 통지도 없이

물품을 유보하고 있는 경우에는, 물품의 반송기간이 확정되어있으면 그 기간이 만료된 때, 또한 그 기간이 확정되어 있지 아니하면 상당한 기간이 만료된 때.

規則 5

(1) 명세서에 의한 불확정물 또는 선물의 매매계약이 존재하고, 또한 명세서에 일치하며 인도가능한 상태에 있는 물품이, 매수인의 동의를 얻어 매도인에 의하거나 또는 매도인의 동의를 얻어 매수인에 의하여 무조건부로 계약에 충당된 경우에는, 물품의 소유권은 그때 매수인에게 이전한다. 또한 그 동의는 명시적 또는 묵시적으로 할 수 있으며, 또 계약에 충당된 전후에도 할 수 있다.

(2) 계약에 따라 매도인이 물품을 매수인에게, 또는 매수인에게 수송할 목적으로 (매수인이 지정한 여부를 불문하고) 운송인 또는 기타 수탁자 또는 보관인에게 인도하고 또한 그 처분권을 유보하지 아니한 경우에는, 매도인은 물품을 무조건부로 계약에 충당한 것으로 본다.

---

19. Reservation of right of disposal

(1) Where there is a contract for the sale of specific goods or where goods are subsequently appropriated to the contract, the seller may, by the terms of the contract or appropriation, reserve the right of disposal of the goods until certain conditions are fulfilled; and in such a case, notwithstanding the delivery of the goods to the buyer, or to a carrier or other bailee or custodier for the purpose of transmission to the buyer, the property in the goods does not pass to the buyer until the conditions imposed by the seller are fulfilled.

(2) Where goods are shipped, and by the bill of lading the goods are deliverable to the order of the seller or his agent, the seller is prima facie to be taken to reserve the right of disposal.

(3) Where the seller of goods draws on the buyer for the price, and transmits the bill of exchange and bill of lading to the buyer together to secure acceptance or payment of the bill of exchange, the buyer is bound to return the bill of lading if he does not honour the bill of exchange, and if he wrongfully retains the bill of lading the property in the goods does not pass to him.

제19조 處分權의 留保

(1) 특정물의 매매계약이 존재하거나 또는 물품이 계약의 체결 이후에 충당된 경우에는, 매도인은 계약의 조항 또는 충당에 의거하여 일정한 조건이 충족되기까지 물품의 處分權을 유보할 수 있다. 또한 그러한 계약의 경우에는 물품이 매수인에게 또는 매수인에게 수송할 목적으로 운송인 또는 기타 수탁자 또는 보관인에게 인도되었더라도, 물품의 소유권은 매도인에 의하여 정하여진 조건이 충족되기까지는 매수인에게 이전하지 아니한다.
(2) 물품이 선적되고, 또 선화증권에 의하여 물품이 매도인 또는 그 대리인의 지시인에게 인도될 수 있는 경우에는, 매도인은 물품의 處分權을 유보할 수 있는 것으로 추정한다.
(3) 물품의 매도인이 대금을 회수를 위하여 매수인 앞으로 환어음을 발행하고, 또 환어음의 인수 또는 지급을 위하여 매수인에게 선화증권과 함께 이를 송부한 경우에는, 매수인은 환어음을 수리하지 아니한 때에는 그 선화증권을 반송하여야 한다. 또한 매수인이 불법으로 선화증권을 유치하더라도, 물품의 所有權은 그에게 이전하지 아니한다.

---

20. Passing of Risk

(1) Unless otherwise agreed, the goods remain at the seller's risk until the property in them is transferred to the buyer, but when the property in them is transferred to the buyer the goods are at the buyer's risk whether delivery has been made or not.
(2) But where delivery has been delayed through the fault of either buyer or seller the goods are at the risk of the party at fault as regards any loss which might not have occurred but for such fault.
(3) Nothing in this section affects the duties or liabilities of either seller or buyer as a bailee or custodier of the goods of the other party.

제20조 危險移轉의 同時性

(1) 별도의 합의가 없는 한, 물품에 대한 危險은 그 소유권이 매수인에게 이전되기까지는 매도인의 부담에 속한다. 반면 그 소유권이 매수인에게 이전되는 한 인도가 행하여진 여부를 불문하고 물품에 대한 危險은 매수인의 부담에 속한다.

(2) 다만 매수인 또는 매도인의 過失로 인하여 인도가 지연된 경우에는, 그러한 과실이 없었으면 발생되지 아니하였을 여하한 손해에 관련하여 물품에 대한 危險은 과실있는 당사자의 부담에 속한다.

(3) 本條의 규정은 결코 매도인 또는 매수인이 상대방의 물품에 대하여 수탁자 또는 보관인으로서 부담하는 의무 또는 책임에 영향을 미치지 아니한다.

Trasfer of Title
(權利의 移轉)

21. Sale by person not the owner

(1) Subject to this Act, where goods are sold by a person who is not their owner, and who does not sell them under the authority or with the consent of the owner, the buyer acquires no better title to the goods than the seller had, unless the owner of the goods is by his conduct precluded from denying the seller's authority to sell.

(2) Nothing in this Act affects—

(a) the provisions of the Factors Acts or any enactment enabling the apparent owner of goods to dispose of them as if he were their true owner;

(b) the validity of any contract of sale under any special common law or statutory power of sale or under the order of a court of competent jurisdiction.

제21조 非所有者에 의한 賣買

(1) 本法에 규정이 없는 한, 물품이 그 소유자가 아니면서 원소유자의 수권 또는 동의를 받지 아니한 제3자에 의하여 매각된 경우에는, 매수인은 매도인이 갖는 그 이상의 물권을 취득할 수 없다. 다만 물품의 원소유자가 자신의 행위에 의하여 매도인이 갖는 매각의 권한을 부인할 수 없는 경우에는 예외이다.

(2) 本條의 규정은 결코 다음의 경우에 영향을 미치지 아니한다.

(a) 商事代理人法의 규정 또는 표견소유자에게 진정한 소유자와 동등하게 물품을 처분할 수 있도록 하는 어떠한 제정법의 규정;

(b) 매매에 대한 특정의 보통법 또는 제정법상의 권한, 또는 자격있는 관할법원의 명

령에 의한 어떠한 매매계약의 효력.

22. Market overt

(1) Where goods are sold in market overt according to the usage of the market, the buyer acquires a good title to the goods, provided he buys them in good faith and without notice of any defect or want of title on the part of the seller.
(2) This section does not apply to Scotland.
(3) Paragraph 8 of Schedule 1 below applies in relation to a contract under which goods were sold before 1 January 1968 or (in the application of this Act to Northern Ireland) 29 August 1967.

제22조 公開市場에서의 賣却

(1) 물품이 공개시장에서 시장의 관행에 의하여 매각된 경우에는, 매수인은 물품에 대한 정당한 權利를 취득한다. 다만 매수인은 선의로 이를 매입하고 또한 매도인 측에 권리상의 어떠한 瑕疵 또는 결함이 있음을 알지 못한 경우에 한한다.
(2) 本條는 스코틀랜드에는 적용하지 아니한다.
(3) 下記 제 1부칙의 제 8조는 물품이 1968년 1월 1일 이전 또는 (本法을 북아일랜드에 적용하는 경우에) 1967년 8월 29일 이전에 매각된 계약에 대하여 적용한다.

23. Sale under voidable title

When the seller of goods has a voidable title to them, but his title has not been avoided at the time of the sale, the buyer acquires a good title to the goods, provided he buys them in good faith and without notice of the seller's defect of title.

제23조 取消可能한 權利下의 賣買

물품의 매도인이 취소될 수 있는 물건을 갖고 있으며, 또한 그의 권리가 매매의 당시에 취소되지 아니한 경우에는, 매수인은 물품에 대한 정당한 權利를 취득한다. 다만 매수인은 선의로 이를 매입하고 또한 매도인측에 권리상의 瑕疵가 있음을 알지 못한 경우에 한한다.

24. Seller in possession after sale

Where a person having sold goods continues or is in possession of the goods, or of the documents of title to the goods, the delivery or transfer by that person, or by a mercantile agent acting for him, of the goods or documents of title under any sale, pledge, or other disposition thereof, to any person receiving the same in good faith and without notice of the previous sale, has the same effect as if the person making the delivery or transfer were expressly authorised by the owner of the goods to make the same.

제24조 賣却後의 賣渡人의 占有

물품을 매각한 자가 물품 또는 물품에 대한 권리증서를 계속하여 占有하고 있는 경우에는, 그러한 자 또는 그의 상사대리인이 매매, 입질 또는 기타의 처분에 의하여 이를 선의로 인수하고 또한 사전의 매매에 대하여 알지 못한 어떠한 자에게 그 물품 또는 권리증서를 인도 또는 이전한 행위는, 그 인도 또는 이전한자가 물품의 소유자로부터 명시적으로 수권받아서 한 행위와 동일한 효력이 있다.

25. Buyer in possession after sale

(1) Where a person having bought or agreed to buy goods obtains, with the consent of the seller, possession of the goods or the documents of title to the goods, the delivery or transfer by that person, or by a mercantile agent acting for him, of the goods or documents of title, under any sale, pledge, or other disposition thereof, to any person receiving the same in good faith and without notice of any lien or other right of the original seller in respect of the goods, has the same effect as if the person making the delivery or transfer were a mercantile agent in possession of the goods or documents of title with the consent of the owner.

(2) For the purposes of subsection (1) above—

(a) the buyer under a conditional sale agreement is to be taken not to be a person who has bought or agreed to buy goods, and

(b) "conditional sale agreement" means an agreement for the sale of goods which is a consumer credit agreement within the meaning of the Consumer Credit Act 1974 under which the purchase price or part of it is payable by instalments, and the property in the goods is to remain in the seller (notwithstanding that the buyer is to be in possession of the goods) until such conditions as to the payment of instalments or otherwise as may be specified in the agreement are fulfilled.

(3) Paragraph 9 of Schedule 1 below applies in relation to a contract under which a person buys or agrees to buy goods and which is made before the appointed day.

(4) In subsection (3) above and paragraph 9 of Schedule 1 below references to the appointed day are to the day appointed for the purposes of those provisions by an order of the Secretary of State made by statutory instrument.

제25조 買入後의 買受人의 占有

(1) 물품을 매입하였거나 또는 매입하기로 합의한 자가 매도인의 동의를 얻어 물품 또는 물품에 대한 권리증서를 占有하고 있는 경우에는, 그러한 자 또는 그의 상사대리인이 매매, 입질 또는 기타의 처분에 의하여 이를 선의로 인수하고 또한 물품에 관란 원매도인의 유치권 또는 기타의 권리에 대하여 알지 못한 어떠한 자에게 그 물품 또는 권리증서를 인도 또는 이전한 행위는, 그 인도 또는 이전한 자가 소유자의 동의를 얻어 물품 또는 권리증서를 占有하는 상사대리인으로서 한 행위와 동일한 효력이 있다.

(2) 上記 제 1항의 적용을 위하여,

(a) 조건부의 매매합의에 의한 매수인은 물품을 매입하였거나 또는 그러한 합의를 한 자로 보지 아니하며, 또

(b) "條件附의 賣買合意"란 물품대금의 전부 또는 일부가 분할지급될 수 있도록 규정한 1974년 消費者信用賣買法의 의미내에 있는 소비자신용매매의 합의에 상당하는 물품의 매매합의를 말한다. 또한 물품의 소유권은 (매수인이 물품을 점유한 경우에도) 분할지급에 관한 조건 또는 기타 합의에 명시된 조건이 충족되기까지는 매도인에게 존속한다.

(3) 下記 제 1부칙의 제 9조는 어떠한 자가 물품을 매입하거나 또는 그러한 합의를 하고 또한 지정일 이전에 체결한 어떠한 계약에 대하여 적용한다.

(4) 上記 제 3조 및 下記 제 1부칙의 제 9조에 있어서 지정일은 국무성의 법령서에 의한 제규정을 위하여 지정된 일자를 말한다.

26. Supplementary to sections 24 and 25

In sections 24 and 25 above 'mercantile agent' means a mercantile agent having in the customary course of his business as such agent authority either—

(a) to sell goods, or

(b) to consign goods for the purpose of sale, or

(c) to buy goods, or

(d) to raise money on the security of goods.

제26조 제24조 및 제25조의 補則

上記 제24조 및 제25조에 있어서 "商事代理人"이란 자신의 관습적인 영업중에 다음에 대한 대리권을 갖는 상사대리인을 의미한다.

(a) 물품을 賣却하는 권한, 또는

(b) 매매할 목적으로 물품을 委託하는 권한, 또는

(c) 물품을 買入하는 권한, 또는

(d) 물품을 담보로 하여 金錢을 조달하는 권한.

PART Ⅳ. PERFORMANCE OF THE CONTRACT (제4장 契約의 履行)

27. Duties of seller and buyer

It is the duty of the seller to deliver the goods, and of the buyer to accept and pay for them, in accordance with the terms of the contract of sale.

제27조 賣渡人과 買受人의 義務

매매계약의 조항과 일치하게 物品을 인도하는 것은 곧 매도인의 의무이며, 또한 물품을 인수하고 그 代金을 지급하는 것은 곧 매수인의 의무이다.

28. Payment and delivery are concurrent conditions

Unless otherwise agreed, delivery of the goods and payment of the price are concurrent conditions, that is to say, the seller must be ready and willing to give possession of the goods to the buyer in exchange for the price and the buyer must be ready and willing to pay the price in exchange for possession of the goods.

제28조 支給과 引渡의 同時履行條件

별도의 합의가 없는 한, 物品의 인도 및 代金의 지급은 同時履行條件이다. 즉, 매도인은 대금과 상환으로 매수인에게 물품의 점유를 이전할 준비와 의지가 있어야 하며, 또한 매수인은 물품의 점유와 상환으로 매도인에게 대금을 지급할 준비와 의지가 있어야 한다.

29. Rules about delivery

(1) Whether it is for the buyer to take possession of the goods or for the seller to send them to the buyer is a question depending in each case on the contract, express or implied, between the parties.

(2) Apart from any such contract, express or implied, the place of delivery is the seller's place of business if he has one, and if not, his residence; except that, if the contract is for the sale of specific goods, which to the knowledge of the parties when the contract is made are in some other place, then that place is the place of delivery.

(3) Where under the contract of sale the seller is bound to send the goods to the buyer, but no time for sending them is fixed, the seller is bound to send them within a reasonable time.

(4) Where the goods at the time of sale are in the possession of a third person, there is no delivery by seller to buyer unless and until the third person acknowledges to the buyer that he holds the goods on his behalf; but nothing in this section affects the operation of the issue or transfer of any document of title to goods.

(5) Demand or tender of delivery may be treated as ineffectual unless made at a reasonable hour; and what is a reasonable hour is a question of fact.

(6) Unless otherwise agreed, the expenses of and incidental to putting the goods into a deliverable state must be borne by the seller.

제29조 引渡의 規則

(1) 매수인이 스스로 물품의 점유를 취득하여야 하는가 또는 매도인이 스스로 물품을 매수인에게 송부하여야 하는가의 여부는, 각 경우에 있어서 당사자간의 명시적 또는 묵시적인 계약에 따를 문제이다.
(2) 명시적 또는 묵시적인 계약이 존재하지 아니하는 한, 引渡의 場所는 매도인의 영업장소로 하며, 또 영업장소가 없는 경우에는 매도인의 주소지로 한다. 다만 계약이 특정물의 매매를 위한 경우에는, 계약의 체결당시에 특정물이 어떤 다른 장소에 있음을 당사자가 알고 있으면 그 장소를 인도의 장소로 한다.
(3) 매매계약에 의하여 매도인이 물품을 매수인에게 송부하여야 할 의무가 있으나, 그 송부하여야 할 의무가 있으나, 그 송부를 위한 時期가 확정되지 아니한 겨웅에는, 매도인은 물품을 상당한 기간내에 송부하여야 한다.
(4) 매매당시에 물품이 제3자의 점유하에 있는 경우에는, 제3자가 매수인에게 그를 위하여 물품을 소지하고 있음을 통지하지 아니하는 한, 결코 매도인으로부터 매수인에게 인도가 있었다고 할 수 없다. 다만 本條의 규정은 물품에 관한 여하한 권리증서의 발행 또는 이전의 효력에 대하여 영향을 미치지 아니한다.
(5) 인도의 청구 또는 제공은 상당한 시간에 하지 아니하는 한, 그 효력이 없는 것으로 볼 수 있다. 또한 상당한 시간이라 함은 사실의 문제이다.
(6) 별도의 합의가 없는 한, 물품의 인도가능한 상태로 하기 위한 비용 및 기타 부수되는 비용은 매도인이 부담하여야 한다.

---

30. Delivery of wrong quantity

(1) Where the seller delivers to the buyer a quantity of goods less than he contracted to sell, the buyer may reject them, but if the buyer accepts the goods so delivered he must pay for them at the contract rate.
(2) Where the seller delivers to the buyer a quantity of goods larger than he contracted to sell, the buyer may accept the goods included in the contract and reject the rest, or he may reject the whole.
(3) Where the seller delivers to the buyer a quantity of goods larger than he contracted to sell and the buyer accepts the whole of the goods so delivered he must pay for

them at the contract rate.

(4) Where the seller delivers to the buyer the goods he contracted to sell mixed with goods of a different description not included in the contract, the buyer may accept the goods which are in accordance with the contract and reject the whole.

(5) This section is subject to any usage of trade, special agreement, or course of dealing between the parties.

제30조 瑕疵있는 數量의 引渡

(1) 매도인이 매매계약보다 적은 數量의 물품을 매수인에게 인도한 경우에는, 매수인은 이를 거절할 수 있다. 그러나 매수인이 그러한 수량으로 인도된 물품을 인수한 경우에는, 매수인은 계약의 비율에 의하여 그 대금을 지급하여야 한다.

(2) 매도인이 매매계약보다 많은 數量의 물품을 매수인에게 인도한 경우에는, 매수인은 계약에 명시된 수량의 물품을 인수하고 또한 잔여수량을 거절하거나 또는 그 전량의 물품을 거절할 수 있다.

(3) 매도인이 매매계약보다 많은 數量의 물품을 매수인에게 인도하고 또한 매수인이 그러한 수량으로 인도된 물품의 전량을 인수한 경우에는, 매수인은 계약의 비율에 의하여 그 대금을 지급하여야 한다.

(4) 매도인이 매매계약의 물품과 계약에 없는 다른 명세의 물품을 混合하여 매수인에게 인도한 경우에는, 매수인은 계약과 일치하는 물품을 인수하고 그 잔여품을 거절하거나, 또는 그 전량의 물품을 거절할 수 있다.

(5) 本條는 다른 상관행, 특정의 합의, 또는 당사자간의 거래지침이 있을 때에는 이를 전제로 하여 적용한다.

---

31. Instalment deliveries

(1) Unless otherwise agreed, the buyer of goods is not bound to accept delivery of them by instalments.

(2) Where there is a contract for the sale of goods to be delivered by stated instalments, which are to be separately paid for, and the seller makes defective deliveries in respect of one or more instalments, or the buyer neglects or refuses to take delivery of or pay for one or more instalments, it is a question in each case depending on the terms of the contract and the circumstances of the case whether the breach of contract is a

repudiation of the whole contract or whether it is a severable breach giving rise to a claim for compensation but not to a right to treat the whole contract as repudiated.

제31조 分割引渡

(1) 별도의 합의가 없는 한, 물품의 매수인은 分割引渡된 물품을 인수하여야 할 의무가 없다.

(2) 물품이 일정량으로 분할인도되어 대금이 개별적으로 지급되는 매매계약이 존재하고, 또한 매도인이 일회 또는 수회의 분할부분에 대하여 瑕疵있게 인도하거나, 또는 매수인이 일회 또는 수회의 분할부분에 대하여 인수 또는 지급을 懈怠 또는 거절한 경우에는, 그 계약의 위반이 계약의 전부에 대한 이행거절에 속하는가 혹은 계약의 전부에 대한 이행거절의 권리를 발생하게 하지 아니하고 각 위반에 대하여 손해배상의 청구권을 발생하게 하는 분리가능한 위반에 속하는가의 여부는, 각 경우의 계약조항 및 사정에 따른 문제이다.

---

32. Delivery to carrier

(1) Where, in pursuance of a contract of sale, the seller is authorised or required to send the goods to the buyer, delivery of the goods to a carrier (whether named by the buyer or not) for the purpose of transmission to the buyer is prima facie deemed to be delivery of the goods to the buyer.

(2) Unless otherwise authorised by the buyer, the seller must make such contact with the carrier on behalf of the buyer as may be reasonable having regard to the nature of the goods and the other circumstances of the case; and if the seller omits to do so, and the goods are lost or damaged in course of transit, the buyer may decline to treat the delivery to the carrier as a delivery to himself or may hold the seller responsible in damages.

(3) Unless otherwise agreed, where goods are sent by the seller to the buyer by a route involving sea transit, under circumstances in which it is usual to insure, the seller must give such notice to the buyer as may enable him to insure them during their sea transit, and if the seller fails to do so, the goods are at his risk during such sea transit.

제32조 運送人에게의 引渡

(1) 매매계약의 이행에 있어서, 매도인이 물품을 매수인에게 송부할 권한 또는 의무를 갖고 있는 경우에는, 매도인이 매수인에게 수송할 목적으로 물품을 運送人(매수인이 지정한 여부를 불문하고)에게 인도한 것은 곧 물품을 매수인에게 인도한 것으로 추정한다.
(2) 매수인에 의하여 별도로 수권되지 아니하는 한, 매도인은 매수인을 대신하여 운송인과 물품의 성질 및 기타의 사정을 고려한 합리적인 계약을 체결하여야 한다. 그리고 매도인이 이를 懈怠하고 또 물품이 운송중에 멸실 또는 손상된 경우에는, 매수인은 운송인에게 인도한 것을 자신에게 인도한 것으로 처리하지 아니하거나 또는 매도인에 대하여 손해에 관한 책임을 주장할 수 있다.
(3) 별도의 합의가 없는 한, 매도인이 매수인에게 해상운송이 포함된 운송경로 및 附保가 통상적인 그러한 사정에 따라서 물품을 송부한 경우에는, 매도인은 해상운송 동안에 대하여 매수인이 부보할 수 있도록 그에게 통지를 하여야 한다. 또한 매도인이 이를 해태한 경우에는, 그 해상운송 동안의 물품에 대한 위험은 매도인의 부담에 속한다.

---

33. Risk where goods are delivered at distant place

Where the seller of goods agrees to deliver them at his own risk at a place other than that where they are when sold, the buyer must nevertheless (unless otherwise agreed) take any risk of deterioration in the goods necessarily incident to the course of transit.

제33조 隔地引渡時의 危險負擔

물품의 매도인이 매매의 당시에 물품이 존재한 장소 이외의 장소에서 자신의 위험부담으로 이를 인도할 것을 합의한 경우에는, 매수인은 (별도의 합의가 없는 한) 그럼에도 불구하고 운송 중에 필연적으로 부수하는 물품의 훼손에 관한 어떠한 위험도 반드시 부담하여야 한다.

---

34. Buyer's right of examining the goods

(1) Where goods are delivered to the buyer, and he has not previously ecamined them,

he is not deemed to have accepted them until he has had a reasonable opportunity of examining them for the purpose of ascertaining whether they are in conformity with the contract.

(2) Unless otherwise agreed, when the seller tenders delivery of goods to the buyer, he is bound on request to afford the buyer a reasonable opportunity of examining the goods for the purpose of ascertaining whether they are in conformity with the contract.

제34조 買受人의 物品檢査權

(1) 물품이 매수인에게 인도되고, 또 매수인이 사전에 이를 檢査하지 아니한 경우에는, 매수인은 물품이 계약과 일치하는가의 여부를 확인하기 위한 檢査의 상당한 기회를 갖기까지는 물품을 인수한 것으로 보지 아니한다.

(2) 별도의 합의가 없는 한, 매도인이 매수인에게 물품의 인도를 제공한 경우에는, 매도인은 매수인의 청구에 의하여 물품이 계약과 일치하는가의 여부를 확인하기 위한 檢査의 상당한 기회를 매수인에게 부여하여야 한다.

---

35. Acceptance

(1) The buyer is deemed to have accepted the goods when he intimates to the seller that he has accepted them, or (except where section 34 above otherwise provides) when the goods have been delivered to him and he does any act in relation to them which is inconsistent with the ownership of the seller, or when after the lapse of a reasonable time he retains the goods without intimating to the seller that he has rejected them.

(2) Paragraph 10 of Schedule 1 below applies in relation to a contract made before 22 April 1967 or (in the application of this Act to Northern Ireland) 28 July 1967.

제35조 物品의 引受

(1) 매수인이 물품을 引受한 사실을 매도인에게 통지한 때, 또는 (上記 제34조에 별도의 규정이 되어 있는 경우는 제외하고) 물품이 매수인에게 인도되고 또한 매수인이 물품에 관하여 매도인의 소유권과 일치하지 아니한 어떠한 행위를 한 때, 또는 매수인이 물품을 거절한 사실을 매도인에게 통지하지 아니하고 상당한 기간의 경과후에도 이를 보유한 때, 매수인은 물품을 引受한 것으로 간주한다.

(2) 下記 제 1부칙의 제 10조는 1967년 4월 22일 이전 또는 (本法을 북아일랜드에 적용

하는 경우에) 1967년 7월 28일 이전에 체결된 계약에 대하여 적용한다.

36. Buyer not bound to return rejected goods

Unless otherwise agreed, where goods are delivered to the buyer, and he refuses to accept them, having the right to do so, he is not bound to return them to the seller, but it is sufficient if he intimates to the seller that he refuses to accept them.

제36조 返送의 義務가 없는 拒絕物品

별도의 합의가 없는 한, 물품이 매수인에게 인도되고, 또 매수인이 주어진 권한으로 그 물품의 인수를 拒絕한 경우에는, 매수인은 매도인에게 물품을 返送하여야 할 의무가 없다. 다만 물품의 인수를 拒絕한 사실을 매도인에게 통지하면 그것으로 충분하다.

37. Buyer's liability for not taking delivery of goods

(1) When the seller is ready and willing to deliver the goods, and requests the buyer to take delivery, and the buyer does not within a reasonable time after such request take delivery of the goods, he is liable to the seller for any loss occasioned by his neglect or refusal to take delivery, and also for a reasonable charge for the care and custody of the goods.

(2) Nothing in this section affects the rights of the seller where the neglect or refusal of the buyer to take delivery amounts to a repudiation of the contract.

제37조 物品引受拒絕의 責任

(1) 매도인이 물품을 인도할 준비와 의지를 갖춘 후에 매수인에게 인도를 수령하도록 요구하고, 또 매수인이 그 요구를 받은 후 상당한 기간내에 물품의 인도를 수령하지 아니한 경우에는, 매수인은 매도인에게 그 인도수령의 懈怠 또는 拒絕로 인하여 발생한 모든 손해, 그리고 물품의 보호 및 보관에 소요되는 상당한 비용을 보상하여야 할 책임이 있다.

(2) 本條의 규정은 인도수령에 대한 매수인의 해태 또는 거절이 계약의 이행거절에 해당하는 경우에 있어서 매도인의 권리에 영향을 미치지 아니한다.

PART Ⅴ. RIGHTS OF UNPAID SELLER AGAINST THE GOODS (제5장 支給받지 못한 賣渡人의 物品에 대한 權利)

Preliminary
(總 則)

38. Unpaid seller defined

(1) The seller of goods is an unpaid seller within the meaning of this Act—

(a) when the whole of the price has not been paid or tendered;

(b) when a bill of exchange or other negotiable instrument has been received as conditional payment, and the condition on which it was received has not been fulfilled by reason of the dishonour of the instrument or otherwise.

(2) In this Part of this Act 'seller' includes any person who is in the position of a seller, as, for instance, an agent of the seller to whom the bill of lading has been indorsed, or a consignor or agent who has himself paid (or is directly responsible for) the price.

제38조 支給받지 못한 賣渡人의 定義

(1) 물품의 매도인은 다음과 같은 경우에 本法의 의미에 해당하는 支給받지 못한 賣渡人으로 본다.

(a) 대금의 전액이 지급 또는 제공되지 아니한 경우,

(b) 환어음 또는 기타 유통증권이 조건부 지급으로서 수취되고, 또한 그 수취된 조건이 증권의 지급거절 또는 기타의 사유로 인하여 충족되지 아니한 경우.

(2) 本法의 본장에 있어서 "賣渡人"이란 매도인의 지위에 있는 모든 자를 포함한다. 예를 들어 선화증권이 양도되어지는 매도인의 대리인, 또는 스스로 대금을 지급한 (또는 직접 책임이 있는) 송화인 또는 그 대리인과 같은 자이다.

39. Unpaid seller's rights

(1) Subject to this and any other Act, notwithstanding that the property in the goods may have passed to the buyer, the unpaid seller of goods, as such, has by implication of

law—

(a) a lien on the goods or right to retain them for the price while he is in possession of them;

(b) in the case of the insolvency of the buyer, a right of stopping the goods in transit after he has parted with the possession of them;

(c) a right of re-sale as limited by this Act.

(2) Where the property in goods has not passed to the buyer, the unpaid seller has (in addition to his other remedies) a right of withholding delivery similar to and coextensive with his rights of lien or retention and stoppage in transit where the property has passed to the buyer.

제39조 支給받지 못한 賣渡人의 權利

(1) 本法 및 기타의 法에 규정이 없는 한, 물품의 소유권이 매수인에게 이전한 경우에도, 지급받지 못한 물품의 매도인은 법률의 추정에 의하여 다음과 같은 權利를 갖는다.

(a) 자신의 물품을 점유하고 있는 동안에는 대금의 지급을 위한 물품의 留置權 또는 유보권,

(b) 매수인이 지급불능된 경우에, 물품의 점유를 이전한 후에는 물품의 運送 留止權,

(c) 本法에 의하여 한정되어 있는 再賣却權 등.

(2) 물품의 소유권이 매수인에게 이전하지 아니한 경우에는, 지급받지 못한 매도인은 (자신의 다른 구제방법 이외에) 소유권이 매수인에게 이전한 경우에 갖는 유치권 또는 유보권 그리고 운송유지권과 유사하고 또한 동일한 효력이 있는 引渡保留權을 갖는다.

---

40. Attachment by seller in Scotland

In Scotland a seller of goods may attach them while in his own hands or possession by arrestment or poinding; and such arrestment or poinding shall have the same operation and effect in a competition or otherwise as an arrestment or poinding by a third party.

제40조 스코틀랜드에서의 押留權

스코틀랜드에 있어서 물품의 매도인은 자신이 이를 소지 또는 점유하고 있는 동안에

억류 또는 차압(poinding)에 의하여 물품을 押留할 수 있다. 또한 그러한 억류 또는 차압은 제3자의 억류 또는 차압과 경합되거나 또는 기타의 경우에 있어서도 그와 동일한 효력을 갖는다.

Unpaid seller's lien
(支給받지 못한 賣渡人의 留置權)

41. Seller's lien

(1) Subject to this Act, the unpaid seller of goods who is in possession of them is entitled to retain possession of them until payment or tender of the price in the following cases:-
(a) where the goods have been sold without any stipulation as to credit;
(b) where the goods have been sold on credit but the term of credit has expired;
(c) where the buyer becomes insolvent.
(2) The seller may exercise his lien or right of retention notwithstanding that he is in possession of the goods as agent or bailee or custodier for the buyer.

제41조 賣渡人의 留置權

(1) 本法에 규정이 없는 한, 물품을 점유하고 있는 상태에서 지급받지 못한 매도인은 다음의 경우에 대금의 지급 또는 제공이 있을 때까지 그 물품의 占有를 留保할 권리가 있다.
(a) 물품이 신용매매에 관한 여하한 약정없이 매각된 경우,
(b) 물품이 신용매매에 의하여 매각되고 또한 그 신용기간이 만료된 경우,
(c) 매수인이 지급불능된 경우.
(2) 매도인은 비록 그가 매수인의 대리인 또는 수탁자 또는 보관인으로서 물품을 점유하고 있는 경우에도, 그의 留置權 또는 유보권을 행사할 수 있다.

42. Part delivery

Where an unpaid seller has made part delivery of the goods, he may exercise his lien or right of retention on the remainder, unless such part delivery has been made under such circumstances as to show an agreement to waive the lien or right of retention.

제42조 一部引渡時의 留置權

지급받지 못한 매도인이 물품의 일부를 인도한 경우에는, 그 매도인은 잔여부분에 대하여 留置權 또는 유보권을 행사할 수 있다. 다만 그러한 일부의 인도가 매도인의 유치권 또는 유보권을 포기하는 합의로 볼 수 있는 사정에서 이루어진 경우에는 예외이다.

---

43. Termination of lien

(1) The unpaid seller of goods loses his lien or right of retention in respect of them-

(a) when he delivers the goods to a carrier or other bailee or custodier for the purpose of transmission to the buyer without reserving the right of disposal of the goods;

(b) when the buyer or his agent lawfully obtains possession of the goods;

(c) by waiver of the lien or right of retention.

(2) An unpaid seller of goods who has a lien or right of retention in respect of them does not lose his lien or right of retention by reason only that he has obtained judgment or decree for the price of the goods.

제43조 留置權의 消滅

(1) 지급받지 못한 매도인은 다음의 경우에 물품에 관한 그의 留置權 또는 유보권을 상실한다.

(a) 매도인이 물품의 처분권을 유보하지 아니하고 매수인에게 수송할 목적으로 운송인 또는 기타 수탁자 또는 보관인에게 물품을 인도한 경우,

(b) 매수인 또는 그 대리인이 적법하게 물품을 인도한 경우,

(c) 매도인이 유치권 또는 유보권을 포기한 경우.

(2) 물품에 관한 유치권 또는 유보권을 갖고 있는 상태에서 지급받지 못한 물품의 매도인은 그가 물품의 대금에 관한 법원의 判決을 받은 사유만에 의하여 유치권 또는 유보권을 상실하지 아니한다.

Stoppage in Transit
(運送留止權)

44. Right of stoppage in transit

Subject to this Act, when the buyer of goods becomes insolvent the unpaid seller who has parted with the possession of the goods has the right of stopping them in transit, that is to say, he may resume possession of the goods as long as they are in course of transit, and may retain them until payment or tender of the price.

제44조 賣渡人의 運送留止權

本法에 규정이 없는 한, 물품의 매수인이 지급불능된 경우에는, 지급받지 못한 매도인은 그가 물품의 점유를 이전한 상태에서 그 물품의 運送留止權을 갖는다. 즉, 지급받지 못한 매도인은 물품이 운송 중인 한, 그 물품의 점유를 회복할 수 있으며, 또한 대금의 지급 또는 제공이 있을 때까지 이를 유보할 수 있다.

45. Duration of transit

(1) Goods are deemed to be in course of transit from the time when they are delivered to a carrier or other bailee or custodier for the purpose of transmission to the buyer, until the buyer or his agent in that behalf takes delivery of them from the carrier or other bailee or custodier.

(2) If the buyer or his agent in that behalf obtains delivery of the goods before their arrival at the appointed destination, the transit is at an end.

(3) If, after the arrival of the goods at the appointed destination, the carrier or other bailee or custodier acknowledges to the buyer or his agent that he holds the goods on his behalf and continues in possession of them as bailee or custodier for the buyer or his agent, the transit is at an end, and it is immaterial that a further destination for the goods may have been indicated by the buyer.

(4) If the goods are rejected by the buyer, and the carrier or other bailee or custodier continues in possession of them, the transit is not deemed to be at an end, even if

the seller has refused to receive them back.

(5) When goods are delivered to a ship chartered by the buyer it is a question depending on the circumstances of the particular case whether they are in the possession of the master as a carrier or as agent to the buyer.

(6) Where the carrier or other bailee or custodier wrongfully refuses to deliver the goods to the buyer or his agent in that behalf, the transit is deemed to be at an end.

(7) Where part delivery of the goods has been made to the buyer or his agent in that behalf, the remainder of the goods may be stopped in transit, unless such part delivery has been made under such circumstances as to show an agreement to give up possession of the whole of the goods.

제45조 運送期間 및 그 終了

(1) 물품이 運送中인 것으로 보는 期間은, 그 물품이 매수인에게 수송할 목적으로 운송인 또는 기타 수탁자 또는 보관인에게 인도된 때부터 매수인 또는 그 대리인이 운송인 또는 기타 수탁자 또는 보관인으로부터 물품의 인도를 수령한때까지로 한다.

(2) 물품이 지정된 목적지에 도착한 이전에 매수인 또는 그 대리인이 이를 인도받은 경우에는, 運送은 종료한다.

(3) 물품이 지정된 목적지에 도착한 이후에, 운송인 또는 기타 수탁자 또는 보관인이 매수인 또는 그 대리인을 위하여 물품을 보유하고 또한 그를 위한 수탁자 또는 보관인으로서 물품의 점유를 계속하고 있음을 매수인 또는 그 대리인에게 통지한 경우에는 運送은 종료한다. 이때 매수인이 물품의 또다른 목적지를 지정하였는가의 여부는 중요하지 아니하다.

(4) 물품이 매수인에 의하여 거절되고, 또한 운송인 또는 기타 수탁자 또는 보관인이 그 점유를 계속하고 있는 경우에는, 매도인이 비록 물품의 회수를 거절하더라도, 運送은 종료한 것으로 보지 아니한다.

(5) 물품이 매수인이 용선한 선박에 인도된 경우에는, 선장이 물품을 운송인의 자격으로서 점유하는가 또는 매수인의 대리인으로서 점유하는가에 대한 여부는 각 특정한 경우의 사정에 따를 문제이다.

(6) 운송인 또는 기타 수탁자 또는 보관인이 물품을 매수인 또는 그 대리인에게 인도하는 것을 불법으로 거절한 경우에는 運送은 거절한 것으로 본다.

(7) 물품의 일부가 매수인 또는 그 대리인에게 인도된 경우에는, 그 물품의 잔여부분에 대하여 운송유지권을 행사할 수 있다. 다만 그러한 일부의 인도가 물품의 전부

에 관한 점유를 포기하는 합의로 볼 수 있는 사정에서 이루어진 경우에는 예외이다.

---

46. How stoppage in transit is effected

(1) The unpaid seller may exercise his right of stoppage in transit either by taking actual possession of the goods or by giving notice of his claim to the carrier or other bailee or custodier in whose possession the goods are.

(2) The notice may be given either to the person in actual possession of the goods or to his principal.

(3) If given to the principal, the notice is ineffective unless given at such time and under such circumstances that the principal, by the exercise of reasonable diligence, may communicate it to his servant or agent in time to prevent a delivery to the buyer.

(4) When notice of stoppage in transit is given by the seller to the carrier or other bailee or custodier in possession of the goods, he must re-deliver the goods to, or according to the directions of, the seller; and the expenses of the re-delivery must be borne by the seller.

제46조 運送留止權의 行使

(1) 지급받지 못한 매도인은 물품의 현실적인 점유를 취득하거나 또는 물품을 점유하고 있는 운송인 또는 기타 수탁자 또는 보관인에게 자신의 청구권을 통지하는 방법에 의하여 그 運送留止權을 행사할 수 있다.

(2) 그 통지는 물품을 현실적으로 점유하고 있는 자 또는 그의 本人에게 할 수 있다.

(3) 本人에게 통지된 경우에는, 그 통지가 본인이 상당한 주의를 다하여 매수인에 대한 물품의 인도를 정지할 수 있는 기간내에 그의 사용인 또는 대리인에게 전달하는데 요하는 기간 및 사정에 따라서 이루어지지 아니하는 한, 그 통지는 효력이 없다.

(4) 운송유지권의 통지가 매도인으로부터 물품을 점유하고 있는 運送人 또는 기타 수탁자 또는 보관인에게 이루어진 경우에는, 후자는 매도인에게 또는 매도인의 지시에 따라서 그 물품을 재인도하여야 한다. 또한 재인도의 비용은 매도인이 부담하여야 한다.

Resale, etc., by Buyer
(買受人의 轉賣 등)

47. Effect of sub-sale etc by buyer

(1) Subject to this Act, the unpaid seller's right of lien or retention or stoppage in transit is not affected by any sale or other disposition of the goods which the buyer may have made, unless the seller has assented to it.

(2) Where a document of title to goods has been lawfully transferred to any person as buyer or owner of the goods, and that person transfers the document to a person who takes it in good faith and for valuable consideration, then-

(a) if the last-mentioned transfer was by way of sale the unpaid seller's right of lien or retention or stoppage in transit is defeated; and

(b) if the last-mentioned transfer was made by way of pledge or other disposition for value, the unpaid seller's right of lien or retention or stoppage in transit can only be exercised subject to the rights of the transferee.

제47조 買受人 轉賣 등의 效果

(1) 本法에 규정이 없는 한, 지급받지 못한 매도인의 유치권 또는 유보권 또는 운송유지권은 매수인이 행한 매각 또는 기타 어떠한 처분에 의하여 영향을 받지 아니한다. 다만 매도인이 이를 동의한 경우에는 예외이다.

(2) 물품의 권리증서가 매수인 또는 물품의 소유자로서 자격있는 어떠한 자에게 적법하게 양도되고, 또 그 양수인이 권리증서를 선의 및 유상으로 취득하는 자에게 다시 양도한 경우에는,

(a) 後者의 양도가 매매의 방식에 의한 때에는 지급받지 못한 매도인의 유치권 또는 유보권 또는 운송유지권은 소멸되어지며, 또

(b) 후자의 양도가 입질 또는 기타 가처분의 방식에 의한 때에는, 지급받지 못한 매도인의 유치권 또는 유보권 또는 운송유지권은 양수인의 권리를 전제로 한 범위내에서만 행사될 수 있다.

Rescissiong : and Resale by Seller
(契約의 解除 및 賣渡人의 再賣却)

48. Rescission: and re-sale by seller

(1) Subject to this section, a contract of sale is not rescinded by the mere exercise by an unpaid seller of his right of lien or retention or stoppage in transit.

(2) Where an unpaid seller who has exercised his right of lien or retention or stoppage in transit re-sells the goods, the buyer acquires a good title to them as against the original buyer.

(3) Where the goods are of a perishable nature, or where the unpaid seller gives notice to the buyer of his intention to re-sell, and the buyer does not within a reasonable time pay or tender the price, the unpaid seller may re-sell the goods and recover from the original buyer damages for any loss occasioned by his breach of contract.

(4) Where the seller expressly reserves the right of re-sale in case the buyer should make default, and on the buyer making default re-sells the goods, the original contract of sale is rescinded but without prejudice to any claim the seller may have for damages.

제48조 賣渡人의 再賣却의 效果

(1) 本條에 규정이 없는 한, 賣買契約은 지급받지 못한 매도인이 유치권 또는 유보권 또는 운송유지권을 행사한 사유만에 의하여 解除되지 아니한다.

(2) 지급받지 못한 매도인이 유치권 또는 유보권 또는 운송유지권을 행사한 후 물품을 再賣却한 경우에는, 매수인은 원매수인에 대하여 그 물품의 정당한 권리를 취득한다.

(3) 물품이 소멸되기 쉬운 성질의 것인 경우, 또는 지급받지 못한 매도인이 매수인에게 재매각의 의사표시를 통지하고, 또한 매수인이 상당한 기간내에 대금을 지급 또는 제공하지 아니한 경우에는, 지급받지 못한 매도인은 그 물품을 再賣却하고 또한 원매수인에 대하여 그 계약위반으로 야기된 모든 손해배상액의 배상을 청구할 수 있다.

(4) 매도인이 매수인의 채무불이행에 의하여 재매각권을 명시적으로 보유하고, 또 매수인의 채무불이행시에 물품을 재매각한 경우에는, 원매매계약은 해제된다. 그러나 계약의 해제는 손해배상을 위하여 매도인이 가질 수 있는 어떠한 청구권에 영향을 미치지 아니한다.

PART Ⅵ. ACTIONS FOR BREACH OF THE CONTRACT (제6장 契約違反에 대한 訴訟)

Selller's Remedies (賣渡人의 救濟方法)

49. Action for price

(1) Where, under a contract of sale, the property in the goods has passed to the buyer and he wrongfully neglects or refuses to pay for the goods according to the terms of the contract, the seller may maintain an action against him for the price of the goods.

(2) Where, under a contract of sale, the price is payable on a day certain irrespective of delivery and the buyer wrongfully neglects or refuses to pay such price, the seller may maintain an action for the price, although the property in goods has not passed and the goods have not been appropriated to the contract.

(3) Nothing in this section prejudices the right of the seller in Scotland to recover interest on the price from the date of tender of the goods, or from the date on which the price was payable, as the case may be.

제49조 代金請求의 訴訟

(1) 매매계약에 의하여 물품의 소유권이 매수인에게 이전한 후 매수인이 계약의 조항에 따라 물품의 대금을 지급하는 것을 불법으로 해태 또는 거절한 경우에는, 매도인은 매수인에 대하여 物品의 代金請求의 소송권을 보유할 수 있다.

(2) 매매계약에 의하여 대금이 물품의 인도와 상관없이 일정한 일자에 지급되도록 예정되어 있고, 또 매수인이 이를 불법으로 해태 또는 거절한 경우에는, 매도인은 代金請求의 소송권을 보유할 수 있다. 이는 물품의 소유권이 이전하지 아니하고 또 물품이 계약에 충당되지 아니한 경우에도 마찬가지이다.

(3) 本條의 규정은 스코틀랜드에 있어서 물품의 제공일, 또는 대금의 지급일로부터 대금의 利子를 회수할 수 있는 매도인의 권리에 영향을 미치지 아니한다.

50. Damages for non-acceptance

(1) Where the buyer wrongfully neglects or refuses to accept and pay for the goods, the seller may maintain an action against him for damages for non-acceptance.
(2) The measure of damages is the estimated loss directly and naturally resulting in the ordinary course of events, from the buyer's breach of contract.
(3) Where there is an available market for the goods in question the measure of damages is prima facie to be ascertained by the difference between the contract price and the market or current price at the time or times when the goods ought to have been accepted or (if no time was fixed for acceptance) at the time of the refusal to accept.

제50조 引受拒絕의 損害賠償額

(1) 매수인이 물품을 인수하고 대금을 지급하는 것을 불법으로 해태 또는 거절한 경우에는, 매도인은 매수인에 대하여 인수거절로 인한 손해배상청구의 소송권을 보유할 수 있다.
(2) 손해배상액의 限度는 통상적인 경우에 있어서 매수인의 계약위반으로부터 직접적으로 또한 당연히 발생할 수 있는 豫見된 손해액으로 정한다.
(3) 문제의 물품을 거래하는 시장이 존재한 경우에는, 손해배상액의 限度는 계약가격과 시장 또는 유통가격과의 差額에 의하여 확정되어지는 것으로 추정한다. 시장 또는 유통가격은 물품을 인수하였어야 할 당시 또는 (인수의 시기를 정하지 아니한 경우에) 이수를 거절한 당시의 가격으로 한다.

Buyer's remedies
(買受人의 救濟方法)

51. Damages for non-delivery

(1) Where the seller wrongfully neglects or refuses to deliver the goods to the buyer, the buyer may maintain an action against the seller for damages for non-delivery.
(2) The measure of damages is the estimated loss directly and naturally resulting, in the

ordinary course of events, from the seller's breach of contract.

(3) Where there is an available market for the goods in question the measure of damages is prima facie to be ascertained by the difference between the contract price and the market or current price of the goods at the time or times when they ought to have been delivered or (if no time was fixed) at the time of the refusal to deliver.

제51조 引渡拒絕의 損害賠償額

(1) 매도인이 매수인에게 물품을 인도하는 것을 불법으로 해태 또는 거절한 경우에는, 매수인은 매도인에 대하여 인도거절로 인한 손해배상청구의 소송권을 보유할 수 있다.

(2) 손해배상액의 限度는 통상적인 경우에 있어서 매도인의 계약위반으로부터 직접적으로 또한 당연히 발생할 수 있는 豫見된 손해액으로 정한다.

(3) 문제의 물품을 거래하는 시장이 존재한 경우에는, 손해배상액의 限度는 계약가격과 시장 또는 유통가격과의 差額에 의하여 확정되어지는 것으로 추정한다. 시장 또는 유통가격은 인도하였어야 할 당시 또는 (인도의 시기를 정하지 아니한 경우에) 인도를 거절한 당시의 가격으로 본다.

---

52. Specific performance

(1) If any action for breach of contract to deliver specific or ascertained goods the court may, if it thinks fit, on the plaintiff's application, by its judgment or decree direct that the contract shall be performed specifically, without giving the defendant the option of retaining the goods on payment of damages.

(2) The plaintiff's application may be made at any time before judgment or decree.

(3) The judgment or decree may be unconditional, or on such terms and conditions as to damages, payment of the price and otherwise as seem just to the court.

(4) The provisions of this section shall be deemed to be supplementary to, and not in derogation of, the right of specific implement in Scotland.

제52조 特定의 履行

(1) 특정물 또는 확정물을 인도하는 계약의 위반에 대한 소송에 있어서 법원은 원고

의 신청에 따라 적합하다고 생각되는 경우에는, 판결 또는 법령에 의하여, 피고에게 손해배상액의 지급당시에 물품을 보유하는 권리를 부여함이 없이, 계약에 따른 特定의 履行을 명할 수 있다.

(2) 원고의 신청은 법원의 판결 또는 법령이 있기 이전의 어떠한 시기에도 이를 행사할 수 있다.

(3) 판결 또는 법령은 무조건부로 하거나, 또는 손해배상액, 대금의 지급 및 기타 법원이 정당하다고 인정하는 그러한 조건부로 할 수 있다.

(4) 本條의 규정은 스코틀랜드에 있어서 특정이행의 권리를 보충하는 것으로 보며 또한 이를 훼손하는 것으로 보지 아니한다.

53. Remedy for breach of warranty

(1) Where there is a breach of warranty by the seller, or where the buyer elects (or is compelled) to treat any breach of a condition on the part of the seller as a breach of warranty, the buyer is not by reason only of such breach of warranty entitled to reject the goods; but he may—

(a) set up against the seller the breach of warranty in diminution of extinction of the price, or

(b) maintain an action against the seller for damages for the breach of warranty.

(2) The measure of damages for breach of warranty is the estimated loss directly and naturally resulting, in the ordinary course of events, from the breach of warranty.

(3) In the case of breach of warranty of quality such loss is prima facie the difference between the value of the goods at the time of delivery to the buyer and the value they would have had if they had fulfilled the warranty.

(4) The fact that the buyer has set up the breach of warranty in diminution or extinction of the price does not prevent him from maintaining an action for the same breach of warranty if he has suffered further damage.

(5) Nothing in this section prejudices or affects the buyer's right of rejection in Scotland ac declared by this Act.

제53조 擔保違反의 救濟方法

(1) 매도인의 담보위반이 존재하거나, 또는 매수인이 매도인측의 조건위반으로 담보

위반으로 취급한(또는 하게 된) 경우에는, 매수인은 그러한 擔保違反의 사유만으로 물품을 거절할 권리는 없다. 그러나 매수인은 다음의 권리를 갖는다.

(a) 매도인에 대하여 대금을 減額 또는 소멸하는 담보위반의 설정, 또는

(b) 매도인에 대하여 담보위반으로 인한 損害賠償請求의 소송.

(2) 담보위반으로 인한 손해배상액의 한도는 통상적인 경우에 있어서 담보위반으로부터 직접적으로 또한 당연히 발생할 수 있는 豫見된 손해액으로 정한다.

(3) 품질에 관한 담보위반인 경우에는, 손해액은 물품이 매수인에게 인도된 당시의 가액과 물품이 담보에 합치하였어야 할 당시의 가액과의 차액에 의하여 정하는 것으로 추정한다.

(4) 매수인이 대금을 감액 또는 소멸하는 담보위반을 설정한 사실은, 매수인에게 더 이상의 손해가 있는 경우에 있어서 그 동일한 담보위반에 대하여 손해배상청구의 소송권을 방해하지 아니한다.

(5) 本條의 규정은 本法에서 인정한 스코틀랜드에 있어서 매수인의 물품거절권에 영향을 미치지 아니한다.

54. Interest, etc.

Nothing in this Act affects the right of the buyer or the seller to recover interest or special damages in any case where by law interest or special damages may be recoverable, or to recover money paid where the consideration for the payment of it has failed.

제54조 利子 등

本法의 규정은 매수인 또는 매도인이 법률에 의하여 회수할 수 있는 모든 경우의 利子 또는 특정의 손해배상액을 청구하거나, 또는 어떠한 금전의 지급에 대한 약인이 결여된 경우에 있어서 지급된 金錢을 반환청구하는 권리에 영향을 미치지 아니한다.

PART Ⅶ SUPPLEMENTARY
(제7장 補則)

55. Exclusion of implied terms

(1) Where a right duty or liability would arise under a contract of sale of goods by implication of law, it may (subject to the Unfair Contract Terms Act 1977) be negatived or varied by express agreement, or by the course of dealing between the parties, or by such usage as binds both parties to the contract.
(2) An express term does not negative a term implied by this Act unless inconsistent with it.
(3) Paragraph 11 of Schedule 1 below applies in relation to a contract made on or after 18 May 1973 and before 1 February 1978, and paragraph 12 in relation to one made before 18 May 1973.

제55조 明示 또는 黙示條件의 關係

(1) 매매계약에 있어서 법률의 추정에 의하여 발생하는 권리, 의무 또는 책임은 (1977년 不公正契約條件法을 제외하고) 명시적인 합의 또는 당사자간의 거래관계 또는 계약의 당사자 쌍방을 구속하는 관행에 의하여 부정되거나 또는 변경될 수 있다.
(2) 명시적인 조건 또는 담보는 本法에 있어서의 묵시적인 조건 또는 담보와 모순되지 아니하는 한 이를 부정하지 아니한다.
(3) 下記 제1부칙의 제11조는 1973년 5월 18일 또는 그 이후 및 1978년 2월 1일 이전에 체결한 계약에 대하여, 그리고 이 부칙 제12조는 1973년 5월 18일 이전에 체결한 계약에 대하여 각각 적용한다.

56. Conflict of laws

Paragraph 13 of Schedule 1 below applies in relation to a contract made on or after 18 May 1973 and before 1 February 1978, so as to make provision about conflict of laws in relation to such a contract.

제56조 法律의 抵觸

下記 제1부칙의 제13조는 1973년 5월 18일 또는 그 이후 및 1978년 2월 1일 이전에 체결한 계약에 대하여 法律의 抵觸에 관한 규정을 두고 있으므로 이러한 계약에 적용한다.

---

57. Auction sales

(1) Where goods are put up for sale by auction in lots, each lot is prima facie deemed to be the subject of a separate contract of sale.

(2) A sale by auction is complete when the auctioneer announces its completion by the fall of the hammer, or in other customary manner; and until the announcement is made any bidder may retract his bid.

(3) A sale by auction may be notified to be subject to a reserve or upset price, and a right to bid may also be reserved expressly by or on behalf of the seller.

(4) Where a sale by auction is not notified to be subject to a right to bid by or on behalf of the seller, it is not lawful for the seller to bid himself or to employ any person to bid at the sale, or for the auctioneer knowingly to take any bid from the seller or any such person.

(5) A sale contravening subsection (4) above may be treated as fraudulent by the buyer.

(6) Where, in respect of a sale by auction, a right to bid is expressly reserved (but not otherwise) the seller or any one person on his behalf may bid at the auction.

제57조 競賣의 規則

(1) 물품이 벌 단위로 競賣에 부쳐진 경우에는, 각 벌(lot)은 별개의 매매계약의 목적물이 되는 것으로 추정한다.

(2) 경매는 경매인이 망치를 치거나 또는 기타 관습적인 방법으로 그 완결을 고지한 당시에 완료한다. 그리고 고지가 있기까지는 모든 경매참가자는 자신의 참가신청을 취소할 수 있다.

(3) 경매에 있어서 최저경매가격은 예고할 수 있으며, 또한 경매참가권도 매도인에 의하거나 또는 매도인을 대신하여 명시적으로 유보할 수 있다.

(4) 매도인에게 경매참가권이 있음을 예고하지 아니하거나 경매가 존재한 경우에는,

매도인이 스스로 경매의 신청을 하거나 또는 타인을 사용하여 경매의 신청을 하거나 또는 경매인이 이를 알고 매도인 또는 그 타인으로부터 경매의 신청을 받는 것은 위법으로 한다.

(5) 매수인은 上記 제4항의 규정에 반하는 매매를 詐欺로 취급할 수 있다.

(6) 경매에 관련하여 경매참가권도 매도인에게 의하거나 또는 매도인을 대신하는 어떠한 자에 의하여 명시적으로 유보할 수 있다.

---

58. Payment Into Court In Scotland

In Scotland where a buyer has elected to accept goods which he might have rejected, and to treat a breach of contract as only giving rise to a claim for damages, he may, in an action by the seller for the price, be required, in the discretion of the court before which the action depends, to consign or pay into court the price of the goods, or part of the price, or to give other reasonable security for its due payment.

제58조 스코틀랜드에서의 法院供託

스코틀랜드에 있어서는 매수인이 거절할 수 있었던 물품을 인수하고, 또 계약의 위반을 단지 손해배상청구의 사유로만 취급하기로 한 경우에는, 매수인은 매도인이 제기한 대금청구의 소송에 있어서 그 소송이 예속되어 있는 법원의 재량에 의하여 대금의 전부 또는 일부를 法院에 供託 또는 지급하거나, 또는 정당한 지급을 위한 정당한 담보물을 제공하여야 한다.

---

59. Reasonable time a question of fact

Where a reference is made in this Act to a reasonable time the question what is a reasonable time is a question of fact.

제59조 相當한 期間의 問題

本法에서 상당한 기간으로 명시하고 있는 경우에는, 그 相當한 期間에 대한 문제는 사실의 문제로 한다.

---

60. Rights etc. enforceable by action

Where a right, duty or liability is declared by this Act, it may (unless otherwise provided by this Act) be enforced by action.

제60조 訴訟에 의한 權利 등의 强制執行

本法에서 정하고 있는 권리, 의무 또는 책임은 (별도의 규정이 없는 한) 소송에 의하여 强制執行할 수 있다.

61. Interpretation

(1) In this Act, unless the context or subject matter otherwise requires,—

'action' includes counterclaim and set-off, and in Scotland condescendence and claim and compensation;

'bulk' means a mass or collection of goods of the same kind which—

(a) is contained in a defined space or area; and

(b) is such that any goods in the bulk are interchangeable with any other goods therein of the same number or quantity;

'business' includes a profession and the activities of any government department (including a Northern Ireland department) or local or public authority;

'buyer' means a person who buys or agrees to buy goods;

'consumer contract' has the same meaning as in section 25(1) of the Unfair Contract Terms Act 1977; and for the purposes of this Act the onus of proving that a contract is not to be regarded as a consumer contract shall lie on the seller 'contract of sale' includes an agreement to sell as well as a sale,

'credit-broker' means a person acting in the course of a business of credit brokerage carried on by him, that is a business of effecting introductions of individuals desiring to obtain credit—

(a) to persons carrying on any business so far as it relates to the provision of credit, or

(b) to other persons engaged in credit brokerage;

'defendant' includes in Scotland defender, respondent, and claimant in a multiplepoinding;

'delivery' means voluntary transfer of possession from one person to another; except that in relation to sections 20A and 20B above it includes such appropriation of goods to the contract as results in property in the goods being transferred to the buyer;

'document of title to goods' has the same meaning as it has in the Factors Acts;

'Factors Acts' means the Factors Act 1889, the Factors (Scotland) Act 1890, and any enactment amending or substituted for the same;

'fault' means wrongful act or default;

'future goods' means goods to be manufactured or acquired by the seller after the making of the contract of sale;

'goods' includes all personal chattels other than things in action and money, and in Scotland all corporeal moveables except money; and in particular 'goods' includes emblements, industrial growing crops, and things attached to or forming part of the land which are agreed to be severed before sale or under the contract of sale; and includes an undivided share in goods;

'plaintiff' includes pursuer, complainer, claimant in a multiplepoinding and defendant or defender counter-claiming;

'producer' means the manufacturer of goods, the importer of goods into the European Economic Area or any person purporting to be a producer by placing his name, trade mark or other distinctive sign on the goods;

'property' means the general property in goods, and not merely a special property;

'repair' means, in cases where there is a lack of conformity in goods for the purposes of section 48F of this Act, to bring the goods into conformity with the contract;

'sale' includes a bargain and sale as well as a sale and delivery;

'seller' means a person who sells or agrees to sell goods;

'specific goods' means goods identified and agreed on at the time a contract of sale is made; and includes an undivided share, specified as a fraction or percentage, of goods identified and agreed on as aforesaid;

'warranty' (as regards England and Wales and Northern Ireland) means an agreement with reference to goods which are the subject of a contract of sale, but collateral to the main purpose of such contract, the breach of which gives rise to a claim for damages, but not to a right to reject the goods and treat the contract as repudiated.

(3) A thing is deemed to be done in good faith within the meaning of this Act when it

is in fact done honestly, whether it is done negligently or not.

(4) A person is deemed to be insolvent within the meaning of this Act if he has either ceased to pay his debts in the ordinary course of business or he cannot pay his debts as they become due.

(5) Goods are in a deliverable state within the meaning of this Act when they are in such a state that the buyer would under the contract be bound to take delivery of them.

(6) As regards the definition of 'business' in subsection(1) above, paragraph 14 of Schedule 1 below applies in relation to a contract made on or after 18 May 1973 and before 1 February 1978, and paragraph 15 in relation to one made before 18 May 1973.

제61조 用語의 解釋

(1) 本法에 있어서, 그 내용 또는 취지상으로 별도의 解釋이 요구되지 아니하는 한,
"訴訟"(action)이란 反訴와 相計訴를 포함하고, 또한 스코틀랜드에 있어서는 겸손의 청구(condescendence), 클레임(claim) 및 보상(compensation)의 청구를 포함하고,
"營業"(business)이란 모든 정부 부서(북아일랜드의 정부 부서를 포함하여) 또는 지방 또는 공공기관의 거래 또는 활동을 포함하고,
"買受人"(contract of sale)이란 매매뿐만 아니라 매매의 합의도 포함하고, "信用販賣仲介人"(credit-broker)이란 영업중에 신용매매의 仲介業을 경영하는 자를 의미한다. 그 仲介業이란 다음의 자에게 신용매매를 원하는 개인을 소개시키는 영업을 말한다.

(a) 신용매매에 대한 규정과 관계있는 영업을 경영하는 자, 또는

(b) 신용매매중개업에 종사하는 제3의 자.

"被告"(defendant)란 스코틀랜드에 있어서 피고의 변호인, 옹호인, 및 複式差押의 求償人을 포함하고,

"引渡"(delivery)란 일정한 자가 다른 자에게 점유를 자발적으로 이전하는 것을 의미하고,

"物品의 權利證書"(document of title to goods)란 상사대리인법에서의 의미와 동일하고,

"商事代理人法"(Factors Acts)이란 1889년 商事代理人法, 1890년 商事代理人法(스코틀랜드) 및 기타 本法을 개정 또는 대체하는 법령을 의미하고,

"過失"(fault)이란 불법한 행위 또는 불이행을 의미하고,

"先物"(future goods)이란 매매계약의 체결 이후에 매도인이 제조 또는 취득하는 물품을 의미하고,

"物品"(goods)이란 무체동산과 금전을 제외한 모든 純粹動產(poersonal chattels)을 포함하고, 또한 스코틀랜드에 있어서는 금전을 제외한 모든 有體動產(corporeal moveables)을 포함하고, 특히 "物品"(goods)이란 인공경작물, 공업 농작물, 및 매매 이전에 또는 매매계약에 의하여 토지로부터 분리하기로 합의되어 있는 토지부착물 또는 토지구성물을 포함하고,

"原告"(plaintiff)란 기소인, 고소인, 복식차압의 구상인, 및 反訴를 제기하는 피고인 또는 변호인을 포함하고,

"所有權"(property)이란 물품상의 절대적 소유권을 의미하며, 단순히 특정의 소유권만을 의미하지 아니하고,

"品質"(quality)이란 물품에 관한 한 물품의 상태 또는 조건을 포함하고,

"賣買"(sale)란 대금지급 對 물품인도(sale and delivery)뿐만 아니라 매매계약 對 대금지급(bargain and sale)을 포함하고,

"賣渡人"(seller)이란 물품을 매각하거나 또는 매각하기로 합의한 자를 의미하고,

"特定物"(specific goods)이란 매매계약이 체결된 당시에 확정되거나 또는 확정하기로 합의된 물품을 의미하고,

"擔保"(warranty)란 (잉글랜드 및 웨일즈 및 북아일랜드에 있어서) 매매계약의 목적물이나 물품에 관계되고 또한 매매계약의 주요 목적에 부수하는 합의를 의미한다. 담보의 위반은 손해배상의 청구권을 발생하게 하지만, 물품을 거절하여 계약이 이행거절되게 하는 권리를 발생하게 하지는 아니한다.

(2) (담보의 위반) 스코틀랜드에 있어서 담보의 위반은 계약의 중대한 부분을 불이행한 것으로 본다.

(3) (선의) 일정한 사항이 실제로 성실하게 이행되어진 때에는 부주의로 인한 여부를 불문하고, 이는 本法의 의미내에서 善意로 이행되어진 것으로 본다.

(4) (지급불능자) 일정한 자가 통상의 영업중에 금전채무의 지급을 중지하거나 또는 만기가 된 금전채무를 지급할 수 없는 경우에는, 그러한 자는 [파산된 여부를 불문하고] 本法의 의미내에서는 支給不能된 자로 본다.

(5) (인도가능한 상태) 물품은 매수인이 계약에 의하여 이의 인도를 수령하여야 할 상태에 있는 때에 本法의 의미내에서는 引渡可能한 狀態에 있는 것으로 한다.

(6) (영업) 上記 제1항의 "營業"에 대한 정의에 있어서, 下記 제1부칙의 제14조는 1973년 5월 18일 또는 그 이후에 체결된 계약에 대하여, 그리고 이 부칙의 제15조는 1973년 5월 18일 이전에 체결된 계약에 대하여 각각 적용한다.

62. Savings : rules of law etc

(1) The rules in bankruptcy relating to contracts of sale apply to those contracts, notwithstanding anything in this Act.

(2) The rules of the common law, including the law merchant, except in so far as they are inconsistent with the provisions of this Act, and in particular the rules relating to the law of principal and agent and the effect of fraud, misrepresentation, duress or coercion, mistake, or other invalidating cause, apply to contracts for the sale of goods.

(3) Nothing in this Act or the Sale of Goods Act 1893 affects the enactments relating to bills of sale, or any enactment relating to the sale of goods which is not expressly repealed or amended by this Act or that.

(4) The provisions of this Act about contracts of sale do not apply to a transaction in the form of a contract of sale which is intended to operate by way of mortgage, pledge, charge, or other security.

(5) Nothing in this Act prejudices or affects the landlord's right of hypothec or sequestration for rent in Scotland.

제62조 但書規定

(1) 破産法에 있어서의 매매계약에 관한 규칙은 本法의 규정에도 불구하고 이를 매매계약에 적용한다.

(2) 商事法을 포함하여 보통법의 규칙은 물품의 매매계약에 이를 적용한다. 다만 그 규칙이 本法의 규정, 특히 본인과 대리인에 관한 법 및 사기, 부실표시, 강박, 착오 또는 기타 의사표시 무효원인의 효과에 관한 규칙과 모순되는 경우에는 제외한다.

(3) 本法 또는 1893년 物品賣買法의 규정은 매매증권에 관한 법령, 또는 本法 또는 1893년 동법에 의하여 명시적으로 폐지 또는 개정되지 아니한 물품매매의 모든 법령에 영향을 미치지 아니한다.

(4) 매매계약에 관한 本法의 규정은 매매계약의 형식을 취하면서 저당, 질권, 부담 또는 기타 담보를 설정하고자 하는 거래에 대하여 적용하지 아니한다.

(5) 本條의 규정은 스코틀랜드에 있어서 임대료를 위한 地主의 담보(hypothec) 또는 압류권(sequestration)을 침해하거나 또는 영향을 미치지 아니한다.

63. Consequential amendments, repeals and savings

(1) Without prejudice to section 17 of the Interpretation Act 1978 (re-peal and re-enactment), the enactments mentioned in Schedule 2 below have effect subject to the amendments there specified (being amendments consequengial on this Act)
(2) The enactments mentioned in Schedule 3 below are repealed to the extent specified in column 3, but subject to the savings in Schedule 4 below.
(3) The savings in Schedule 4 below have effect.

제63조 附則의 效力

(1) 下記 제1부칙에 명시된 법령은, 1978년 制定法의 *解釋法*(폐지되고 새로 제정됨)의 제17조의 규정을 침해하지 아니하고 (本法에 부록되어 있는) 이에 명시하고 있는 개정사항을 전제로 하여 그 효력을 갖는다.
(2) 下記 제3부칙에 명시된 법령은, 이 부칙 제3항에 명시하고 있는 내용대로 폐지되었으며, 다만 下記 제4부칙의 단서규정을 전제로 한다.
(3) 下記 제4부칙의 단서규정은 효력을 갖는다.

64. Short title and commencement

(1) This Act may be cited as the Sale of Goods Act 1979.
(2) This Act comes into force on 1 January 1980.

제64조 略稱 및 施行日

(1) 本法은 1979년 物品賣買法으로 인용할 수 있다.
(2) 本法은 1980년 1월 1일부터 효력을 갖는다.

Incoterms® 2020

ICC rules for the use of domestic and international trade terms
Entry into force: January 1, 2020
ICC
The world business organization

EXW | Ex Works

EXW(insert named place of delivery) incoterms® 2020

EXPLANATORY NOTES FOR USERS

1. **Delivery and risk** - "Ex works' means that the seller delivers the goods to the buyer
   - ▸ when it places the goods at the disposal of the buyer at a named place (like a factory or warehouse), and
   - ▸ that named place may or may not be the seller's premises.

   For delivery to occur, the seller does not need to load the goods on any collecting vehicle, nor does it need to clear the goods for export, where such clearance is applicable.

2. **Mode of transport** - This rule may be used irrespective of the mode or modes of transport, if any, selected.

3. **place or precise point of delivery** - The parties need only name the place of delivery. However, the parties are well advised also to specify as clearly as possible the precise point within the named place of delivery. A named precise point of delivery makes it clear to both parties when the goods are delivered and when risk transfers to the buyer; such precision also marks the point at which costs are for the buyer's account. If the parties do not name the point of delivery, then they are taken to have left it to have left it to the seller to select the point "that best suits its purpose". This means that the buyer may incur the risk that the seller may choose a point just before the point at which goods are lost or damaged. Best for the buyer therefore to select the precise point within a place where delivery will occur.

4. **A note of caution to buyers** - EXW is the incoterms® rule which imposes the least set of obligations on the seller. From the buyer's perspective, therefore, the rule should be used with care for different reasons as set out below.

5. **Loading risk** - Delivery happens - and risk transfers - when the goods are placed, not loaded, at the buyer's disposal. However, risk of loss of or damage to the goods occurring while the loading operation is carried out by the seller, as it may well be, might arguably lie with the buyer, who has not physically participated in the loading. Given this possibility, it would be advisable, where the seller is to load the goods, for the parties to agree in advance who is to bear the risk of any loss of or damage to the goods during loading. This is a common

situation simply because the seller is more likely to have the necessary loading equipment at its own premises or because applicable safety or security rules prevent access to the seller's premises by unauthorised personnel. Where the buyer is keen to avoid any risk during loading at the seller's premises, then the buyer ought to consider choosing the FCA rule (under which, if the goods are delivered at the seller's premises, the seller owes the buyer an obligation to load, with the risk of loss of or damage to the goods during that operation remaining with the seller).

6. **Export clearance** - With delivery happening when the goods are at the buyer's disposal either at the seller's premises or at another named point typically within the seller's jurisdiction or within the same Customs Union, there is no obligation on the seller to organise export clearance or clearance within third countries through which the goods pass in transit. Indeed, EXW may be suitable for domestic trades, where there is no intention at all to export the goods. The seller's participation in export clearance is limited to providing assistance in obtaining such documents and information as the buyer may require for the purpose of exporting the goods. Where the buyer intends to export the goods and where it anticipates difficulty in obtaining export clearance, the buyer would be better advised to choose the FCA rule, under which the obligation and cost of obtaining export clearance lies with the seller.

A THE SELLER'S OBLIGATIONS

B THE BUYER'S OBLIGATIONS

A1 General obligations

The seller must provide the goods and the commercial invoice in conformity with the contract of sale and any other evidence of conformity that may be required by the contract. Any document to be provided by the seller may be in paper or electronic form as agreed or, where there is no agreement, as is customary.

B1 General obligations

The buyer must pay the price of the goods as provided in the contract of sale.
Any document to be provided by the buyer may be in paper or electronic form as agreed or, where there is no agreement, as is customary.

A2 Delivery

The seller must deliver the goods by placing them at the disposal of the buyer at the agreed point, if any, at the named place of delivery, not loaded on any collecting vehicle. if no specific point has been agreed within the named place of delivery, and if there are several points available, the seller may select the point that best suits its purpose. The seller must deliver the goods on the agreed date or within the agreed period

B2 Taking delivery

The buyer must take delivery of the goods when they have been delivered under A2 and notice given A10

A3 Transfer of risks

The seller bears all risks of or damage to the goods until they have been delivered in accordance with A2, with the exception of loss or damage in the circumstance described in B3.

B3 Transfer of risks

The buyer bears all risks of loss of or damage to the goods from the time they have been delivered under A2

If the buyer fails to give notice in accordance with B10, then the buyer bears all risks of loss of or damage to the goods from the agreed date or the end of the agreed period for delivery, provided that the goods have been clearly identified as the contract goods.

A4 Carriage

The seller has no obligation to the buyer to make a contract of carriage.

However, the seller must provide the buyer, at the buyer's request, risk and cost, with any information in the possession of the seller, including transport-related security requirements, that the buyer needs for arranging carriage

B4 Carriage

It is up to the buyer to contract or arrange at its own cost for the carriage of the goods from the named place of delivery.

A5 Insurance

The seller has no obligation to the buyer to make a contract of insurance.

However, the seller must provide the buyer, at the buyer's request, risk and cost with information in the possession of the seller that the buyer needs obtaining insurance.

B5 Insurance

The buyer has no obligation to the seller to make a contract of insurance.

A6 Delivery/transport document

The seller has no obligation to the buyer.

B6 Proof of delivery

The buyer must provide the seller with appropriate evidence of having taken delivery.

A7 Export/import clearance

Where applicable, the seller must assist the buyer, at the buyer's request, risk and cost, in obtaining any documents and/or information related to all export/transit/import clearance formalities required by the countries of export/transit/import, such as:

▶ export/transit/import licence ;
▶ security clearance for export/transit/import;
▶ pre-shipment inspection; and
▶ any other official authorisation

B7 Export/import clearance

Where applicable, it is up to the buyer to carry out and pay for all export/transit/import clearance formalities required by the countries of export/transit/import, such as;

▶ all export/transit/import licence;
▶ security clearance for all export/transit/import;
▶ pre-shipment inspection; and
▶ any other official authorisation.

A8 Checking/ packaging/marking

The seller must pay the costs of those checking operations(such as checking quality, measuring, weighing, counting) that are necessary for the purpose of delivering the goods in accordance with A2.

The seller must, at its own cost, package the goods, unless it is usual foe the particular trade to transport the type of goods sold unpackaged. The seller must package and mark the goods in the manner appropriate for their transport, unless the parties have agreed on specific packaging or marking requirements.

B8 Checking/packing/marking

The buyer has no obligation to the seller.

A9 Allocation of costs

The seller must pay all costs relating to the goods until they have been delivered in accordance with A2, other than those payable by the buyer under B9.

B9 Allocation of costs

The buyer must:

a) pay all costs relating to the goods from the time they have been delivered under A2;
b) reimburse all costs and charges incurred by the seller in providing assistance or information under A4, A5, orA7;
c) pay, where applicable, all duties, taxes and other charges, as well as the cost of costs of carrying out customs formalities payable upon export; and
d) pay any additional costs incurred by failing either to take delivery of the goods when they have been placed at its disposal or to give appropriate notice in accordance with B10, provided that the goods have been clearly identified as the contract goods.

A10 Notices

The seller must give the buyer any notice needed to enable the buyer to take delivery of the goods.

B10 Notices

The buyer must, whenever it is agreed that the buyer is entitled to determine the time within an agreed period and/or the point of taking delivery within the named place, give the seller sufficient notice.

FCA | Free Carrier

FCA(insert named place of delivery) Incoterms® 2020

EXPLANATORY NOTES FOR USERS

1. **Delivery and risk** - "Free Carrier(named place)" means that the seller delivers the goods to the buyer in one or other of two ways.

▶ Frist, when the named place is the seller's premises, the goods are delivered.
  ‣ when they are loaded on the means of transport arranged by the buyer.
▶ Second, when the named place is another place, the goods are delivered
  ‣ when, having been loaded on the seller's means of transport,
  ‣ they reach the named other place and
  ‣ are ready for unloading from that seller's means of transport and
  ‣ at the disposal of the carrier or of another person nominated by the buyer

Whichever of the two is chosen as the place of delivery, that place identifies where risk transfers to the buyer and the time from which costs are for the buyer's account.

2. **Mode of transport** - This rule may be used irrespective of the mode of transport selected and may also be used where more than one mode of transport is employed.

3. **Place or point of delivery** - A sale under FCA can be concluded naming only the place of delivery, either at the seller's premises or elsewhere, without specifying the precise point of delivery within that named place. However, the parties are well advised also to specify as clearly as possible the precise point within the named place of delivery. A named precise point of delivery makes it clear to both parties when the goods are delivered and when risk transfers to the buyer; such precision also marks the point at which costs are for the buyer's account. Where the precise point is not identified, however, this may cause problems for the buyer. The seller in this case has the right to select the point "that best suits its purpose": that point becomes the point of delivery, from which risk and costs transfer to the buyer. If the precise point of delivery is not identified by naming it in the contract, then parties are taken to have left it to the seller to select the point "that best suits its purpose". This means that the buyer may incur the risk that the seller may choose a point just before the point at which goods are lost or damaged. Best for the buyer therefore to select the precise point within a place where delivery will occur.

4. **'or procure goods so delivered'** - The reference to "procure" here caters for multiple sales down a chain (string sales), particularly, particularly, although not exclusively, common in the commodity trades.

5. **Export/import clearance** - FCA requires the seller to clear the goods for export, where applicable, However, the seller has no obligation to clear the goods for import or for transit through third countries, to pay any import duty or to carry out any import customs formalities.

6. **Bills of lading with an on-board notation in FCA sales** - We have already seen that FCA is intended for use irrespective of the mode or modes of transport used. Now if goods are being picked up by the buyer's road-haulier in Las Vegas, it would be rather uncommon to expect a bill of lading with an on-board notation to be issued by the carrier from Las Vegas, which is not a port and which a vessel cannot reach for goods to be placed on board. Nonetheless, sellers selling FCA Las Vegas do sometimes find themselves in a situation where they need a bill of lading with an on-board notation(typically because of a bank collection or a letter of credit requirement), albeit necessarily stating that the goods have been placed on board in Los Angeles as well as stating that they were received for carriage in Las Vegas. To cater for this possibility of an FCA seller needing a bill of lading with an on-board notation, FCA incoterms 2020® has, for the first time, provided the following optional mechanism. If the parties have so agreed in the contract, the buyer must instruct its carrier to issue a bill of

lading with an on- board notation to the seller. The carrier may or may not, of course, accede to the buyer's request, given that the carrier is only bound and entitled to issue such a bill of lading once the goods are on board in Los Angeles. However, if and when the bill of lading is issued to the seller by the carrier at the buyer's cost and risk, the seller must provide that same document to the buyer, who will need the bill of leading in order to obtain discharge of the goods from the carrier. This optional mechanism becomes unnecessary, of course, if the parties have agreed that the seller will present to the buyer a bill of lading stating simply that the goods have been received for shipment rather than that have been shipped on board. Moreover, it should be emphasised that even where this optional mechanism is adopted, the seller is under no obligation to the buyer as to the terms of the contract of carriage. Finally, when this optional mechanism is adopted, the dates of delivery inland and loading on board will necessarily be different, which may well create difficulties for the seller under a letter of credit.

A THE SELLER'S OBLIGATIONS

B THE BUYER'S OBLIGATIONS

A1 General obligations

The seller must provide the goods and the commercial invoice in conformity with the contract of sale and any other evidence of conformity that may be required by contract.
Any document to be provided by the seller may be in paper or electronic form as agreed or, where there is no agreement, as is customary.

B1 General obligations

The buyer must pay the price of the goods as provided in the contract of sale.
Any document to be provided by the buyer may be in paper or electronic form as agreed or, where there is no agreement, as is customary.

A2 Delivery

The seller must deliver the goods to the carrier or another person nominated by the buyer at the named point, if any, at the named place, or procure goods so delivered.
The seller must deliver the goods

1. on the agreed date or,
2. at the time within the agreed period notified by the buyer under B10(b) or,
3. if no such time is notified, then at the end of the agreed period .

Delivery is completed either:

a) If the named place is the seller's premises, when the goods have been loaded on the means of transport provided by the buyer; or,
b) In any other case, when the goods are placed at the disposal of the carrier or another person nominated by the buyer on the seller's means of transport ready for unloading.

If no specific point has been notified by the buyer under B10(d) within the named place of delivery, and if there are several points available, the seller may select the point that best suits its purpose.

B2 Taking delivery

The buyer must take delivery of the goods when they have been delivered under A2

A3 Transfer of risks

The seller bears all risks of loss of or damage to the goods until they have been delivered in accordance with A2, with the exception of loss or damage in the circumstance described in B3.

B3 Transfer of risks

The buyer bears all risks of loss of or damage to the goods from the time they have been delivered under A2.

If:

a) the buyer fails to nominate a carrier or another person under A2 or to give notice in accordance with B10; or

b) the carrier or person nominated by the buyer under B10(a) fails to take the goods into its charge,

then, the buyer bears all risks of loss of or damage to the goods:

(i) from the agreed date, or in the absence of an agreed date,

(ii) from the time selected by the buyer under B10(b); or, if no such time has been notified,

(iii) from the end of any agreed period for delivery,

provided that the goods have been clearly identified as the contract goods.

A4 Carriage

The seller has no obligation to the buyer to make a contract of carriage.

However, the seller must provide the buyer, at the buyer's request, risk and cost, with any information in the possession of the seller, including transport-related security requirements, that the buyer needs for arranging carriage.

If agreed, the seller must contract for carriage on the usual teams at the buyer's risk and cost. The seller must comply with any transport-related security requirements up to delivery

B4 Carriage

The buyer must contract or arrange at its own cost for the carriage of the goods from the named place of delivery, except when the contract of carriage is made by the seller as provided for in A4.

A5 Insurance

The seller has no obligation to the buyer to make a contract of Insurance.

However, the seller must provide the buyer, at the buyer's request, risk and cost, with information in the possession of the seller that the buyer needs for obtaining insurance.

B5 Insurance

The buyer has no obligation to the seller to make a contract of insurance.

A6 Delivery/transport document

The seller must provide the buyer at the seller's cost with the usual proof that the goods have been delivered in accordance with A2.

The seller must provide assistance to the buyer, at the buyer's request, risk and cost, in obtaining a transport document.

Where the buyer has instructed the carrier to issue to the seller a transport document under B6, the seller must provide any such document to the buyer.

B6 Delivery/transport document

The buyer must accept the proof that the goods have been delivered in accordance with A2. If the parties have so agreed, the buyer must instruct the carrier to issue to the seller, at the buyer's cost and risk, a transport document stating that the goods have been loaded(such as a bill of leading with an on board notation).

A7 Export/import clearance

a) Export clearance

Where applicable, the seller must carry out and pay for all export clearance formalities by the country of export, such as;

- ▶ export licence;
- ▶ security clearance for export;
- ▶ pre-shipment inspection; and
- ▶ any other official authorisation

b) Assistance with import clearance

Where applicable, the seller must assist the buyer, at the buyer's request, risk and cost, in obtaining any documents and/or information related to all transit/import clearance formalities, including security requirements and pre-shipment inspection, needed by any country of transit or the country of import.

B7 Export/import clearance

a) Assistance with export clearance

Where applicable, the buyer must assist the seller at the seller's request, risk and cost in obtaining any documents and/or information related to all export clearance formalities, including security requirements and pre-shipment inspection, needed by the country of export.

b) Import clearance

Where applicable, the buyer must carry out and pay for all formalities required by any country of transit and the country of import, such as:

- ▶ import licence and any licence required for transit;
- ▶ security clearance for import and transit;
- ▶ pre-shipment inspection; and
- ▶ any other official authorisation.

A8 Checking/packaging/marking

The seller must pay the costs of those checking operations(such as checking quality, measuring, weighing, counting) that are necessary for the purpose of delivering the goods in accordance with A2.

The seller must, at its own cost, package the goods, unless it is usual for the particular trade to transport the type of goods sold unpackaged. The seller must package and mark the goods in the manner appropriate for their transport, unless the parties have agreed on specific packaging or marking requirements.

B8 Checking/packing/marking

The buyer has no obligation to the seller.

A9 Allocation of costs

The seller must pay:

All costs relating to the goods until they have been delivered in accordance with A2, other

than those payable by the buyer under B9;
The costs of providing the usual proof to the buyer under A6 that the goods have been delivered;
Where applicable, duties, taxes and any other costs related to export clearance under A7(a);and
The buyer for all costs and charges related to providing assistance in obtaining documents and information in accordance with B7(a)

B9 Allocation of costs

The buyer must pay:

a) all costs relating to the goods from the time they have been delivered under A2, other than those payable by the seller under A9;
b) the seller for all costs and charges related to providing assistance in obtaining documents and information in accordance with A4, A5, A6 and A7(b);
c) where applicable, duties, taxes and any other costs related to transit or import clearance under B7(b); and
d) any additional costs incurred, either because:
   (i) the buyer fails to nominate a carrier or another person under B10, or
   (ii) the carrier or person nominate by the buyer under B10 fails to take the goods into its charge.
   provided that the goods have been clearly identified as the contract goods.

A10 Notices

The seller must give the buyer sufficient notice either that the goods have been delivered in accordance with A2 or that the carrier or another person nominated by the buyer has failed to take the goods within the time agreed.

B10 Notices

The buyer must notify the seller of

a) the name of the carrier or another person nominated within sufficient time as to enable the seller to deliver the goods in accordance with A2;
b) the selected time, if any, within the period agreed for delivery when the carrier or person nominated will receive the goods;
c) the mode of transport to be used by the carrier or the person nominated including any transport-related security requirements; and
d) the point where the goods will be received within the named place of delivery.

CPT | Carriage Paid To

CPT (insert named place of destination) Incoterms® 2020

EXPLANATORY NOTES FOR USERS

1. Delivery and risk - "Carriage Paid To" means that the seller delivers the goods - and transfers the risk - to the buyer

- ▶ by handing them over to the carrier
- ▶ contracted by the seller
- ▶ or by procuring the goods so delivered.
- ▶ The seller may do so by giving the carrier physical possession of the goods in the manner and at the place appropriate to the means of transport used.

Once the goods have been delivered to the buyer in this way, the seller does not guarantee that the goods will reach the place of destination in sound condition, in the stated quantity or indeed at all. This is because risk transfers from seller to buyer when the goods are delivered to the buyer by handing them over to the carrier; the seller must nonetheless contract for the carriage of the goods from delivery to the agreed destination. Thus, for example, goods are handed over to a carrier in Las Vegas (which is not a port) for carriage to Southampton (a port) or to Winchester (which is not a port). In either case, delivery transferring risk to the buyer happens in Las Vegas, and the seller must make a contract of carriage to either Southampton or Winchester.

2. **Mode of transport** - This rule may be used irrespective of the mode of transport selected and may also be used where more than one mode of transport is employed.

3. **Places (or points) of delivery and destination** - In CPT, two locations are important: the place or point (if any) at which the goods are delivered (for the transfer of risk) and the place or point agreed as the destination of the goods (as the point to which the seller promises to contract for carriage).

4. **Identifying the place or point of delivery with precision** - The parties are well advised to identify both places, or indeed points within those places, as precisely as possible in the contract of sale. Identifying the place or point (if any) of delivery as precisely as possible is important to cater for the common situation where several carriers are engaged, each for different legs of the transit from delivery to destination. Where this happens and the parties do not agree on a specific place or point of delivery, the default position is that risk transfers when the goods have been delivered to the first carrier at a point entirely of the seller's choosing and over which the buyer has co control. Should the parties wish the risk to transfer at a later stage (e.g. at a sea or river port or at an airport), or indeed an earlier one (e.g. an inland point some way away from a sea or river port), they need to specify this in their contract of sale and to carefully think through the consequences of so doing in case the goods are lost or damaged.

5. **Identifying the destination as precisely as possible** - The parties are also well advised to identify as precisely as possible in the contract of sale the point within the agreed place of destination, as this is the point to which the seller must contract for carriage and this is the point to which the costs of carriage fall on the seller.

6. **'or procuring the goods so delivered'** - The reference to "procure" here caters for multiple sales down a chain (string sales), particularly common in the commodity trades.

7. **Costs of unloading at destination** - If the seller incurs costs under its contract of carriage related to unloading at the named place of destination, the seller is not entitled to recover such costs separately from the buyer unless otherwise agreed between the parties.

8. **Export/import clearance** - CPT requires the seller to clear the goods for export, where applicable. However, the seller has no obligation to clear the goods for import or for transit through third countries, or to pay any import duty or to carry out any import customs formalities.

A THE SELLER'S OBLIGATIONS

B THE BUYER'S OBLIGATIONS

A1 General obligations

The seller must provide the goods and the commercial invoice in conformity with the contract of sale and any other evidence of conformity that may be required by the contract.
Any document to be provided by the seller may be in paper or electronic form as agreed or, where there is no agreement, as is customary.

B1 General obligations

The buyer must pay the price of the goods as provided in the contract of sale.
Any document to be provided by the buyer may be in paper or electronic form as agreed or, where there is no agreement, as is customary

A2 Delivery

The seller must deliver the goods by handing them over to the carrier contracted in accordance with A4 or by procuring the goods so delivered. In either case the seller must deliver the goods on the agreed date or within the agreed period.

B2 Taking delivery

The buyer must take delivery of the goods when they have been delivered under A2 and receive them from the carrier at the named place of destination or if agreed, at the point within that place.

A3 Transfer of risks

The seller bears all risks of loss of or damage to the goods until they have been delivered in accordance with A2, with the exception of loss or damage in the circumstance described in B3.

B3 Transfer of risks

The buyer bears all risks of loss of or damage to the goods from the time they have been delivered under A2.
If the buyer fails to give notice in accordance with B10, then the buyer bears all risks of loss of or damage to the goods from the agreed date or the end of the agreed period for delivery, provided that the goods have been clearly identified as the contract goods.

A4 Carriage

The seller must contract or procure a contract for the carriage of the goods from the agreed point of delivery, if any, at the place of delivery to the named place of destination or, if agreed, any point at that place. The contract of carriage must be made on usual terms at the seller's cost and provide for carriage by the usual route in a customary manner of the type normally used for carriage of the type of goods sold. If a specific point is not agreed or

is not determined by practice, the seller may select the point of delivery and the point at the named place of destination that best suit its purpose.
The seller must comply with any transport-related security requirements for transport to the destination.

B4 Carriage
The buyer has no obligation to the seller to make a contract of carriage.

A5 Insurance
The seller has no obligation to the buyer to make a contract of insurance. However, the seller must provide the buyer, at the buyer's request, risk and cost, with information in the possession of the seller that the buyer needs for obtaining insurance.

B5 Insurance
The buyer has no obligation to the seller to make a contract of insurance.

A6 Delivery-transport document
If customary or at the buyer's request, the seller must provide the buyer, at the seller's cost, with the usual transport document[s] for the transport contracted in accordance with A4.
This transport document must cover the contract goods and be dated within the period agreed for shipment. If agreed or customary, the document must also enable the buyer to claim the goods from the carrier at the named place of destination and enable the buyer to sell the goods in transit by the transfer of the document to a subsequent buyer or by notification to the carrier.
When such a transport document is issued in negotiable form and in several originals, a full set of originals must be presented to the buyer.

B6 Delivery/transport document
The buyer must accept the transport document provided under A6 if it is in conformity with the contract.

A7 Export/import clearance
a) Export clearance
Where applicable, the seller must carry out and pay for all export clearance formalities required by the country of export of export, such as:
▶ export licence;
▶ security clearance for export;
▶ pre-shipment inspection; and
▶ any other official authorisation.
b) Assistance with import clearance
Where applicable, the seller must assist the buyer, at the buyer's request, risk and cost, in obtaining any documents and/or information related to all transit/import clearance formalities, including security requirements and pre-shipment inspection, needed by and country of transit or the country of import.

B7 Export/import clearance
a) Assistance with export clearance

Where applicable, the buyer must assist the seller at the seller's request, risk and cost in obtaining any documents and/or information related to all export clearance formalities, including security requirements and pre-shipment inspection, needed by the country of export.

b) Import clearance
Where applicable, the buyer must carry out and pay for all formalities required by any country of transit and the country of import, such as:
- ▶ import licence and any licence required for transit;
- ▶ security clearance for import and any transit;
- ▶ pre-shipment inspection; and
- ▶ any other official authorisation.

A8 Checking/packing/marking

The seller must pay the costs of those checking operations (such as checking quality, measuring, weighing, counting) that are necessary for the purpose of delivering the goods in accordance with A2.

The seller must, at its own cost, package the goods, unless it is usual for he particular trade to transport the type of goods sold unpackaged. The seller must package and mark the goods in the manner appropriate for their transport, unless the parties have agreed on specific packaging or marking requirements.

B8 Checking/packaging/marking

The buyer has no obligation to the seller.

A9 Allocation of costs

The seller must pay:

a) all costs relating to the goods until they have been delivered in accordance with A2, other than those payable by the buyer under B9;
b) transport and all other costs resulting from A4, including the costs of loading the goods and transport-related security costs;
c) any charges for unloading at the agreed place of destination but only if those charges were for the seller's account under the contract of carriage;
d) the costs of transit that were for the seller's account under the contract of carriage;
e) the costs of providing the usual proof to the buyer under A6 that the goods have been delivered;
f) where applicable, duties, taxes and any other costs related to export clearance under A7(a); and
g) the buyer for all costs and charges related to providing assistance in obtaining documents and information in accordance with B7(a).

B9 Allocation of costs

The buyer must pay:

a) all costs relating to the goods from the time they have been delivered under A2, other than those payable by the seller under A9;
b) the costs of transit, unless such costs were for the seller's account under the contract of carriage;
c) unloading costs, unless such costs were for the seller's account under the contract of carriage;
d) the seller for all costs and charges related to providing assistance in obtaining documents

and information in accordance with A5 and A7(b);

e) where applicable, duties, taxes and any other costs related to transit or import clearance under B7(b); and

f) any additional costs incurred if it fails to give notice in accordance with B10, from the agreed date or the end of the agreed period for shipment, provided that the goods have been clearly identified as the contract goods.

A10 Notices

The seller must notify the buyer that the goods have been delivered in accordance with A2. The seller must give the buyer any notice required to enable the buyer to receive the goods.

B10 Notices

The buyer must, whenever it is agreed that the buyer is entitled to determine the time for dispatching the goods and/or the point of receiving the goods within the named place of destination, give the seller sufficient notice.

CIP | Carriage and Insurance Paid To

CIP (insert named place of destination) Incoterms® 2020

EXPLANATORY NOTES FOR USERS

1. **Delivery and risk** - "Carriage and Insurance Paid To" means that the seller delivers the goods - and transfers the risk - to the buyer
   - ▶ by handing them over to the carrier
   - ▶ contracted by the seller
   - ▶ or by procuring the goods so delivered.
   - ▶ The seller may do so by giving the carrier physical possession of the goods in the manner and at the place appropriate to the means of transport used.

   Once the goods have been delivered to the buyer in this way, the seller does not guarantee that the goods will reach the place of destination in sound condition, in the stated quantity or indeed at all. This is because risk transfers from seller to buyer when the goods are delivered to the buyer by handing them over to the carrier; the seller must nonetheless contract for th carriage of the goods from delivery to the agreed destination. Thus, for example, goods are handed over to a carrier in Las Vegas (which is not a port) for carriage to Southampton (a port) or to Winchester (which is not a port). In either case, delivery transferring risk to the buyer happens in Las Vegas, and the seller must make a contract of carriage to either Southampton or Winchester.

2. **Mode fo transport** - This rule may be used irrespective of the mode of transport selected and may also be used where more than one mode of transport is employed.

3. **Places (or points) of delivery and destination** - In CIP two locations are important: the place

or point at which the goods are delivered (for the transfer of risk) and the place or point agreed as the destination of the goods (as the point to which the seller promises to contract for carriage).

4. **Insurance** - The seller must also contract for insurance cover against the buyer's risk of loss of or damage to the goods from the point of delivery to at least he point of destination. This may cause difficulty where the destination country requires insurance cover to be purchased locally: in this case the parties should consider selling and buying under CPT. The buyer should also note that under the CIP Incoterms® 2020 rule the seller is required to obtain extensive insurance cover complying with Institute Cargo Clauses (A) or similar clause, rather than with the more limited cover under Institute Cargo Clauses (C). It is, however, still open to the parties to agree on a lower level of cover.

5. **Identifying the place or point of delivery with precision** - The parties are well advised to identify both places, or indeed points within those places, as precisely as possible in the contract of sale. Identifying the place or point (if any) of delivery as precisely as possible is important to cater for the common situation where several carriers are engaged, each for different legs of the transit from delivery to destination. Where this happens and the parties do not agree on a specific place or point of delivery, the default position is that risk transfers when the goods have been delivered to the first carrier at a point entirely of the seller's choosing and over which the buyer has no control. Should the parties wish the risk to transfer at a later stage(e.g. at a sea or river port or at an airport), or indeed an early one (e.g. an inland point some way away from a sea or river port), they need to specify this in their contract of sale and to carefully think through the consequences of so doing in case the goods are lost or damaged.

6. **Identifying the destination as precisely as possible** - The parties are also well advised to identify as precisely as possible in the contract of sale the point within the agreed place of destination, as this is the point to which the seller must contract for carriage and insurance and this is the point to which the costs of carriage and insurance fall on the seller.

7. **'or procuring the goods so delivered'** - The reference to "procure" here caters for multiple sales down a chain (string sales), particularly common in the commodity trades.

8. **Costs of unloading at destination** - If the seller incurs costs under its contract of carriage related to unloading at the named place of destination, the seller is not entitled to recover such costs separately from the buyer unless otherwise agreed between the parties.

9. **Export/import clearance** - CIP requires the seller to clear the goods for export, where applicable. However, the seller has no obligation to clear the goods for import or for transit through third countries, or to pay any import duty or to carry out any import customs formalities.

A THE SELLER'S OBLIGATIONS

B THE BUYER'S OBLIGATIONS

A1 General obligations

The seller must provide the goods and the commercial invoice in conformity with the contract of sale and any other evidence of conformity that may be required by the contract. Any document to be provided by the seller may be in paper or electronic form as agreed or, where there is no agreement, as is customary.

B1 General obligations

The buyer must pay the price of the goods as provided in the contract of sale.
Any document to be provided by the buyer may be in paper may be in paper or electronic form as agreed or, where there is no agreement, as is customary.

A2 Delivery

The seller must deliver the goods by handing them over to the carrier contracted in accordance with A4 or by procuring the goods so delivered. In either case the seller must deliver the goods on the agreed date or within he agreed period.

B2 Taking delivery

The buyer must take delivery of the goods when they have been delivered under A2 and receive them from the carrier at the maned place of destination of if agreed, at the point within that place.

A3 Transfer of risks

The seller bears all risks of loss of or damage to the goods until they have been delivered in accordance with A2, with the exception of loss or damage in the circumstance described in B3

B3 Transfer of risks

The buyer bears all risks of loss of or damage to the goods from the time they have been delivered under A2.
If the buyer fails to give notice in accordance with B10, then the buyer bears all risks of loss of or damage to the goods from the agreed date or the end of the agreed period for delivery, provided that the goods have been clearly identified as the contract goods.

A4 Carriage

The seller must contract or procure a contract for the carriage of the goods from the agreed point of delivery, if any, at the place of delivery to the named place of destination or, if agreed, any point at that place, The contract of carriage must be made on usual terms at the seller's cost and provide for carriage by the usual route in a customary manner of the type normally used for carriage of the type of goods sold. If a specific point is not agreed or is not determined by practice, the seller may select the point of delivery and the point at the named place of destination that best suit its purpose.
The seller must comply with any transport-related security requirements for transport to the destination.

B4 Carriage

The buyer has no obligation to the seller to make a contract of carriage.

A5 Insurance

Unless otherwise agreed or customary in the particular trade, the seller must obtain at its own cost cargo insurance complying with the cover provided by Clauses (A) of the

Institute Cargo Clauses (LMA/IUA) or any similar clauses as appropriate to the means of transport used. The insurance shall be contracted with underwriters or an insurance company of good repute and entitle the buyer, or any other person having an insurable interest in the goods, to claim directly from the insurer.
When required by the buyer, the seller must, subject to the buyer providing any necessary information requested by the seller, provide at the buyer's cost any additional cover, if procurable, such as cover complying with the Institute War Clauses and/or Institute Strikes Clauses (LMA/IUA) or any similar clauses (unless such cover is already included with the cargo insurance described in the preceding paragraph).
The insurance shall cover at a minimum, the price provided in the contract plus 10% (i.e. 110%) and shall be in the currency of the contract.
The insurance shall cover the goods from the point of delivery set out in A2 to at least the named place of destination.
The seller must provide the buyer with the insurance policy or certificate or any other evidence of insurance cover.
Moreover, the seller must provide the buyer, at the buyer's request, risk and cost, with information that the buyer needs to procure any additional insurance.

B5 Insurance
The buyer has no obligation to the seller to make a contract of insurance.
However, the buyer must provide the seller, upon request, with any information necessary for the seller to procure any additional insurance requested by the buyer under A5.

A6 Delivery/transport document
If customary or at the buyer's request, the seller must provide the buyer, at the seller's cost, with the usual transport document[s] for the transport contracted in accordance with A4.
This transport document must cover the contract goods and be dated within the period agreed for shipment, If agreed or customary, the document must also enable the buyer to claim the goods from the carrier at the maned place of destination and enable the buyer to sell the goods in transit by the transfer of the document to a subsequent buyer or by notification to the carrier.
When such a transport document is issued in negotiable form and in several originals, a full set of originals must be presented to the buyer.

B6 Delivery/transport document
The buyer must accept the transport document provided under A6 if it is in conformity with the contract.

A7 Export/Import clearance
a) Export clearance
Where applicable, the seller must carry out and pay for all export clearance formalities required by the country of export, such as;
- ▶ export licence;
- ▶ security clearance for export;
- ▶ pre-shipment inspection; and
- ▶ any other official authorisation.

b) Assistance with import clearance
Where applicable, the seller must assist the buyer, at the buyer's request, risk and cost, in obtaining any documents and/or information related to all transit/import clearance

formalities, including security requirements and pre-shipment inspection, needed by any country of transit or the country of import.

B7 Export/import clearance

a) Assistance with export clearance
Where applicable, the buyer must assist the seller at the seller's request, risk and cost in obtaining any documents and/or information related to all export clearance formalities, including security requirements and pre-shipment inspection, needed by the country of export.

b) Import clearance
Where applicable, the buyer must carry out and pay for all formalities required by any country of transit and the country of import, such as:
- ▶ import licence and any licence required for transit;
- ▶ security clearance for import and any transit;
- ▶ pre-shipment inspection; and
- ▶ any other official authorisation.

A8 Checking/packaging/marking

The seller must pay the costs of those checking operations (such as checking quality, measuring, weighing, counting) that are necessary for the purpose of delivering the goods in accordance with A2.
The seller must, at its own cost, package the goods, unless it is usual for the particular trade to transport the type of goods sold unpackaged. The seller must package and mark the goods in the manner appropriate for their transport, unless the parties have agreed on specific packaging or marking requirements.

B8 Checking/packaging/marking

The buyer has no obligation to the seller.

A9 Allocation of costs

The seller must pay:
a) all costs relating to the goods until they have been delivered in accordance with A2, other than those payable by the buyer under B9;
b) transport and all other costs resulting from A4, including the costs of loading the goods and transport-related security costs;
c) any charges for unloading at the agreed place of destination but only if those chages were for the seller's account under the contract of carriage;
d) the costs of transit that were for the seller's account under the contract of carriage;
e) the costs of providing the usual proof to the buyer under A6 that the goods have been delivered;
f) the costs of insurance resulting from A5;
g) where applicable, duties, taxes and any other costs related to export clearance under A7(a); and
h) the buyer of all costs and charges related to providing assistance in obtaining documents and information in accordance with B7(a).

B9 Allocation of costs

The buyer must pay:
a) all costs relating to the goods from the time they have been delivered under A2, other

than those payable by the seller under A9;

b) the costs of transit, unless such costs were for the seller's account under the contract of carriage;

c) unloading costs. unless such costs were for the seller's account under the contract of carriage;

d) the costs of any additional insurance procured at the buyer's request under A5 and B5;

e) the seller for all costs and charges related to providing assistance in obtaining document and information in accordance with A5 and A7(b);

f) where applicable, duties, taxes and any other costs related to transit or import clearance under B7(b); and

g) any additional costs incurred if it fails to give notice in accordance with B10, from the agreed date or the end of the agreed period for shipment, provided that the goods have been clearly identified as the contract goods.

A10 Notices

The seller must notify the buyer that the goods have been delivered in accordance with A2. The seller must give the buyer any notice required to enable the buyer to receive the goods.

B10 Notices

The buyer must, whenever it is agreed that the buyer is entitled to determine the time for dispatching the goods and/or the point of receiving the goods within the named place of destination, give the seller sufficient notice.

DAP | Delivery at Place

DAP (insert named place of destination) Incoterms® 2020

EXPLANATORY NOTES FOR USERS

1. Delivery and risk - "Delivery at Place" means that the seller delivers the goods- and transfers risk - to the buyer

- ▶ when the goods are placed at the disposal of the buyer
- ▶ on the arriving means of transport read for unloading
- ▶ at the named placed of destination or
- ▶ at the agreed point within that place, if any such point is agreed.

The seller bears all risks involved in bringing the goods to the named place of destination or to the agreed point within that place. In this Incoterms® rule, therefore, delivery and arrival at destination are the same.

2. Mode of transport - This rule may be used irrespective of the mode of transport selected and may also be used where more than one mode of transport is employed.

3. **Identifying the place or point delivery/destination precisely** - the parties are well advised to specify the destination place or point as cleary as possible and this for several reasons. First, risk of loss of or damage to the goods transfers to the buyer at that point of delivery/destination - and it is best for the seller and the buyer to be clear about the point at which the critical transfer happens. Secondly, the costs before that place or point of delivery/destination are for the account of the seller and the costs after that place or point are for the account of the buyer. Thirdly, the seller must contract or arrange for the carriage of the goods to the agreed place or point delivery /destination. If it fails to do so, the seller is in breach of its obligations under the Incoterms DAP® rule and will be liable to the buyer for any ensuing loss. Thus, for example, the seller would be responsible for any additional costs levied by the carrier to the buyer for any additional on-carriage

4. **'or procuring the goods so delivered'** - The reference to "procure" here caters for multiple sales down a chain (string sales), particularly common in the commodity trades.

5. **Unloading costs** - The seller is not required to unload the goods from the arriving means of transportation. However, if the seller incurs costs under its contract of carriage related to unloading at the place of delivery/destination, the seller is not entitled to recover such costs separately from the buyer unless otherwise agreed between the parties.

6. **Export/import clearance** - DAP requires the seller to clear the goods for export, where applicable. However, the seller has no obligation to clear the goods for import or for post-delivery transit through third countries, to pay any import duty or to carry out any import customs formalities. As a result, if the buyer fails to organise import clearance, the goods will be held up at a port or inland terminal in the destination country. Who bears the risk of any loss that might occur while the goods are thus held up at the port of entry in the destination country? The answer is the buyer: delivery will not have occurred yet, B3(a) ensuring that the risk of loss of or damage to the goods is with the buyer until transit to a named inland point can be resumed. If, in order to avoid this scenario, the parties intend the seller to clear the goods for import, pay any import duty or tax and carry out any import customs formalities, the parties might consider using DDP.

A THE SELLER'S OBLIGATIONS

B THE BUYER'S OBLIGATIONS

A1 General obligations

The seller must provide the goods and the commercial invoice in conformity with the contract of sale and any other evidence of conformity that may be required by the contract. Any document to be provided by the seller may be in paper or electronic form as agreed or, where there is no agreement, as is customary.

B1 General obligations

The buyer must pay the price of the goods as provided in the contract of sale.

Any document to be provided by the buyer may be in paper or electronic form as agreed or, where there is no agreement, as is customary

A2 Delivery
The seller must deliver the goods by placing at the disposal of the buyer on the arriving means of transport ready for unloading at the agreed point, if any, at the named place of destination or by procuring the goods so delivered. In either case the seller must deliver the goods on the agreed date or within agreed period.

B2 Taking delivery
The buyer must take delivery of the goods when they have been delivered under A2.

A3 Transfer of risks
The seller bears all risks of loss of or damage to the goods until they have been delivered in accordance with A2, with the exception of loss or damage in the circumstances described in B3.

B3 Transfer of risks
The buyer bears all risks of loss of or damage to the goods from the time they have been delivered under A2.
If:
a) the buyer fails to fulfil its obligations in accordance with B7, then it bears all resulting risks of loss of or damage to the goods; or
b) the buyer fails to give notice in accordance with B10, then
it bears all risks of loss of or damage to the goods from the agreed date or the end of the agreed period for delivery,

provided that goods have been cleary identified as the contract goods.

A4 Carriage
The seller must contract or arrange at its own cost for the carriage of the goods to the named place of destination or to the agreed point, if any, at the named place of destination. If a specific point is not agreed or is not determined by practice, the seller may select the point at the named place of destination that best suits its purpose.
The seller must comply with any transport-related security requirements for transport to the destination.

B4 Carriage
The buyer has no obligation to the seller to make a contract of carriage.

A5 Insurance
The seller has no obligation to the buyer to make a contract of insurance.

B5 Insurance
The buyer has no obligation to the seller to make a contract of insurance.
However, the buyer must provide the seller, at the seller's request, risk and cost, with information that the seller needs for obtaining insurance.

A6 Delivery/transport document
The seller must provide the buyer, at the seller's cost. with any document required to enable the buyer to take over the goods.

B6 Delivery/transport document

The buyer must accept the document provided under A6.

A7 Export/import clearance

a) Export and transit clearance

Where applicable, the seller must carry out and pay for all export and transit clearance formalities required by the country of export any country of transit (other than country of import), such as:

▶ export/transit licence;
▶ security clearance for expert/transit;
▶ pre-shipment inspection; and
▶ any other official authorisation.

b) Assistance with import clearance

Where applicable, the seller must assist the buyer, at the buyer's request, risk and cost, in obtaining any documents and/or information related to all import clearance formalities, including security requirements and pre-shipment inspection, needed by the country of import.

B7 Export/import clearance

a) Assistance with export and transit clearance

Where applicable, the buyer must assist seller at the seller's request, risk and cost in obtaining any documents and/or information related to all export/transit clearance formalities, including security requirements and pre-shipment inspection, needed by the contry of export and any country of transit (other than the contry of import).

b) Import clearance

Where applicable the buyer must carry out and pay for all formalities required by the country of import, such as:

▶ import licence;
▶ security clearance for import;
▶ pre-shipment inspection; and
▶ any other official authorisation.

A8 Checking/packaging/marking

The seller must pay the costs of those checking operations (such as checking quality, measuring, weighing, counting) that are necessary for the purpose of delivering the goods in accordance with A2.

The seller must, at its own costs, package the goods, unless it is usual for the particular trade to transport the type of goods sold unpackaged. The seller must package and mark the goods in the manner appropriate for their transport, unless the parties have agreed on specific packaging or marking requirements.

B8 Checking/packaging/marking

The buyer has no obligation to the seller.

A9 Allocation of costs

The seller must pay:

a) all costs relating to the goods and their transport until they have been delivered in accordance with A2, other than those payable by the buyer under B9;

b) any charges for unloading at the place of destination but only if those charges were for the seller's account under contract of carriage;
c) the costs of providing the delivery/transport document under A6;
d) where applicable, duties, taxes and any other costs related to export and any transit clearance under A7(a); and
e) the buyer for all costs and charges related to providing assistance in obtaining documents and information in accordance with B5 and B7(a).

B9 Allocation of costs

The buyer must pay:
a) all costs relating to the goods from the time they have been delivered under A2;
b) all costs of unloading necessary to take delivery of the goods from the arriving means of transport at the named place of destination, unless such costs were for the seller's account under the contract of carriage;
c) the seller for all costs and charges related to providing assistance in obtaining documents and information in accordance with A7(b);
d) where applicable duties, taxes and any other costs related to import clearance under B7(b); and
e) any additional costs incurred by the seller if the buyer fails to fulfil its obligations in accordance with B7 or to give notice in accordance with B10, provided that the goods have been cleary identified ad the contract goods.

A10 Notices

The seller must give the buyer any notice required to enable the buyer to receive the goods.

B10 Notice

The buyer must, whenever it is agreed that buyer is entitled to determine the time within an agreed period and/or the point of taking delivery within the named place of destination, give the seller sufficient notice.

DPU | Delivered at Place Unloaded

DPU (insert named place of destination) Incoterms® 2020

EXPLANATORY NOTES FOR USERS

1. Delivery and risk - "Delivered at Place Unloaded" means that the seller delivers the goods – and transfers risk – to the buyer
- ▶ when the goods,
- ▶ once unloaded from the arriving means of transport,
- ▶ are placed at the disposal of the buyer
- ▶ at a named place of destination or
- ▶ at the agreed point within that place, if any such point is agreed.

The seller bears all risks involved in bringing the goods to and unloading them at the named place of destination. In this Incoterms® rule, therefore, the delivery and arrival at destination are the same. DPU is the only Incoterms® rule that requires the seller to unload goods at destination. The seller should therefore ensure that it is in a position to organise unloading at the named place. Should the parties intend the seller not to bear the risk and cost of unloading, the DPU rule should be avoided and DAP should be used instead.

2. **Mode of transport** - This rule may be used irrespective of the mode of transport selected and may also be used where more than one mode of transport is employed.

3. **Identifying the place or point of delivery/destination precisely** - The parties are well advised to specify the destination place or point as clearly as possible and this for several reasons. First, risk of loss of or damage to the goods transfers to the buyer at that point of delivery/destination - and it is best for the seller and the buyer to be clear about the point at which that critical transfer happens. Secondly, the costs before that place or point of delivery/destination are for the account of the seller and the costs after that place or point are for the account of the buyer. Thirdly, the seller must contract or arrange for the carriage of the goods to the agreed place or point of delivery/destination. If it fails to do so, the seller is in breach of its obligations under this rule and will be liable to the buyer for any ensuing loss. The seller would, for example, be responsible for any additional costs levied by the carrier to the buyer for any additional on-carriage.

4. **'or procuring the goods so delivered'** - The reference to "procure" here caters for multiple sales down a chain (string sales), particularly common in the commodity trades.

5. **Export/import clearance** - DPU requires the seller to clear the goods for export, where applicable. However, the seller has no obligation to clear the goods for import or for post-delivery transit through third countries, to pay any import duty or to carry out any import customs formalities. As a result, if the buyer fails to organise import clearance, the goods will be held up at a port or inland terminal in the destination country. Who bears the risk of any loss that might occur while the goods are thus held up at the port of entry in the destination country? The answer is the buyer: delivery will not have occurred yet, B3(a) ensuring that the risk of loss of or damage to the goods is with the buyer until transit to a named inland point can be resumed. If, in order to avoid this scenario, the parties intend the seller to clear the goods for import, pay any import duty or tax and carry out any import customs formalities, the parties might consider using DDP.

A THE SELLER'S OBLIGATIONS

B THE BUYER'S OBLIGATIONS

A1 General obligations

The seller must provide the goods and the commercial invoice in conformity with the contract of sale and any other evidence of conformity that may be required by the contract.

Any document to be provided by the seller may be in paper or electronic form as agreed or, where there is no agreement, as is customary.

B1 General obligations

The buyer must pay the price of the goods as provided in the contract of sale.
Any document to be provided by the buyer may be in paper or electronic form as agreed or, where there is no agreement, as is customary.

A2 Delivery

The seller must unload the goods from the arriving means of transport and must then deliver them by placing them at the disposal of the buyer at the agreed point, if any, at the named place of destination or by procuring the goods so delivered. In either case the seller must deliver the goods on the agreed date or within the agreed period.

B2 Taking delivery

The buyer must take delivery of the goods when they have been delivered under A2.

A3 Transfer of risks

The seller bears all risks of loss of or damage to the goods until they have been delivered in accordance with A2, with the exception of loss or damage in the circumstances described in B3.

B3 Transfer of risks

The buyer bears all risks of loss of or damage to the goods from the time they have been delivered under A2.
If:

a) the buyer fails to fulfil its obligations in accordance with B7, then it bears all resulting risks of loss of or damage to the goods; or
b) the buyer fails to fulfil its obligations in accordance with B10, then it bears all risks of loss of or damage to the goods from the agreed date or the end of the agreed period for delivery.

provided that the goods have been clearly indentified as the contract goods.

A4 Carriage

The seller must contract or arrange at its own cost for the carriage of the goods to the named place of destination or to the agreed point, if any, at the named place of destination. If a specific point is not agreed or is not determined by practice, the seller may select the point at the named place of destination that best suits its purpose.
The seller must comply with any transport-related security requirements for transport to the destination.

B4 Carriage

The buyer has no obligation to the seller to make a contract of carriage.

A5 Insurance

The seller has no obligation to the buyer to make a contract of insurance.

B5 Insurance

The buyer has no obligation to the seller to make a contract of insurance.
However, the buyer must provide the seller, at the seller's request, risk and cost, with information that the seller needs for obtaning insurance.

A6 Delivery/transport document

The seller must provide the buyer, at the seller's cost, with any document required to enable the buyer to take over the goods.

B6 Delivery/transport document

The buyer must accept the document provided under A6.

A7 Export/import clearnace

a) Export and transit clearance

Where applicable, the seller must carry out and pay for all export and transit clearace formalities required by the country of export and any country of transit (other than the country of import), such as;

▶ export/transit licence;
▶ security clearance for export/transit;
▶ pre-shipment inspection; and
▶ any other official authorisation.

b) Assistance with import clearance

Where applicable, the seller must assist the buyer, at the buyer's request, risk and cost, in obtaining any documents and/or information related to all import clearance formalities, including security requirements and pre-shipment inspection, needed by the country of import.

B7 Export/import clearance

a) Assistance with export and transit clearance

Where applicable, the buyer must assist the seller at the seller's request, risk and cost in obtaining any documents and/or information related to all export/transit clearance formalities, including security requirements and pre-shipment inspection, needed by the country of export and any country of transit (other than the country of import).

b) Import clearance

Where applicable, the buyer must carry out and pay for all formalities required by the country of import, such as;

▶ import licence;
▶ security clearance for import;
▶ pre-shipment inspection; and
▶ any other official authorisation.

A8 Checking/packaging/marking

The seller must pay the costs of those checking operations (such as checking quality, measuring, weighing, counting) that are necessary for the purpose of delivering the goods in accordance with A2.

The seller must, at its own cost, package the goods, unless it is usual for the particular trade to transport the type of goods sold unpackaged.

The seller must package and mark the goods in the manner appropriate for their transport, unless the parities have agreed on specific packaging or marking requirements.

B8 Checking/packaging/marking

The buyer has no obligation to the seller.

A9 Allocation of costs

The seller must pay:

a) all costs relating to the goods and their transport until they have been unloaded and delivered in accordance with A2, other than those payable by the buyer under B9;

b) the cost of providing the delivery/transport document under A6;

c) where applicable, duties, taxes and any other costs related to export and any transit clearance under A7(a); and

d) the buyer for all costs and charges related to providing assistance in obtaining documents and information in accordance with B5 and B7(a)

B9 Allocation of costs

The buyer must pay:

a) all costs relating to the goods from the time they have been delivered under A2;

b) the seller for all costs and charges related to providing assistance in obtaining documents and information in accordance with A7(b);

c) where applicable. duties, taxes and any other costs related to import clearance under B7(b): and

d) any additional costs incurred by the seller if the buyer fails to fulfil its obligations in accordance with B7 or to give notice in accordance with B10, provided that the goods have been clearly identified as the contract goods.

A10 Notices

The seller must give the buyer any notice required to enable the buyer to receive the goods.

B10 Notices

The buyer must, whenever it is agreed that the buyer is entitled to determine the time within an agreed period and/or the point of taking delivery within the named place of destination, give the seller sufficient notice.

DDP | Delivered Duty Paid

DDP(insert named place of destination) Incoterms® 2020

EXPLANATORY NOTES FOR USERS

1. **Delivery and risk -** “Delivered Duty Paid” means that the seller delivers the goods to the buyer
   - ▶ when the goods are placed at the disposal of the buyer,
   - ▶ cleared for import,
   - ▶ on the arriving means of transport,
   - ▶ ready for unloading,
   - ▶ at the named place of destination or at the agreed point within that place, if any such point is agreed.

The seller bears all risks involved in bringing the goods to the named place of destination or to the agreed point within that place. In this Incoterms® rule, therefore, delivery and arrival at destination are the same.

2. **Mode of transport** - This rule may be used irrespective of the mode of transport selected and may also be used where more than one mode of transport is employed.

3. **A note of caution to sellers: maximum responsibility** - DDP, with delivery happening at destination and with the sellers being responsible for the payment of import duty and applicable taxes is the Incoterms® rule imposing on the seller the maximum level of obligation of all eleven Incoterms® rules. From the seller's perspective, therefore, the rule should be used with care for different reasons as set out in paragraph 7.

4. **Identifying the place or point of delivery/destination precisely** - The parties are well advised to specify the destination place or point as clearly as possible and this for several reasons. First, risk of loss of or damage to the goods transfers to the buyer at that point of delivery/destination - and it is best for the seller and the buyer to be clear about the point at which that critical transfer happens. Secondly, the costs before that place or point of delivery/destination are for the account of the seller, including the costs of import clearance, and the costs after that place or point, other than the costs of import, are for the account of the buyer. Thirdly, the seller must contract or arrange for the carriage of the goods to the agreed place or point of delivery/destination. If it fails to do so, the seller is in breach of its obligations under the Incoterms® rule DDP and will be liable to the buyer for any ensuing loss. Thus, for example, the seller would be responsible for any additional costs levied by the carrier to the buyer for any additional on-carriage.

5. **'or procuring the goods so delivered'** - The reference to "procure" here caters for multiple sales down a chain (string sales), particularly common in the commodity trades.

6. **Unloading costs** - If the seller incurs costs under its contract of carriage related to unloading at the place of delivery/destination, the seller is not entitled to recover such costs separately from the buyer unless otherwise agreed between the parties.

7. **Export/import clearance** - As set out in paragraph 3, DDP requires the seller to clear the goods for export, where applicable, as well as for import and to pay any import duty or to carry out any customs formalities. Thus if the seller is unable to obtain import clearance and would rather leave that side of things in the buyer's hands in the country of import, then the seller should consider choosing DAP or DPU, under which rules delivery still happens at destination, but with import clearance being left to the buyer. There may be tax implications and this tax may not be recoverable from the buyer; see A9(d).

A THE SELLER'S OBLIGATIONS

B THE BUYER'S OBLIGATIONS

A1 General obligations

The seller must provide the goods and the commercial invoice in conformity with the contract of sale and any other evidence of conformity that may be required by the contract.

Any document to be provided by the seller may be in paper or electronic form as agreed or, where is no agreement, as is customary.

B1 General obligations

The buyer must pay the price of the goods as provided in the contract of sale.
Any documents to be provided by the buyer may be in paper or electronic form as agreed or, where there is no agreement, as is customary.

A2 Delivery

The seller must deliver the goods by placing them at the disposal of the buyer on the arriving means of transport ready for unloading at the agreed point, if any, at the named place of destination or by procuring the goods so delivered. In either case the seller must deliver the goods on the agreed date or within the agreed period.

B2 Taking delivery

The buyer must take delivery of the goods when they have been delivered under A2.

A3 Transfer of risks

The seller bears all risks of loss of or damage to the goods until they have been delivered in accordance with A2, with the exception of loss or damage in the circumstances described in B3.

B3 Transfer of risks

The buyer bears all risks of loss of or damage to the goods from the time they have been delivered under A2.
If:

a) the buyer fails to fulfil its obligations in accordance with B7, then it bears all resulting risks of loss of or damage to the goods; or
b) the buyer fails to give notice in accordance with B10, then it bears all risks of loss of or damage to the goods from the agreed date or the end of the agreed period for delivery,

provided that the goods have been clearly identified as the contract goods.

A4 Carriage

The seller must contract or arrange at its own cost for the caariage of the goods to the named place of destination or to the agreed point, if any, at the named place of destination. If a specific point is not agreed or is not determined by practice, the seller may select the point at the named place of destination that best suits its purpose.
The seller must comply with any transport-related security requirements for transport to the destination.

B4 Carriage

The buyer has no obligation to the seller to make a contract of carriage.

A5 Insurance

The seller has no obligation to the buyer to make a contract of insurance.

B5 Insurance

The buyer has no obligation to the seller to make a contract of insurance.
However, the buyer must provide the seller, at the seller's request, risk and cost, with information that the seller needs for obtaining insurance.

A6 Delivery/transport document

The seller must provide the buyer, at the seller's cost, with any document required to enable the buyer to take over the goods.

B6 Delivery/ transport document

The buyer must accept the document provided under A6.

A7 Export/import clearance

Where applicable, the seller must carry out and pay for all export/transit/import clearance formalities required by the countries of export, transit and import, such as:

- ▶ export/transit/import licence;
- ▶ security clearance for export/transit/import;
- ▶ pre-shipment inspection; and
- ▶ any other official authorisation.

B7 Export/ import clearance

Where applicable, the buyer must assist the seller, at the seller's request, risk and cost in obtaining any documents and/or information related to all export/transit/import clearance formalities required by the countries of export/transit/import, such as:

- ▶ export/transit/import licence;
- ▶ security clearance for export, transit and import;
- ▶ pre-shipment inspection; and
- ▶ any other official authorisation.

A8 Checking/packaging/marking

The seller must pay the costs of those checking operations (such as checking quality, measuring, weighing, counting) that are necessary for the purpose of delivering the goods in accordance with A2.
The seller must, at its own cost, package the goods, unless it is usual for the particular trade to transport the type of goods sold unpackaged. The seller must package and mark the goods in the manner appropriate for their transport, unless the parties have agreed on specific packaging or marking requirements.

B8 Checking/packaging/marking

The buyer has no obligation to the seller.

A9 Allocation of costs

The seller must pay:

a) all costs relating to the goods and their transport until the have been delivered in accordance with A2, other than those payable by the buyer under B9;
b) any charges for unloading at the place of destination but only if those charges were for the seller's account under the contract of carriage;
c) the cost of providing the delivery/transport document under A6;

d) where applicable, duties, taxes and any other costs related to export, transit and import clearance under A7; and
e) the buyer for all costs and charged related to providing assistance in obtaining documents and information in accordance with B5 and B7.

B9 Allocation og costs

The buyer must pay:
a) all costs relating to the goods from the time they have been delivered under A2;
b) all costs of unloading necessary to take delivery of the goods from the arriving means of transport at the named place of destination, unless such costs were for the seller's account under the contract of carriage, and
c) any additional costs incurred by the seller if the buyer fails to fulfil its obligations in accordance with B7 or to give notice in accordance with B10, provided that the goods have been clearly identified as the contract goods.

A10 Notices

The seller must give the buyer any notice required to enable the buyer to receive the goods.

B10 Notices

The buyer must, whenever it is agreed that the buyer is entitled to determine the time within an agreed period and/or the point of taking delivery within the named place of destination, give the seller sufficient notice.

FAS(Free Alongsid Ship) Incoterms® 2020

EXPLANATORY NOTES FOR USERS

1. **Delivery and risk** - "Free Alongside Ship" means that the seller delivers the goods to the buyer
   ▶ when the goods are placed alongside the ship (e.g. on a quay or a barge)
   ▶ nominated by the buyer
   ▶ at the named port of shipment
   ▶ or when the seller procures goods already so delivered.

   The risk of loss of or damage to the goods transfers when the goods are alongside the ship, and the buyer bears all costs from that moment onwards.

2. **Mode of transport** - This rule is to be used only for sea or inland waterway transport where the parties intend to deliver the goods by placing the goods alongside a vessel. Thus, the FAS rule is not appropriate where goods are handed over to the carrier before they are alongside the vessel, for example where goods are handed over to a carrier at a container terminal. Where this is the case, parties should consider using the FCA rule rather than the FAS rule.

3. **Identifying the loading point precisely** - The parties are well advised to specify as clearly as

possible the loading point at the named port of shipment where the goods are to be transferred from the quay or barge to the ship, as the costs and risks to that point are for the account of the seller and these costs and associated handling charges may vary according to the practice of the port.

4. **'or procuring the goods so delivered'** - The seller is required either to deliver the goods alongside the ship or to procure goods already so delivered for shipment. The reference to "procure" here caters for multiple sales down a chain (string sales), particularly common in the commodity trades.

5. **Export/import clearance** - FAS requires the seller to clear the goods for export, where applicable. However, the seller has no obligation to clear the goods for import or for transit through third counties, to pay any import duty or to carry out any import customs formalities.

A THE SELLER/S OBLIGATIONS

B THE BUYER'S OBLIGATIONS

A1 General obligations

The seller must provide the goods and the commercial invoice in conformity with the contract of sale and any other evidence of conformity that may be required by the contract. Any document to be provided by the seller may be in paper or electronic form as agreed or, where there is no agreement, as is customary.

B1 General obligations

The buyer must pay the price of the goods as provided in the contract of sale.
Any document to be provided by the buyer may be in paper or electronic form as agrees or, where there is no agreement, as is customary.

A2 Delivery

The seller must deliver the goods either by placing them alongside the vessel nominated by the buyer at the loading point, if any, indicated by the buyer at the named port of shipment or by procuring the goods so delivered.
The seller must deliver the goods
1. on the agreed date

or

2. at the time within the agreed period notified by the buyer under B10

or

3. if no such time is notified, then at the end of the agreed period

and

4. in the manner customary at the port.
   If no specific loading point has been indicated by the buyer, the seller may select the point within the named port of shipment that best suits its purpose.

B2 Taking delivery

The buyer must take delivery of the goods when they have been delivered under A2.

A3 Transfer of risks

The seller bears all risk of loss of or damage to the goods until they have been delivered in accordance with A2, with the exception of loss or damage in the circumstances described in B3.

B3 Transfer of risks

The buyer bears all risks of loss of or damage to the goods from the time they have been delivered under A2.

If.

a) the buyer fails to give notice in accordance with B10; or

b) the vessel nominated by the buyer fails to arrive on time to enable the seller to comply with A2, fails to take the goods, or closes for cargo earlier than the time notified in accordance with B10:

then the buyer bears all risks of loss of or damage to the goods:

(i) from the agreed date, or in the absence of an agreed date,

(ii) from the date selected by the buyer under B10, or, if no such date has been notified,

(iii) from the end of any agreed period for delivery,

provided that the goods have been clearly identified as the contract goods.

A4 carriage

The seller has no obligation to the buyer to make a contract of carriage. However, the seller must provide the buyer, at the buyer's request, risk and cost, with any information in the possession of the seller, including transport-related security requirements, that the buyer needs for arranging carriage. If agreed, the seller must contract for carriage on the usual terms at the buyer's risk and cost.

The seller must comply with any transport-related security requirements up to delivery.

B4 carriage

The buyer must contract at its own cost for the carriage of the goods from the named port of shipment, except when the contract of carriage is made by the seller as provided for in A4.

A5 Insurance

The seller has no obligation to the buyer to make a contract of insurance. However, the seller must provide the buyer, at the buyer's request, risk and cost, with information in the possession of the seller that the buyer needs for obtaining insurance.

B5 Insurance

The buyer has no obligation to the seller to make a contract of insurance.

A6 Delivery/transport document

The seller must provide the buyer, at the seller's cost, with the usual proof that the goods have been delivered in accordance with A2.

Unless such proof is a transport document, the seller must provide assistance to the buyer, at the buyer's request, risk and cost, in obtaining a transport document.

B6 Delivery/transport document

The buyer must accept the proof of delivery provided under A6.

A7 Export/import clearance

a) Export clearance

Where applicable, the seller must carry out and pay for all export clearance formalities required by the country of export, such as:

- ▶ export licence;
- ▶ security clearance for export;
- ▶ pre-shipment inspection; and
- ▶ any other official authorisation.

b) Assistance with import clearance

Where applicable, the seller must assist the buyer, at the buyer's request, risk and cost, in obtaining any documents and/or information related to all transit/import clearance formalities, including security requirements and pre-shipment inspection, needed by any country of transit or the country of import.

B7 Export/import clearance

a) Assistance with export clearance

Where applicable, the buyer must assist the seller at the seller's request, risk and cost in obtaining any documents and/or information related to all export clearance formalities, including security requirements and pre-shipment inspection, needed by the country of export.

b) Import clearance

Where applicable, the buyer must carry out and pay for all formalities required by any country of transit and the country of import, such as:

- ▶ import licence and any licence required for transit;
- ▶ security clearance for import and any transit;
- ▶ pre-shipment inspection; and
- ▶ any other official authorisation.

A8 Checking/packaging/marking

The seller must pay the costs of those checking operations (such as checking quality, measuring, weighing, counting) that are necessary for the purpose of delivering the goods in accordance with A2.

The seller must, at its own cost, package the goods, unless it is usual for the particular trade to transport the type of goods sold unpackaged. The seller must package and mark the goods in the manner appropriate for their transport, unless the parties have agreed on specific packaging or marking requirements.

B8 Checking/packaging/marking

The buyer has no obligation to the seller.

A9 Allocation of costs

The seller must pay:

a) all cost relating to the goods until they have been delivered in accordance with A2, other than those payable by the buyer under B9;

b) the costs of providing the usual proof to the buyer under A6 that the goods have been delivered;

c) where applicable, duties, taxes and any other costs related to export clearance under A7(a); and
d) the buyer for all costs and charges related to providing assistance in obtaining documents and information in accordance with B7(a).

B9 Allocation of costs

The buyer must pay:
a) all costs relating to the goods from the time they have been delivered under A2, other than those payable by the seller under A9;
b) the seller for all costs and charges related to providing assistance in obtaining documents and information in accordance with A4, A5, A6 and A7(b);
c) where applicable, duties, taxes and any other costs related to transit or import clearance under B7(b); and
d) any additional costs incurred, either because:
  (i) the buyer has failed to give notice under B10, or
  (ii) the vessel nominated by the buyer under B10 fails to arrive on time, fails to take the goods, or closes for cargo earlier than the time notified in accordance with B10,

provided that the goods have been clearly identified as the contract goods.

A10 Notices

The seller must give the buyer sufficient notice either that the goods have been delivered in accordance with A2 or that the vessel has failed to take delivery of the goods within the time agreed.

B10 Notices

The buyer must give the seller sufficient notice of any transport-related security requirements, the vessel name, loading point and, if any, the selected delivery date within the agreed period.

FOB(insert named port of shipment) Incoterms® 2020

EXPLANATORY NOTES FOR USERS

1. **Delivery and risk** - "Free On Board" means that the seller delivers the goods to the buyer
   - ▶ on board the vessel
   - ▶ nominated by the buyer
   - ▶ at the named port of shipment
   - ▶ or procures the goods already so delivered.

   The risk of loss of or damage to the goods transfers when the goods are on board the vessel, and the buyer bears all costs from that moment onwards.

2. **Mode of transport** − This rule is to be used only for sea or inland waterway transport where the parties intend to deliver the goods by placing the goods on board a vessel. Thus, the FOB rule is not appropriate where goods are handed over to the carrier before they are on

board the vessel, for example where goods are handed over to a carrier at a container terminal. Where this is the case, parties should consider using the FCA rule rather than the FOB rule.

3. **'or procuring the goods so delivered'** – The seller is required either to deliver the goods on board the vessel or to procure goods already so delivered for shipment. The reference to 'procure' here caters for multiple sales down a chain (string sales), particularly common in the commodity trades.

4. **Export/import clearance** – FOB requires the seller to clear the goods for export, where applicable. However, the seller has no obligation to clear the goods for import or for transit through third countries, to pay any import duty or to carry out any import customs formalities.

A THE SELLER'S OBLIGATIONS

B THE BUYER'S S OBLIGATIONS

A1 General obligations

The seller must provide the goods and the commercial invoice in conformity with the contract of sale and any other evidence of conformity that may be required by the contract.
Any document to be provided by the seller may be in paper or electronic form as agreed or, where there is no agreement, as is customary.

B1 General obligations

The buyer must pay the price of the goods as provided in the contract of sale.
Any document to be provided by the buyer may be in paper or electronic from as agreed or, where there is no agreement, as is customary.

A2 Delivery

The seller must deliver the goods either by placing them on board the vessel nominated by the buyer at the loading point, if any, indicated by the buyer at the named port of shipment or by procuring the goods so delivered.
The seller must deliver the goods

1. on the agreed date
   or
2. at the time within the agreed period notified by the buyer under B10
   or
3. if no such time is notified, then at the end of the agreed period
   and
4. in the manner customary at the port

If no specific loading point has been indicated by the buyer, the seller may select the point within the named port of shipment that best suits its purpose.

B2 Taking delivery

The buyer must take delivery of the goods when they have been delivered under A2.

A3 Transfer of risks

The seller bears all risk of loss of or damage to the goods until they have been delivered in accordance with A2, with the exception of loss or damage in the circumstances described in B3.

B3 Transfer of risks

The buyer bears all risk of loss of or damage to the goods from the time they have been delivered under A2.

If.

a) the buyer fails to give notice in accordance with B10; or
b) the vessel nominated by the buyer fails to arrive on time to enable the seller to comply with A2, fails to take the goods, or closes for cargo earlier than the time notified in accordance with B10:

then the buyer bears all risks of loss of or damage to the goods:

(i) from the agreed date, or in the absence of an agreed date,
(ii) from the date selected by the buyer under B10, or, if no such date has been notified,
(iii) from the end of any agreed period for delivery,

A4 carriage

The seller has no obligation to the buyer to make a contract of carriage. However, the seller must provide the buyer, at the buyer's request, risk and cost, with any information in the possession of the seller, including transport-related security requirements, that the buyer needs for arranging carriage. If agreed, the seller must contract for carriage on the usual terms at the buyer's risk and cost.

The seller must comply with any transport-related security requirements up to delivery.

B4 carriage

The buyer must contract at its own cost for the carriage of the goods from the named port of shipment, except when the contract of carriage is made by the seller as provided for in A4.

A5 Insurance

The seller has no obligation to the buyer to make a contract of insurance. However, the seller must provide the buyer, at the buyer's request, risk and cost, with information in the possession of the seller that the buyer needs for obtaining insurance.

B5 Insurance

The buyer has no obligation to the seller to make a contract of insurance.

A6 Delivery/transport document

The seller must provide the buyer, at the seller's cost, with the usual proof that the goods have been delivered in accordance with A2.

Unless such proof is a transport document, the seller must provide assistance to the buyer, at the buyer's request, risk and cost, in obtaining a transport document.

B6 Delivery/transport document

The buyer must accept the proof of delivery provided under A6.

A7 Export/import clearance

a) Export clearance

Where applicable, the seller must carry out and pay for all export clearance formalities required by the country of export, such as:
- ▶ export license;
- ▶ security clearance for export;
- ▶ pre-shipment inspection; and
- ▶ any other official authorisation.

b) Assistance with import clearance
Where applicable, the seller must assist the buyer, at the buyer's request, risk and cost, in obtaining any documents and/or information related to all transit/import clearance formalities, including security requirements and pre-shipment inspection, needed by any country of transit or the country of import.

B7 Export/import clearance

a) Assistance with export clearance
Where applicable, the buyer must assist the seller at the seller's request, risk and cost in obtaining any documents and/ or information related to all export clearance formalities, including security requirements and pre-shipmen inspection, needs by the country of export.

b) Import clearance
Where applicable, the buyer must carry out and pay for all formalities required by any country of transit and the country of import, such as:
- ▶ import license and any license required for transit;
- ▶ security clearance for import and any transit;
- ▶ pre-shipment inspection; and
- ▶ any other official authorisation.

A8 Checking/packaging/ marking

The seller must pay the costs of those checking operations (such as checking quality, measuring, weighing, counting) that are necessary for the purpose of delivering the goods in accordance with A2. The seller must, at its own cost, package the goods, unless it is usual for the particular trade to transport the type of goods sold unpackaged. The seller must package and mark the goods in the manner appropriate for their transport, unless the parties have agreed on specific packaging or marking requirements.

B8 Checking/packaging/ marking

The buyer has no obligation to the seller.

A9 allocation of costs

The seller must pay:

a) all costs relating to the goods until they have been delivered in accordance with A2, other than those payable by the buyer under B9;
b) the costs of providing the usual proof to the buyer under A6 that the goods have been delivered;
c) where applicable, duties, taxes and any other costs related to export clearance under A7(a); and
d) the buyer for all costs and charges related to providing assistance in obtaining documents and information accordance with B7(a).

B9 Allocation of costs

The buyer must pay:

a) all costs relating to the goods from the time they have been delivered under A2, other than those payable by the seller under A9;
b) the seller for all costs and charges related to providing assistance in obtaining documents and information in accordance with A4, A5, A6 and A7(b); and
d) any additional costs incurred, either because:
 (i) the buyer has failed to give notice under B10, or
 (ii) the vessel nominated by the buyer under B10 fails to arrive on time, fails to take the goods, or closes for cargo earlier than the time notified in accordance with B10,

Provided that the goods have been clearly identified as the contract goods.

A10 Notice

The seller must give the buyer sufficient notice either that the goods have been delivered in accordance with A2 or that the vessel has failed to take the goods within the time agreed.

B10 Notice

The buyer must give the seller sufficient notice of any transport-related security requirements, the vessel name, loading point and, if any, the selected delivery date within the agreed period.

CFR(Cost and Freight)

CFR(insert named port of destination) Incoterms® 2020

Explanatory notes for users

1. **Delivery and risk** - "Cost and Freight" means that the seller delivers the goods to the buyer.
   ▶ on board the vessel
   ▶ or procures the goods already so delivered.
   The risk of loss of or damage to the goods transfers when the goods are on board the vessel, such that the seller is taken to have performed its obligation to deliver the goods whether or not the goods actually arrive at their destination in sound condition, in the stated quantity or, indeed, at all. In CFR, the seller owes no obligation to the buyer to purchase insurance cover: the buyer would be well-advised therefore to purchase some cover for itself.

2. **Mode of transport** - This rule is to be used only for sea or inland waterway transport. Where more than one mode of transport is to be used, which will commonly be the case where goods are handed over to a carrier at a container terminal, the appropriate rule to use is CPT rather than CFR.

3. **'or procuring the goods so delivered'** - The reference to "procure" here caters for multiple sales down a chain (string sales), particularly common in the commodity trades.

4. **Ports of delivery and destination** - in CFR, two ports are important: the port where the goods are delivered on board the vessel and the port agreed as the destination of the goods. Risk transfers from seller to buyer when the goods are delivered to the buyer by placing them on

board the vessel at the shipment port or by procuring the goods already so delivered. However, the seller must contract for the carriage of the goods from delivery to the agreed destination. Thus, for example, goods are placed on board a vessel in Shanghai (which is a port) for carriage to Southampton (also a port). Delivery here happens when the goods are on board in Shanghai, with risk transferring to the buyer at that time; and the seller must make a contract of carriage from Shanghai to Southampton.

5. **Must the shipment port be named?** - While the contract will always specify a destination port, it might not specify the port of shipment, which is where risk transfers to the buyer. If the shipment port is of particular interest to the buyer, as it may be, for example, where the buyer wishes to ascertain that the freight element of the price is reasonable, the parties are well advised to identify it as precisely as possible in the contract.

6. **Identifying the destination point at the discharge port** - The parties are well advised to identify as precisely as possible the point at the named port of destination, as the costs to that point are for the account of the seller. The seller must make a contract or contracts of carriage that cover(s) the transit of the goods from delivery to the named port or to the agreed point within that port where such a point has been agreed in the contract of sale..

7. **Multiple carriers** - It is possible that carriage is effected through several carriers for different legs of the sea transport, for example, first by a carrier operating a feeder vessel from Hong Kong to Shanghai, and then onto an ocean vessel from Shanghai to Southampton. The question which arises here is whether risk transfers from seller to buyer at Hong Kong or at Shanghai: where does delivery take place? The parties may well have agreed this in the sale contract itself. Where, however, there is no such agreement, the default position is that risk transfers when the goods have been delivered to the first carrier, i.e. Hong Kong, thus increasing the period during which the buyer incurs the risk of loss or damage. Should the parties wish the risk to transfer at later stage (here, Shanghai) they need to specify this in their contract of sale.

8. **Unloading costs** - If the seller incurs costs under its contract of carriage related to unloading at the specified point at the port of destination, the seller is not entitled to recover such costs separately from the buyer unless otherwise agreed between the parties.

9. **Export/Import clearance** - CFR requires the seller to clear the goods for export, where applicable. However, the seller has no obligation to clear the goods for import or for transit through third countries, to pay any import duty or to carry out any import customs formalities.

A THE SELLER'S OBLIGATIONS

B THE BUYER'S OBLIGATIONS

A1 General obligations

The seller must provide the goods and the commercial invoice in conformity with the contract of sale and any evidence of conformity that may be required by the contract.
Any document to be provided by the seller may be in paper or electronic form as agreed or, where there is no agreement, as is customary.

B1 General obligations

The buyer must pay the price of the goods as provided in the contract of sale.
Any document to be provided by the buyer may be in paper or electronic form as agrees or, where there is no agreement, as is customary.

A2 Delivery

The seller must deliver the goods either by placing them on board the vessel or by procuring the goods so delivered. In either case, the seller must deliver the goods on the agreed date or within the agreed period and in the manner customary at the port.

B2 Taking delivery

The buyer must take delivery of the goods when they have been delivered under A2 and receive them from carrier at the named port of destination.

A3 Transfer of risks

The seller bears all risks of loss of or damage to the goods until they have been delivered in accordance with A2, with the exception of loss or damage in the circumstance described in B3.

B3 Transfer of risks

The buyer bears all risks of loss of or damage to the goods from the time they have been delivered under A2. If the buyer fails to give notice in accordance with B10, then it bears all risks of loss of or damage to the goods from the agreed date or the end of the agreed period for shipment, provided that the goods have been clearly identified as the contract goods.

A4 Carriage

The seller must contract or procure a contract for the carriage of the goods from the agreed point of delivery. if any, at the place of delivery to the named port of destination or, if agreed, any point any that port. The contract of carriage must be made on usual terms at the seller's cost and provide for carriage by the usual route in a vessel of the type normally used for the transport of the type of goods sold.
The seller must comply with any transport-related security requirements for transport to the destination.

B4 Carriage

The buyer has no obligation to the seller make a contract of carriage.

A5 Insurance

The seller has no obligation to the buyer to make a contract of insurance. However, the seller must provide the buyer, at the buyer's request, risk and cost, with information in the possession of the seller that the buyer needs for obtaining insurance.

B5 Insurance

The buyer has no obligation to the seller to make a contract of insurance.

A6 Delivery/transport document

The seller must, as its own cost, provide the buyer with the usual transport document for

the agreed port of destination.
This transport document must cover the contract goods, be dated within the period agreed for shipment, enable the buyer to claim the goods from the carrier at the port of destination and, unless otherwise agreed, enable the buyer to sell the goods in transit by the transfer of the document to a subsequent buyer or by notification to the carrier.
When such a transport document is issued in negotiable form and in several originals, a full set of originals must be presented to the buyer.

B6 Delivery/transport document

The buyer must accept the transport document document provided under A6 if it is in conformity with the contract.

A7 Export/import clearance

a) Export clearance
Where applicable, the seller must catty out and pay for all export clearance formalities requtred by the country of expert, such as:
- ▶ export licence;
- ▶ security clearance for export;
- ▶ pre-shipment inspection; and
- ▶ any other official authorisation.

b) Assistance with import clearance
Where applicable, the seller must assist the buyer, at the buyer's request, risk and cost, in obtaining any documents and/or information related to all transit/import clearance formalities, including security requrements and pre-shipment inspection, needed by any county of transit or the country of import.

B7 Export/import clearance

a) Assistance with export clearance
Where applicable, the buyer must assist the seller at the seller's request, risk and cost in obtaining any documents and/or information related to all export clearance formalities, including security requirements and pre-shipment inspection, needed by the county of export.

b) Import clearance
Where applicable, the buyer must carry out and pay for all formalities required by any country of transit and the county of transit and any licence required for transit;
- ▶ import licence and any licence required for transit;
- ▶ security clearance for import and any transit;
- ▶ pre-shipment inspection; and
- ▶ any other offical authorisation.

A8 Checking/packaging/marking

The seller must pay the costs of those checking operations (such as checking quality, measuring, weighing, counting) that are necessary for the purpose of delivering the goods in accordance with A2.
The seller must, at its own cost, package the goods, unless it is usual for the particular trade to transport the type of goods sold unpackaged. The seller must package and mark the goods in the manner appropriate for their transport, unless the parties have agreed on specific packaging or marking requirements.

B8 Checking/packaging/marking

The buyer has no obligation to the seller.

A9 Allocation of costs

The seller must pay:

a) all costs relating to the goods until they have been delivered in accordance with A2, other than those payable by the buyer under B9;
b) the fright and all other costs resulting from A4, including the costs of loading the goods on board and transport-related security costs;
c) any charges for unloading at the agreed port of discharge that were for the seller's account under the contract of carriage;
d) the costs of transit that were for the seller's account under the contract of carriage;
e) the costs of providing the usual proof to the buyer under A6 that the goods have been delivered;
f) where applicable, duties, taxes and any other costs related to export clearance under A7(a); and
g) the buyer for all costs and charges related to providing assistance in obtaining documents and information in accordance with B7(a).

B9 Allocation of costs

The buyer must pay:

a) all costs relating to the goods from the time they have been delivered under A2, other than those payable by the seller under A9;
b) the costs of transit, unless such costs were for the seller's account under the contract of carriage;
c) unloading costs including lighterage and wharfage charges, unless such costs and charges were for the seller's account under the contract of carriage.
d) the seller for all costs and charges related to providing assistance in obtaining documents and information in accordance with A5 and A7(b).
e) where applicable, duties, taxes and any other costs related to transit or import clearance under B7(b); and
f) any additional costs incurred if it fails to give notice in accordance with B10, from the agreed date or the end of the agreed period for shipment, provided that the goods have been clearly identified as the contract goods.

A10 Notices

The seller must notify the buyer that the goods have been delivered in accordance with A2. The seller must give the buyer any notice required to enable the buyer to receive the goods.

B10 Notice

The buyer must, whenever it is agreed that the buyer is entitled to determine the time for shipping the goods and/or the point of receiving the goods within the named port of destination, give the seller sufficient notice.

CIF(Cost Insurance and Freight)

CIF (insert named port of destination) Incoterms® 2020

EXPLANATORY NOTE FOR USERS

1. **Delivery and risk** - "Cost Insurance and Freight" means that the seller delivers the goods to the buyer
   - ▶ on board the vessel
   - ▶ or procures the goods already so delivered.

   The risk of loss of or damage to the goods transfers when the goods are on board the vessel, such that the seller is taken to have performed its obligation to deliver the goods whether or not the goods actually arrive at their destination in sound condition, in the stated quantity or, indeed, at all.

2. **Mode of transport** - This rule is to be used only for sea or inland waterway transport. Where more than one mode of transport is to be used, which will commonly be the case where goods are handed over to a carrier at a container terminal, the appropriate rule to use is CIP rather than CIF.

3. **'or procuring the goods so delivered'** - The reference to "procure" here caters for multiple sales down a chain (string sales), particularly common in the commodity trades.

4. **Ports of delivery and destination** - In CIF, two ports are important: the port where the goods are delivered on board the vessel and the port agreed as the destination of the goods. Risk transfers from seller to buyer when the goods are delivered to the buyer by placing them on board the vessel at the shipment port or by procuring the goods already so delivered. However, the seller must contract for the carriage of the goods from delivery to the agreed destination. Thus, for example, goods are placed on board a vessel in Shanghai (which is a port) for carriage to Southampton (also a port). Delivery here happens when the goods are on board in Shanghai, with risk transferring to the buyer at that time; and the seller must make a contract of carriage from Shanghai to Southampton.

5. **Must the shipment port be named?** - While the contract will always specify a destination port, it might not specify the port of shipment, which is where risk transfers to the buyer. If the shipment port is of particular interest to the buyer, as it may be, for example, where the buyer wishes to ascertain that the freight or the insurance element of the price is reasonable, the parties are well advised to identify it as precisely as possible in the contract.

6. **Identifying the destination point at the discharge port** - The parties are well advised to identify as precisely as possible the point at the named port of destination, as the costs to that point are for the account of the seller. The seller must make a contract or contracts of carriage that cover the transit of the goods from delivery to the named port or to the agreed point within that port where such a point has been agreed in the contract of sale.

7. **Multiple carriers** - It is possible that carriage is effected through several carriers for different legs of the sea transport, for example, first by a carrier operating a feeder vessel from Hong

Kong to Shanghai, and then onto an ocean vessel from Shanghai to Southampton. The question which arises here is whether risk transfers from seller to buyer at Hong Kong or at Shanghai: where does delivery take place? The parties may well have agreed this in the sale contract itself. Where, however, there is no such agreement, the default position is that risk transfers when the goods have been delivered to the first carrier, i.e. Hong Kong, thus increasing the period during which the buyer incurs the risk of loss or damage. Should the parties wish the risk to transfer at a later stage (here, Shanghai) they need to specify this in their contract of sale.

8. **Insurance** - The seller must also contract for insurance cover against the buyer's risk of loss of or damage to the goods from the port of shipment to at least the port of destination. This may cause difficulty where the destination country requires insurance cover to be purchase locally: in this case the parties should consider selling and buying under CFR. The buyer should also note that under the CIF Incoterms® 2020 rule the seller is required to obtain limited insurance cover complying with Institute Cargo Clauses (C) or similar clause, rather than with the more extensive cover under Institute Cargo Clauses (A). It is, however, still open to the parties to agree on a higher level of cover.

9. **Unloading costs** - If the seller incurs costs under its contract of carriage related to unloading at the specified point at the port of destination, the seller is not entitled to recover such costs separately from the buyer unless otherwise agreed between the parties.

10. **Export/Import clearance** - CIF requires the seller to clear the goods for export, where applicable. However, the seller has no obligation to clear the goods for import or for transit through third countries, to pay any import duty or to carry out any import customs formalities.

A THE SELLER'S OBLIGATIONS

B THE BUYER'S OBLIGATIONS

A1 General obligations

The seller must provide the goods and the commercial invoice in conformity with the contract of sale and any other evidence of conformity that may be required by the contract. Any document to be provided by the seller may be in paper or electronic form as agreed or, where there is no agreement as is customary.

B1 General obligations

The buyer must pay the price of the goods as provided in the contract of sale.
Any document to be provided by the buyer may be in paper or electronic form as agreed or, where there is no agreement, as is customary.

A2 Delivery

The seller must deliver the goods either by placing them on board the vessel or by procuring the goods so delivered. In either case, the seller must deliver the goods on the agreed date or within the agreed period and in the manner customary at the port.

B2 Taking delivery

The buyer must take delivery of the goods when they have beer delivered under A2 and receive them from the carrier at the named port of destination.

A3 Transfer of risks

The seller bears all risks of loss of or damage to the goods until they have been delivered in accordance with A2, with the exception of loss or damage in the circumstance described in B3.

B3 Transfer of risks

The buyer bears all risks of loss of or damage to the goods from the time they have been delivered under A2.
If the buyer fails to give notice in accordance with B10, then it bears all risks of loss of or damage to the goods from the agreed date or the end of the agreed period for shipment, provided that the goods have been clearly identified as the contract goods.

A4 Carriage

The seller must contract or procure a contract for the carriage of the goods from the agreed point of delivery, if any, at the place of delivery to the named port of destination or, if agreed, any point at that port. The contract of carriage must be made on usual terms at the seller's cost and provide for carriage by the usual route in a vessel of the type normally used for the transport of the type of goods sold.
The seller must comply with any transport-related security requirements for transport to the destination.

B4 Carriage

The buyer has no obligation to the seller to make a contract of carriage.

A5 Insurance

Unless otherwise agreed or customary in the particular trade, the seller must obtain, at its own cost, cargo insurance complying with the cover provided by Clauses (C) of the Institute Cargo Clauses (LMA/IUA) or any similar clauses. The insurance shall be contracted with underwriters or an insurance company of good repute and entitle the buyer, or any other person having an insurable interest in the goods, to claim directly from the insurer.
When required by the buyer, the seller must, subject to the buyer providing any necessary information requested by the seller, provide at the buyer's cost any additional cover, if procurable, such as cover complying with the Institute War Clauses and/or Institute Strikes Clauses (LMA/IUA) or any similar clauses (unless such cover is already included with the cargo insurance described in the preceding paragraph).
The insurance shall cover, at a minimum, the price provided in the contract plus 10% (i.e. 110%) and shall be in the currency of the contract.
The insurance shall cover the goods from the point of delivery set out in A2 to at least the named port of destination.
The seller must provide the buyer with the insurance policy or certificate or any other evidence of insurance cover.
Moreover, the seller must provide the buyer, at the buyer's request, risk and cost, with information that the buyer needs to procure any additional insurance.

B5 Insurance

The buyer has no obligation to the seller to make a contract of insurance.

However, the buyer must provide the seller, upon request, with any information necessary for the seller to procure any additional insurance requested by the buyer under A5.

A6 Delivery/transport document

The seller must, at its own cost, provide the buyer with the usual transport document for the agreed port of destination.

This transport document must cover the contract goods, be dated within the period agreed for shipment, enable the buyer to claim the goods from the carrier at the port of destination and, unless otherwise agreed, enable the buyer to sell the goods in transit by the transfer of the document to a subsequent buyer or by notification to the carrier.

When such a transport document is issued in negotiable form and in several originals, a full set of originals must be presented to the buyer.

B6 Delivery/transport document

The buyer must accept the transport document provided under A6 if it is in conformity with the contract.

A7 Export/import clearance

a) Export clearance

Where applicable, the seller must carry out and pay for all export clearance formalities required by the country of export, such as:

▶ export licence;
▶ security clearance for export;
▶ pre-shipment inspection; and
▶ any other official authorisation.

b) Assistance with import clearance

Where applicable, the seller must assist the buyer, at the buyer's request, risk and cost, in obtaining any documents and/or information related to all transit/import clearance formalities, including security requirements and pre-shipment inspection, needed by any country of transit or the country of import.

B7 Export/import clearance

a) Assistance with export clearance

Where applicable, the buyer must assist the seller at the seller‘s request, risk and cost in obtaining any documents and/or information related to all export clearance formalities, including security requirements and pre-shipment inspection, needed by the country of export.

b) Import clearance

Where applicable, the buyer must carry out and pay for all formalities required by any country of transit and the country of import, such as:

▶ import licence and any licence required for transit;
▶ security clearance for import and any transit;
▶ pre-shipment inspection; and
▶ any other official authorisation.

A8 Checking/packaging/marking

The seller must pay the costs of those checking operations (such as checking quality, measuring, weighing, counting) that are necessary for the purpose of delivering the goods in accordance with A2.

The seller must, at its own cost, package the goods, unless it is usual for the particular trade to transport the type of goods sold unpackaged. The seller must package and mark the goods in the manner appropriate for their transport, unless the parties have agreed on specific packaging or marking requirements.

B8 Checking/packaging/marking

The buyer has no obligation to the seller.

A9 Allocation of costs

The seller must pay:

a) all costs relating to the goods until they have been delivered in accordance with A2, other than those payable by the buyer under B9:
b) the freight and all other costs resulting from A4, including the costs of loading the goods on board and transport-related security costs;
c) any charges for unloading at the agreed port of discharge that were for the seller's account under the contract of carriage;
d) the costs of transit that were for the seller's account under the contract of carriage;
e) the costs of providing the usual proof to the buyer under A6 that the goods have been delivered;
f) the costs of insurance resulting from A5;
g) where applicable, duties, taxes and any other costs related to export clearance under A7(a); and
h) the buyer for all costs and charges related to providing assistance in obtaining documents and information in accordance with B7(a).

B9 Allocation of costs

The buyer must pay:

a) all costs relating to the goods from the time they have been delivered under A2, other than those payable by the seller under A9;
b) the costs of transit, unless such costs were for the seller's account under the contract of carriage;
c) unloading costs including lighterage and wharfage charges, unless such costs and charges were for the seller's account under the contract of carriage;
d) the costs of any additional insurance procured at the buyer's request under A5 and B5;
e) the seller for all costs and charges related to providing assistance in obtaining documents and information in accordance with A5 and A7(b);
f) where applicable, duties, taxes and any other costs related to transit or import clearance under B7(b); and
g) any additional costs incurred if it fails to give notice in accordance with B10, from the agreed date or the end of the agreed period for shipment, provided that the goods have been clearly identified as the contract goods.

A10 Notices

The seller must notify the buyer that the goods have been delivered in accordance with A2. The seller must give the buyer any notice required to enable the buyer to receive the goods.

B10 Notices

The buyer must, whenever it is agreed that the buyer is entitled to determine the time for shipping the goods and/or the point of receiving the goods within the named port of destination, give the seller sufficient notice.

참고문헌

1. 국내문헌

강원진, 무역계약론, 박영사, 1994.
박병호, 신무역실무, 도서출판 고시연구원, 2000.
양영환 · 오원석 · 서정두, 신용장론, 삼영사, 1997.
오원석, 국제운송론, 박영사, 1997.
______, 최신무역관습, 삼영사, 1997.
전창원, 실무역실무, 일신사, 1994.
정재완, 인터넷 시대 무역실무, 도서출판 두남, 2000.
한국국제복합운송업협회, 복합운송실무, 1998.
한국무역협회, 한국화주협의회, 수출입운송실무, 1997.
____________, 무역실무 매뉴얼, 1996.
____________, 수출입업무요람, 1996.
한국수출보험공사, 수출보험제도해설, 1997.
현대해상화재보험주식회사, 해상적하보험실무, 1992.
이대우 · 양의동 · 장흥훈, 국제무역실무사례, 도서출판 두남, 2004.
이대우 · 김종락, 국제무역거래론, 도서출판 두남, 2002.
이대우 · 양의동, 신용장론, 도서출판 두남, 2011.
______________, 국제무역실무, 도서출판 두남, 2021.

2. 국외문헌

絹券康史, 貿易取引の契約と實務, 中央經濟社, 1993.
大阪商船三井船舶株式會社, 國際複合輸送の知識, 成山堂書店, 1993.
東京恩倖, 貿易と信用狀, 實業之日本社, 1996.
桐　芳和, 三訂 貿易取引と信用狀, 經濟法令研究會, 1992.
梶原昭次, 入門入門 貿易のしくみ, 日本實業出版社, 1993
小林秀之, 國際取引紛爭, 弘文堂, 1995.
市來清也, 國際複合一貫輸送概論, 成山堂書店, 1993.

新堀聰, 貿易實買, 同文館, 1990.
新堀聰, 貿易政策と貿易實買, 同文館, 1996.
片山立志, 圖解 貿易實務入門, 稅務經理協會, 1993.
片山善行, 國際實買契約の實務, 中央經濟社. 1994.
A. G. Guest, The Common Law Library Number 2, Benjamin's Sale of Goods, Fourth Edition, London, Sweet & Maxwell, 1992.
C. M. Schmitthoff, Schmitthoffs Export Trade, Ninth edition, London, Stevens & Sons, 1990.
D. M. Day, The Law of International Trade, Butterworths, London, 1993.
F. M. Ventris, Banker's Documentary Credit, Lloyd's of London Press, Third ed., 1990.
ICC, Guide to INCOTERMS 1990, Publication No.461/90, 1991.
Paul Todd, Mordern Bills of Lading, Collins, 1986.
Ray August, International Business Law, Text, Cases and Readings, Prentice Hall, 1993.
HC Gutteridge and Maurice Megrah, "the Law of bankers' Commercial Credits 7th ed." Europa Pub Ltd London, 1984.
Raymond Jack, "Documentary Credits second ed." Butterworths London, Dublin, Edinburgh.
I.C.C., Examination of Documents, Waiver of Discrepancies and Notice Under UCP 500 DOC 470/952, Rev2, 200B.
_____, ICC Banking Commission Collected opinon 1995-2001, ICC Publication No, 632, 2002.
_____, More Queries and Responses on Documentary Credit-opinions of the ICC Banking, Commission, ICC publication No. 596, ICC Publication, S. A., 1999.
_____, Opinion of the ICC Banking Commission 1989-1991, ICC Publication No. 494.
_____, Opinions if the ICC Banking Commission on UCF 500(1995-1996) Publication No. 565.
_____, Supplement to UCP 500 for Electronic Pressentation : eUCP, ICC Publication No. No. 500/2~500/3, 2002.
_____, The Determination of an "Original" document in the context of UCP 500 Sub-Article 20(b) (ICC Decision on Original Documents) DOC 470/871 Rev.
_____, The International Standard Banking Practice for the Exanination of Document in L/C Transanction. ICC Pub No 645-lCC Publicing S. A 2003.
_____, "guide to documentary credit operation." (ICC pub NO.415).
_____, "Opinion(1993-1998) of the I.C.C. Banking Commission", ICC Pub.S.A., 1998.
Case studies on Documentary Credit under UCP 500, Charles del Busto(ICC Pub. No. 535).
Uniform Custerms and Practice for Documentary Credits, ICC Pub. No.500.
Uniform Customs and Practice for Documentary Credits, ICC Pub. No.600.
ICC DCINSIGHT, ICC Pub, Vol.12, No.2, April-June 2006.

찾아보기

ㅁ

ㅂ

ㅅ

ㅇ

ㅈ

ㅊ

ㅌ

ㅍ

ㅎ

A

B

C

D

E

F

G

H

I

L

M

N

O

P

Q

R

S

T

U

V

W

■ 저자 소개 ■

▎이 대 우

서울대학교 법과대학 법학과 졸업(법학사, LL.B.)
중앙대학교 대학원 졸업(경영학 석사 및 박사 MBA & Ph.D.)
(미국) University of Hawaii Honolulu Hawaii Executive PAMI, 수료
(주) 제일은행 외환업무부장, 지점장
(주) 제일시티리스 대표이사
중앙대학교 및 동대학원 강사, 상명대학교·단국대학교 강사, 순천향대학교 강사, 한국금융연수원 강사
청운대학교 글로벌경영대학 겸임교수, (사)한국국제상학회 부회장, 한국국제통상정보학회 자문위원

〈저서 및 논문〉

상업신용장(국제금융연구원, 1996)
제5차개정 신용장통일규칙(국제금융연구원, 1997)
신용장론(도서출판 두남, 2014)
국제무역실무·사례(도서출판 두남, 2004)
국제무역법규(도서출판 두남, 2007)
무역계약론(도서출판 두남, 2015)
수입실무(한국 금융연수원, 2001)
신용장거래 사례연구(국제금융연구원, 1997)
국제무역거래론(도서출판 두남, 2002)
국제무역실무(도서출판 두남, 2017)
무역실무법규(도서출판 두남, 2009
International Management Strategies of Korean Banks(1989)
Refusal to effect Payment in Documentary Credit Transactions(1992)
화환신용장거래에 있어서 국내관행에 관한 고찰(국제상학회)
화환신용장거래에 의한 사기사건에 대한 연구
국제은행간 신용장대금 상환시 분쟁에 관한 연구(1998)
보증신용장과 지급보증에 관한 연구(1996)
신용장의 서류심사상 Fraud Rule적용사례(2002)
인수신용장에서 확인은행의 상환청구권에 관한 사례 연구(2008)
신용장거래에서 비서류조건에 관한 연구(2007)
URBPO 실행에 따른 실무상 유의사항에 관한 연구(2015)

▎이 주 섭

순천향대학교 국제통상학 경영학 박사
청운대학교 인천캠퍼스 국제통상학과 조교수
청운대학교 AMP최고경영자과정, 공·항만 물류 최고경영자 과정 주임교수
청운대학교 글로벌 물류연구소 연구원
(사)한국통상정보학회 이사 역임
(사) 한국국제상학회 상임이사 역임
현) 숭실대학교 벤처경영학과 무역학 초빙교수
(사)한국물류학회원
(사)한국국제상학회 부회장(6년, 연속)
(주)인천시 스마트시티 비상임이사
인천축산농협 운영평가 자문위원
인천 연수구의회 인사 평가위원
인천환경공단 면접위원

〈저서 및 논문〉

무역창업실무·경영(에이드북, 2010)
무역경영의 이해(창업과 EDI 실무 중심)(에이드북, 2014)
무역창업론(수출·수입을 중심으로)(에이드북, 2016)
4차산업혁명시대의 국제물류와 운송(incoterms 2020 중심으로)(에이드북, 2020)
4차산업혁명시대의 국제무역(에이드북, 2021)
BPO거래의 당사자간 법률관계 연구(한국국제상학회, 2021)
전자결제시스템의 유형별 비교 연구(한국국제상학회, 2021)
전자무역시 ERP가 수출입 물류효율화에 미치는 영향에 관한 연구(한국물류학회, 2020)
INCOTERMS 2020의 개정사항 특징과 시사점 고찰(한국국제상학회, 2020)

국제무역법규 : 개정판

초 판 1쇄 발행 —— 2009년 6월 30일
개정판 1쇄 발행 —— 2022년 2월 25일
지은이 —— 이 대 우·이 주 섭
펴낸이 —— 전 두 표
펴낸곳 —— 도서출판 두남
서울시 강동구 성내로 6길 34-16 두남빌딩
신 고 : 제25100-1988-9호
TEL : 02) 478-2065, 2066, 2067, 2311
FAX : 02) 478-2068
E-mail : dunam1@unitel.co.kr
http://www.dunam.co.kr

정가 25,000원

ISBN 978-89-6414-941-6 93320